U0962889

24 years

24年匠心沉淀，虔诚如一

只 为 您 轻 松 过 关

1998-2022
轻松过关成长史

再升级 2022

《名师讲义》与名师课程完美贴合，轻松备考。

飞跃 2016-2021

连续6年蝉联“天猫双11”图书考试行业销量冠军。
2020~2021年，连续2年登顶天猫教育行业榜首，“双11”销量破亿。

驰名 2001-2007

2001年《轻一》发行超千万册，被考生奉为「备考圣经」。
2007年东奥网校上线，书课同频，受百万考生热追。

诞生 1998

东奥诞生。
“轻松过关”品牌图书面世。

历经雕琢，方有绽放

这本《名师讲义》是如何诞生的?

STEP1
初稿研磨
每年考试结束，名师们就迅速围绕命题和趋势、时事热点，开启为期150余天的研讨，撰写。

STEP2
深度优化
初稿落成后，编著团队结合学员反馈与市场调研，优化内容和体验，迭代超30稿。

STEP3
融入变化
围绕教材变化，名师精解、精编新题。1道紧扣变化的好题，至少需投入6小时。

STEP4
三审三校
融入新变化的书稿，将历经教务团队再次严苛的校对、审核，终成定稿。

2022年新版《名师讲义》

满纸千言，名师陪您从新开始。

1 导学 *名师“五须知”导学模式*

章节开篇研判考情、提示学习方法、展现考点分布，带您知悉章节全貌，充分热身，增强复习备考的可控感。

2 领学 *名师“多模块”精讲模式*

“核心精讲”浓缩名师课堂特色，凝聚专属教学经验，多模块讲解，帮您快速攻破难点、扫清疑点。

3 领记 *名师“互动式”记忆模式*

章节结尾高效复盘，名师系统梳理全章学习重点，带您强化记忆，收获满满。

正版《名师讲义》

独享 3 大“秘籍”

免费听：配套赠送名师好课——高效学习

前两章同步“名师网课”：凝结考点，精致解读。

随心拍：专享“轻松拍”小程序——轻松解惑

拍考点：看视频，做习题。 拍题目：看答案，听讲解。

同步练：App 题库——随时巩固

随学随练，加强巩固。

轻松两步，解锁 3 大“秘籍”

STEP 1

扫码下载“会计云课堂”App

STEP 2

扫描封面防伪激活码，
即可激活领取正版服务。

2022年注册会计师考试

名师讲义

审　计

（上册）

张敬富　主编

东奥会计在线　编

北京科学技术出版社

本书封面具有正版标识，请认真识别

（1）本书封面附有一枚防伪标签，上有二维码，扫描并激活账户即可获赠正版图书超值专享服务。
（2）本书防伪标签为正版标识，若无此标识即盗版，请广大读者拒绝购买。
（3）盗版举报电话：400-627-5599。

“轻松过关”小程序

扫描右侧的二维码进入“图书伴学”小程序，开启名师课堂、精编试题在线学习。更有轻松拍考点、看解析、图书笔记一键收藏，马上扫码开启“轻松过关”图书伴学之旅。

图书在版编目（CIP）数据

2022年注册会计师考试名师讲义. 审计：上下册 / 张敬富主编；东奥会计在线编 .—北京：北京科学技术出版社，2022. 3

ISBN 978-7-5714-2084-0

Ⅰ. ①2… Ⅱ. ①张… ②东… Ⅲ. ①审计—资格考试—自学参考资料 Ⅳ. ①F23

中国版本图书馆 CIP 数据核字（2022）第 017210 号

责任编辑：韩　晖
责任校对：贾　荣
装帧设计：韩文静　晓　莉
责任印制：张　良
出 版 人：曾庆宇
出版发行：北京科学技术出版社
社　　址：北京西直门南大街 16 号
邮政编码：100035

电　　话：0431-87635566（编辑部）
010-66135495（总编室）
网　　址：www. bkydw. cn
印　　刷：湖南天闻新华印务有限公司
开　　本：787 mm×1092 mm　1/16
字　　数：900 千字
印　　张：42
版　　次：2022 年 3 月第 1 版
印　　次：2022 年 3 月第 1 次印刷

ISBN 978-7-5714-2084-0

定　价：98.00 元（上下册）

编 委 会

主　编：张敬富

编　委：（按姓氏笔画排序）

兰　飞　　刘　畅　　肖园园

陈　然　　陈晓旭

目 录
CONTENTS

上册

第一部分　张敬富讲审计

第二部分　张敬富开讲了

下册

第一部分

张敬富讲审计

指明方向，轻装上阵。

张敬富讲审计

一、富富开场白

学海无涯勤可渡，书山万仞志能攀！各位学员展书安，我是注会审计这门课程的主讲老师张敬富。很荣幸能在备考路上陪伴您一起攻克审计这门课程。

注册会计师的考试是一场持久战，而审计是六科考试中出了名的硬骨头。但审计再难，通关率也不是零。我在课上常和大家讲，哪怕只有一个人能通过，那这个人为什么不是您呢？

没有一个冬天不可逾越，没有一个春天不会来临。既然选择了审计这条路，那就请让我陪您一起见证这沿途的风景吧。在数十年的教学反馈中我总结了一些审计科目通过率低的原因及解决方案，希望能对您接下来审计的学习有所帮助。

（一）专业名词——虚张声势纸老虎

审计教材的内容多是援引的审计准则，而我们国家的审计准则通常是国际审计准则翻译过来的，因此它在语言的表达以及行文逻辑上都和我们平时认知的不太一样，尤其是里面还夹杂着大量的专业名词，所以就显得特别晦涩难懂。但是您千万不要被这只纸老虎给唬住，在本书以及课件中我会用一些日常的表述将这些宛如天书的专业术语翻译成您熟悉的大白话，同时大家要培养自己反向思考的能力，做到耳熟眼熟心熟，要能够将这些举例和专业名词对应上。

（二）职业判断——培养感觉很重要

职业判断贯穿了审计学习的全过程。职业判断就好比医生看病，医学生学的都是书本上的知识，那为什么医生最终能看病呢，那除了书本上的知识也是离不开医生的职业判断。在审计中比如风险评估和风险应对，审计报告的意见类型以及内部控制缺陷等这些都是需要大家的一个职业判断，这个大家要在学习中培养一种感觉，把自己当成一个合格的注册会计师带着职业怀疑去审视这些需要职业判断的内容。这个不是一朝一夕的事情，需要您在学习的过程中慢慢的去熟悉和培养自己职业判断的能力。

（三）题型题量——全面均衡得高分

考试题型分为四种，单选、多选、简答以及综合，每种题型难易度程度不一，因此对大家的要求也不同。

（1）单项选择题是最容易拿分的题型，需要考生尽量的砍下高分值。单选题的特点是考查的知识点比较直观，要求大家对知识点做到尽量的熟悉。

（2）多项选择题是整张试卷中最难的题型，对学员来说绝对是一个不小的挑战，要求大家对考点有着非常全面的认知。

（3）简答题总体来说属于对考生比较友好的题型，虽然题量看起来较大，但考点比较明确，在掌握知识点的基础上配合答题技巧，得分几率是很大的。

（4）综合题贯穿了审计的多个重点章节，并且融入了当下最热门的会计话题，具有极强的灵活度和综合性。在学习过程中一定要融会贯通，并掌握基本的会计知识，多思考多练习，学会从出题人的角度来思考问题。

（四）调整心态——决胜通关有法宝

最后这个是我在多年教学中和大量学员交流后的一点拙见，有不对之处还请大家不吝赐教。就是有些考生的学习心态不好，很多时候属于被迫和无奈的学习。注册会计师的专业阶段一共涉及六门考试，这六门考试中审计是公认的比较难的科目，大多数考生在学习的时候会优先考虑学习税法、经济法和战略，很少有人上来直接学审计。有了先入为主的难易观念就会导致一开始就觉得审计难学就抗拒审计，然后再一看审计教材还真是难学，在心里又把审计学习的壁垒给抬高了。这就好比人吃五谷杂粮，怎么可能有不生病的。那同样的病症有的人心态好也配合医生的治疗很快就好了。而有的人可能就怨天尤人心态崩了，本来三五天能治好的小病也可能拖了小半年才痊愈。审计学习一样的，心态真的很重要。放弃不难，但坚持一定很酷。纵使疾风起，人生不言弃！人生没有白走的路，每一步都算数。我相信热爱可抵岁月漫长，一定要站在你所热爱的世界里闪闪发光。最后祝大家开心学习顺利通关！

二、富富讲考试

（一）考试题型及题量分析

近五年题型、题量（2017 年—2021 年）

题型	2017 年—2020 年	2021 年
单项选择题	25 小题，每小题 1 分，共计 25 分	20 小题，每小题 1 分，共计 20 分
多项选择题	10 小题，每小题 2 分，共计 20 分	15 小题，每小题 2 分，共计 30 分
客观题小计	45 分	50 分
简答题*	6 小题，每小题 6 分，共计 36 分	6 小题，共计 31 分 （其中前 5 题每题 5 分，最后一题 6 分）
综合题	1 小题，每小题 19 分，共计 19 分	1 小题，每小题 19 分，共计 19 分
主观题小计	55 分	50 分
总计	100 分	100 分

* 其中一道简答题可以选用中文或英文作答，如使用英文，需全部使用英文作答，答题正确的增加 5 分。（近五年相同）

（二）题型特点分析

题型		特点分析
客观题	单选题	主要来自于教材本身，但个别题目涉及的知识点有延伸
	多选题	
主观题	简答题	1. 难度适中，主要是分析性和简单实务性的题目（如：职业道德、函证、质量管理等），还可能以简单计算的形式进行考核（如：审计抽样） 2. 学习时：注重掌握相关知识点；答题时：熟练掌握答题思路和解题技巧
	综合题	1. 难度最高的题目，主要是理论与实务的高度结合或实务性较强的题目 2. 近几年的出题风格多为拼盘式题目 3. 常见考核知识点举例：风险评估及风险应对、审计计划、内部控制的缺陷等

【提示】考生应力争在客观题和简答题中拿到接近及格的分数

三、富富讲新书

（一）审计教材的主要框架（2022 年教材为 8 编，共计 23 章）

第一编　审计基本原理	第 1 章　审计概述
	第 2 章　审计计划
	第 3 章　审计证据
	第 4 章　审计抽样方法
	第 5 章　信息技术对审计的影响
	第 6 章　审计工作底稿
第二编　审计测试流程	第 7 章　风险评估
	第 8 章　风险应对
第三编　各类交易和账户余额的审计	第 9 章　销售与收款循环的审计
	第 10 章　采购与付款循环的审计
	第 11 章　生产与存货循环的审计
	第 12 章　货币资金的审计
第四编　对特殊事项的考虑	第 13 章　对舞弊和法律法规的考虑
	第 14 章　审计沟通
	第 15 章　注册会计师利用他人的工作
	第 16 章　对集团财务报表审计的特殊考虑
	第 17 章　其他特殊项目的审计

第五编　完成审计工作与出具审计报告	第 18 章　完成审计工作
	第 19 章　审计报告
第六编　企业内部控制审计	第 20 章　企业内部控制审计
第七编　质量管理	第 21 章　会计师事务所业务质量管理
第八编　职业道德	第 22 章　职业道德基本原则和概念框架
	第 23 章　审计业务对独立性的要求

（二）2022 年审计教材的主要变化

章节	主要变化
第一章　审计概述	1. 新增内部审计的定义以及其与注册会计师审计的主要区别 2. 修改部分文字表述
第二章　审计计划	除对部分文字进行了修订，本章内容无实质性变化
第三章　审计证据	1. 新增“通过电子函证方式发出询证函时采取的控制措施”相关内容 2. 修改部分文字表述
第四章　审计抽样方法	除对部分文字进行了修订，本章内容无实质性变化
第五章　信息技术对审计的影响	除对部分文字进行了修订，本章内容无实质性变化
第六章　审计工作底稿	除对部分文字进行了修订，本章内容无实质性变化
第七章　风险评估	1. 修订项目组内部讨论的相关内容 2. 修改部分文字表述
第八章　风险应对	本章内容无实质性变化
第九章　销售与收款循环的审计	除对部分文字进行了修订，本章内容无实质性变化
第十章　采购与付款循环的审计	除对部分文字进行了修订，本章内容无实质性变化
第十一章　生产与存货循环的审计	本章内容无实质性变化
第十二章　货币资金的审计	修订了“互联网支付留存于第三方支付平台的资金”的相关内容，其他内容无实质性变化
第十三章　对舞弊和法律法规的考虑	修订了“针对舞弊导致的认定层次重大错报风险实施的审计程序”相关内容，其他内容无实质性变化
第十四章　审计沟通	本章内容无实质性变化
第十五章　注册会计师利用他人的工作	1. 新增了“注册会计师是否在无保留意见审计报告中提及专家工作”的相关内容 2. 修改部分文字表述
第十六章　对集团财务报表审计的特殊考虑	1. 新增了期后事项的相关内容 2. 修改部分文字表述

章节	主要变化
第十七章　其他特殊项目的审计	1. 新增了有关上期会计估计处理的相关内容 2. 修改部分文字表述
第十八章　完成审计工作	1. 新增了“注册会计师评价审计过程中识别出的错报的目标”相关内容 2. 新增了“累积识别出的错报的要求”相关内容 3. 新增了“随着审计的推进考虑识别出的错报”相关内容 4. 修订了“错报的沟通和更正”的部分文字表述 5. 修订了“评价未更正错报的影响”的部分文字表述 6. 修订了“在临近审计结束时实施分析程序的目的以及要求”的文字表述
第十九章　审计报告	1. 新增了“在集团财务报表审计中描述注册会计师的责任”相关内容 2. 新增了“关键审计事项段不能代替的情形”相关内容 3. 新增了“与关键审计事项相关的审计工作底稿记录要求”相关内容 4. 新增了“财务报表存在重大错报”和“无法获取充分、适当的审计证据”两种情况的区分以及相关举例 5. 新增了“相关事项的影响的重大性的相关表述及举例”相关内容 6. 新增了“广泛性的相关表述及举例”的相关内容 7. 新增了“形成审计意见的基础部分披露其他事项的具体表述和对其可理解性的考虑等”相关内容 8. 新增了“对应数据”的相关举例 9. 新增了“注册会计师对查找其他信息的责任”相关内容 10. 修订了“其他报告责任”的部分文字表述 11. 修订了“关键审计事项基本概念”的部分文字表述 12. 修订了“其他情形下关键审计事项部分的形式和内容”的文字表述 13. 修订了“对应数据的总体要求”的文字表述
第二十章　企业内部控制审计	1. 删除了“内部控制审计的背景”的相关内容 2. 新增了“内部控制审计和财务报表审计的区别”相关内容 3. 新增了“控制变更时的特殊考虑”相关内容 4. 新增了“表明可能存在重大缺陷的迹象”相关内容 5. 新增了“获取书面声明”相关内容 6. 新增了“沟通相关事项”相关内容 7. 新增了“对期后事项的考虑”相关内容 8. 修订了“总体审计策略和具体审计计划”的部分文字表述 9. 修订了“与信息技术相关的控制”的部分文字表述 10. 修订了“信息技术内部控制测试”的文字表述 11. 修订了“非财务报告内部控制重大缺陷”的文字表述

章节	主要变化
第二十一章　会计师事务所业务质量管理	1. 新增了“质量管理体系中质量目标举例”的相关内容 2. 新增了“质量管理体系领导层中的三种角色及沟通方向”的图示 3. 新增了“投诉和指控的具体要求”相关内容 4. 新增了“特殊情况下实施交叉复核的处理”的相关内容 5. 新增了“项目质量复核人员不再符合任职资质要求”的相关举例 6. 新增了“有助于针对客户关系接受与保持的信息”的相关举例 7. 新增了“确定项目组是否具有胜任能力”的相关举例 8. 新增了“对项目组成员指导、监督可能包括的方面”相关内容 9. 新增了“咨询的事项”的相关举例 10. 修订了部分文字表述
第二十二章　职业道德基本原则和概念框架	除对部分文字进行了修订，本章内容无实质性变化
第二十三章　审计业务对独立性的要求	除对部分文字进行了修订，本章内容无实质性变化

四、富富讲攻略

（一）机考应试技巧

（1）打字速度要快，注重平时练习。

（2）尽可能熟悉相应的功能。（如复制、粘贴等）

（3）适应电脑看题。（机考模拟系统，可供大家平时练习）

（4）合理安排学习和机考练习的时间，避免“前松后紧”。

（二）相关的学习技巧

（1）先仔细看一遍书，然后听课件，再去看书；（★★★）

（2）全面复习的基础上把握重点；（趋势：考理念，注意看书，说得太绝对的一般不正确，如：所有、应当）

（3）适当做练习，注意情景化，把自己作为一名合格的注册会计师；

（4）关注必要的会计知识；（业务循环）

（5）强化应试练习，掌握答题技巧；

（6）一定将书面语言能翻译成自己便于记忆的内容。（★★★）

第二部分

张敬富开讲了

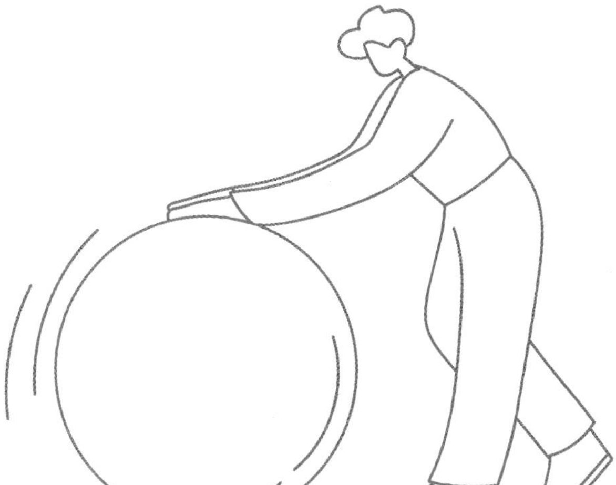

立志欲坚不欲锐，成功在久不在速。

第一编　审计基本原理

本编内容属于基础知识，详细阐述了审计的相关概念和审计流程。

本编内容总体难度适中。考试时多以客观题或简答题（如：审计计划、函证）的形式进行考核，同时在综合题中也经常涉及相关内容（如：审计目标与认定、审计计划）。

第一章　审计概述

CHAPTER-1

五项须知小剧场

近5年考情分析
- 平均分值6分/年
- 2021年考核了单选题和多选题

教材主要变化
- 1. 新增内部审计的定义以及其与注册会计师审计的主要区别
- 2. 修改部分文字表述

建议学习时长 —— 9小时

学习方法提示
- 本章内容作为基础知识，既可以考核客观题，也可以在主观题中得以体现
- 尤其关于认定的理解，是考核综合题的必备知识点

本章基本框架（一）
- 第一节　审计的概念与保证程度
  - 审计的产生　考点1
  - 审计的概念　考点2
  - 保证程度　考点3
  - 注册会计师审计、政府审计和内部审计　考点4
  - 职业责任和期望差距　考点5
  - 审计报告和信息差距　考点6
- 第二节　审计要素
  - 审计业务要素概述　考点1
  - 审计业务的三方关系人　考点2
  - 财务报表　考点3
  - 财务报告编制基础　考点4
  - 审计证据　考点5
  - 审计报告　考点6

本章基本框架（二）
- 第三节 审计目标
  - 审计目标的种类 考点1
  - 审计总体目标 考点2
  - 认定 考点3
  - 具体审计目标 考点4
- 第四节 审计基本要求
  - 遵守审计准则 考点1
  - 遵守职业道德守则 考点2
  - 保持职业怀疑 考点3
  - 合理运用职业判断 考点4
- 第五节 审计风险
  - 审计风险概念 考点1
  - 重大错报风险 考点2
  - 检查风险 考点3
  - 检查风险与重大错报风险的关系 考点4
  - 审计的固有限制 考点5
- 第六节 审计过程
  - 风险导向审计总体思路 考点1
  - 审计流程 考点2

核心考点精讲专场

第一节 审计的概念与保证程度

查看本节视频，快速GET知识点
使用“会计云课堂”App或“微信”扫码

01 审计的产生（两权分离：财产所有权、财产经营权）

富富有图示

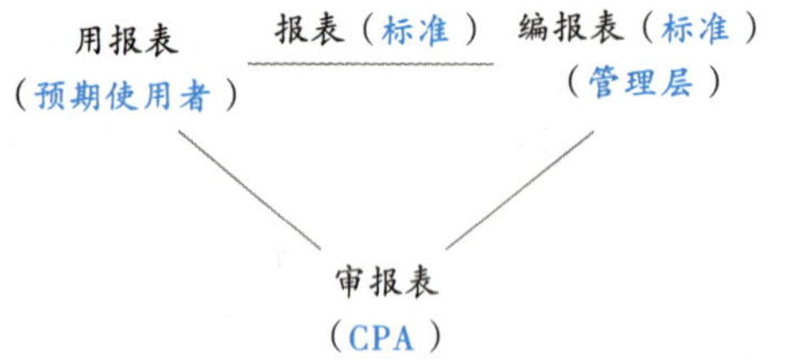

02 审计的概念

概念	财务报表审计：是注册会计师的传统核心业务，是指注册会计师对财务报表是否不存在重大错报提供合理保证，以积极方式提出意见，增强除管理层之外的预期使用者对财务报表信赖的程度

理解	1. 审计的用户：财务报表的预期使用者(可以有效满足财务报表预期使用者的需求) 2. 审计的目的：改善财务报表的质量或内涵，增强除管理层之外的预期使用者对财务报表的信赖程度，即以合理保证的方式提高财务报表的可信度，而不涉及为如何利用信息提供建议 3. 合理保证：是一种高水平保证(审计风险降至可接受的低水平)。由于审计存在固有限制，注册会计师据以得出结论和形成审计意见的大多数审计证据是说服性而非结论性的，因此，审计只能提供合理保证，不能提供绝对保证 4. 审计的基础：独立性和专业性。注册会计师应当独立于被审计单位和预期使用者 5. 审计的最终产品：审计报告

例题精讲

【例题 1 · 2020 年单选题】下列有关财务报表审计的说法中，错误的是（　　）。

A. 财务报表审计的目的是发现所有由于错误或舞弊导致的重大错报

B. 财务报表审计能够提高财务报表的可信度

C. 财务报表审计能够提供高水平的保证

D. 财务报表审计的基础是独立性和专业性

【解析】审计的目的是改善财务报表的质量或内涵，增强除管理层之外的预期使用者对财务报表的信赖程度（选项 A 错误）。

【答案】A

【例题 2 · 2019 年单选题改编】下列有关财务报表审计的说法中，错误的是（　　）。

A. 审计的目的是增强除管理层之外的预期使用者对财务报表的信赖程度

B. 审计只提供合理保证，不提供绝对保证

C. 审计不涉及为如何利用信息提供建议

D. 审计的最终产品是审计报告和已审计财务报表

【解析】选项 D 错误，审计的最终产品是审计报告。

【答案】D

03 保证程度

（一）注册会计师执行的业务种类

业务种类	具体分类
鉴证业务	1. 审计业务：合理保证
	2. 审阅业务：有限保证
	3. 其他鉴证业务：合理保证或有限保证（如：预测性财务信息审核）
相关服务	1. 代编财务信息
	2. 对财务信息执行商定程序：是指注册会计师对特定财务数据、单一或整套财务报表等财务信息执行与特定主体商定的具有审计性质的程序，并就执行的商定程序及其结果出具报告
	3. 税务咨询和管理咨询等

例题精讲

【例题 3 · 2021 年多选题】下列各项注册会计师执行的业务中，能够提供合理保证或有限保证的有（　　）。

A. 对财务信息执行商定程序　　B. 财务报表审阅

C. 管理咨询　　D. 财务报表审计

【解析】注册会计师执行的业务分为鉴证业务和相关服务两类。鉴证业务包括审计、审阅和其他鉴证业务，审计业务提供合理保证，审阅业务提供有限保证，相关服务无须提供任何保证。相关服务包括代编财务信息、对财务信息执行商定程序、税务咨询和管理咨询等，选项 AC 错误。

【答案】BD

【例题 4 · 2020 年多选题】下列各项中，属于合理保证鉴证业务的有（　　）。

A. 内部控制审计业务　　B. 财务报表审阅业务

C. 审计和审阅以外的其他鉴证业务　　D. 财务报表审计业务

【解析】鉴证业务的保证程度分为合理保证和有限保证。审计属于合理保证（高水平保证）的鉴证业务（选项 AD 正确）；审阅属于有限保证（低于审计业务的保证水平）的鉴证业务（选项 B 错误）；除审计、审阅以外的其他鉴证业务，有的提供的是合理保证，有的提供的是有限保证，不能一概而论（选项 C 错误）。

【答案】AD

【例题 5 · 2019 年多选题】下列各项中，不属于鉴证业务的有（　　）。

A. 财务报表审计　　B. 代编财务信息

C. 对财务信息执行商定程序　　D. 财务报表审阅

【解析】注册会计师执行的业务分为鉴证业务和相关服务两类。鉴证业务包括审计（选项 A）、审阅（选项 D）和其他鉴证业务。相关服务包括代编财务信息（选项 B）、对财务信息执行商定程序（选项 C）、税务咨询和管理咨询等。

【答案】BC

（二）合理保证和有限保证的区别

1. 相关概念

鉴证业务的保证程度分为：合理保证（如：审计业务）和有限保证（如：审阅业务）。

2. 合理保证与有限保证的区别（教材* 表 1-1）

区别	合理保证（财务报表审计）	有限保证（财务报表审阅）
（1）目标	在可接受的低审计风险下，以积极方式对财务报表整体发表审计意见，提供高水平的保证	在可接受的审阅风险下，以消极方式对财务报表整体发表审阅意见，提供低于高水平的保证。该保证水平低于审计业务的保证水平

* 摘自 2022 年注册会计师全国统一考试辅导教材《审计》，中国财政经济出版社。

区别	合理保证（财务报表审计）	有限保证（财务报表审阅）
（2）证据收集程序	通过一个不断修正的、系统化的执业过程，获取充分、适当的证据，证据收集程序包括：检查记录或文件、检查有形资产、观察、询问、函证、重新计算、重新执行、分析程序等	通过一个不断修正的、系统化的执业过程，获取充分、适当的证据，证据收集程序受到有意识的限制，主要采用：询问和分析程序
（3）所需证据数量	较多	较少
（4）检查风险	较低	较高
（5）财务报表的可信性	较高	较低
（6）提出结论的方式	以积极方式提出结论 例如："我们认为，ABC 公司财务报表在所有重大方面按照企业会计准则的规定编制，公允反映了 ABC 公司 20×1 年 12 月 31 日的财务状况以及 20×1 年度的经营成果和现金流量"	以消极方式提出结论 例如："根据我们的审阅，我们没有注意到任何事项使我们相信，ABC 公司财务报表没有按照企业会计准则的规定编制，未能在所有重大方面公允反映被审阅单位的财务状况、经营成果和现金流量"

例题精讲

【例题 6·2017 年单选题】下列有关财务报表审计和财务报表审阅的区别的说法中，错误的是（　　）。

A. 财务报表审计所需证据的数量多于财务报表审阅

B. 财务报表审计提出结论的方式与财务报表审阅不同

C. 财务报表审计采用的证据收集程序少于财务报表审阅

D. 财务报表审计提供的保证水平高于财务报表审阅

【解析】财务报表审计采用的证据收集程序包括检查记录或文件、检查有形资产、观察、询问、函证、重新计算、重新执行、分析程序等。财务报表审阅采用的证据收集程序受到有意识的限制，主要采用询问和分析程序获取证据，因此财务报表审计采用的证据收集程序多于财务报表审阅。

【答案】C

04　注册会计师审计、政府审计和内部审计

（一）注册会计师审计和政府审计的相关内容

1. 基本含义

（1）注册会计师审计：是指注册会计师接受委托，对被审计单位财务报表进行独立检查并发表意见。

（2）政府审计：主要是指政府审计机关，例如审计署和地方审计厅局，依法对政府部门的财政收支进行的检查监督以及对国有金融机构和企事业单位的财务收支进行的检查监督。

2. 二者的区别

注册会计师审计和政府审计的主要区别

	政府审计	注册会计师审计
(1) 审计目的和对象不同	对政府的财政收支、国有金融机构和企事业单位财务收支进行审计，确定其是否真实、合法和有效	注册会计师依法对企业财务报表进行审计，确定其是否符合会计准则和相关会计制度，是否公允反映了财务状况、经营成果和现金流量
(2) 审计的标准不同	依据是《中华人民共和国审计法》和审计署制定的国家审计准则	依据是《中华人民共和国注册会计师法》和财政部批准发布的注册会计师审计准则
(3) 经费或收入来源不同	政府审计是行政行为，政府审计机关履行职责所必需的经费，列入同级财政预算，由同级人民政府予以保证	注册会计师审计是市场行为，是有偿服务，费用由注册会计师和审计客户协商确定
(4) 取证权限不同	政府审计具有更大的强制力，各有关单位和个人应当支持、协助审计机关工作，如实向审计机关反映情况，提供有关证明材料	注册会计师审计受市场行为的局限，在获取审计证据时，很大程度上依赖于企业及相关单位配合和协助，对企业及相关单位没有行政强制力
(5) 对发现问题的处理方式不同	审计机关对违反国家规定的财政收支、财务收支行为可在职权范围内作出审计决定或者向有关主管机关提出处理、处罚意见	注册会计师对审计过程中发现的问题只能提请企业调整有关数据或进行披露，没有行政强制力；如果企业拒绝调整和披露，注册会计师需根据具体情况予以反映，具体表现为出具保留意见或否定意见的审计报告

例题精讲

【例题7·2021年单选题】下列有关注册会计师审计和政府审计的共同点的说法中，正确的是（　　）。

A. 注册会计师审计和政府审计的取证权限相同

B. 注册会计师审计和政府审计都可以对发现的问题提出处理、处罚意见

C. 注册会计师审计和政府审计的依据都是《中华人民共和国审计法》

D. 注册会计师审计和政府审计都是国家治理体系及治理能力现代化建设的重要方面

【解析】注册会计师审计和政府审计共同发挥作用，是国家维护市场经济秩序，强化经济监督的有效手段，两者都是国家治理体系和治理能力现代化建设的重要方面（选项D正确），但也存在以下几方面的区别：

（1）审计目的和对象不同。

（2）审计的标准不同。政府审计的依据是《中华人民共和国审计法》和审计署制定的国家审计准则，注册会计师审计的依据是《中华人民共和国注册会计师法》和财政部批准发布的注册会计师审计准则（选项C错误）。

（3）经费或收入来源不同。

（4）取证权限不同（选项A错误）。

（5）对发现问题的处理方式不同。审计机关对违反国家规定的财政收支、财务收支行为

可在职权范围内作出审计决定或者向有关主管机关提出处理、处罚意见。注册会计师对审计过程中发现的问题只能提请企业调整有关数据或进行披露，没有行政强制力（选项 B 错误）。

【答案】D

（二）注册会计师审计和内部审计的相关内容

1. 基本含义

内部审计是一种独立、客观的鉴证和咨询活动，它通过运用系统、规范的方法，审查和评价组织的业务活动、内部控制和风险管理的适当性和有效性，以促进组织完善治理、增加价值和实现目标。

2. 二者的联系

注册会计师审计在执行业务时可以利用被审计单位的内部审计工作，内部审计应当做好与注册会计师审计的沟通和合作等协调工作，以提高审计效率和效果。

3. 二者的区别

	内部审计	注册会计师审计
（1）审计独立性	内审机构受所在单位的直接领导，独立性受到一定的限制，其独立性只是相对于本单位其他职能部门而言的	注册会计师审计是由与被审计单位完全无关的第三方进行的，具有较强的独立性
（2）审计方式	内部审计是单位根据自身经营管理的需要安排进行的	注册会计师审计则是接受委托进行的
（3）审计程序	内部审计可以根据所执行业务的目的和需求选择并实施必要的程序	注册会计师审计则需要严格按照执业准则的规定程序进行
（4）审计职责	内部审计只对本单位负责，其审计质量基本与外界无直接关系	注册会计师审计不仅对被审计单位负责，而且对社会负责，其审计质量对广大财务信息使用者做出相关决策有直接影响
（5）审计作用	内部审计的结论只作为本单位改善工作的参考，对外不起鉴证作用，并对外保密	注册会计师审计结论则要对外公开并起鉴证作用

05 职业责任和期望差距

职业责任	职业责任：指注册会计师作为一个职业应尽的义务，在很大程度上反映财务报表使用者的期望
期望差距	财务报表使用者期望注册会计师：（2 方面） 1. 评价被审计单位管理层的会计确认、计量与披露 2. 判断财务报表是否不存在重大错报 （1）重大非故意错报：通过审计以发现财务报表中存在的重大非故意错报【注册会计师职业界普遍接受的责任】 （2）重大故意错报：对于发现重大故意错报的责任并不具有一致的认识或接受程度【理由：社会公众期望注册会计师通过审计，能发现并报告被审计单位的重大故意和非故意的错报】 结论：社会公众与注册会计师职业界在对职业责任的认识上存在的差距形成了“期望差距”

注意事项	1. 期望差距并不仅仅针对注册会计师的执业行为和职业责任 2. 还涉及a. 财务报表的确认、计量与披露原则、b. 商业道德以及c. 公司管理层应尽的社会责任等许多其他基本的问题
要求	1. 要求注册会计师在执业过程中充分关注舞弊风险 2. 了解期望差距并尽可能缩小期望差距是注册会计师职业界继续生存并更好地服务于社会公众的前提和努力方向，也是整个行业积极发展和不断走向成熟的重要标志

06 审计报告和信息差距（4句话）

（1）审计报告是注册会计师与财务报表使用者沟通审计事项的主要手段，对增强财务信息的可信性起着至关重要的作用。

（2）长期以来，审计报告采用的是短式标准审计报告模式，存在着信息含量低、相关性差等缺点。这种缺点导致社会公众产生“信息差距”。

（3）2015年年初，国际审计与鉴证准则理事会改革现行审计报告模式，增加审计报告要素，特别是增加关键审计事项部分，使财务报表使用者可以了解更为相关、更具有决策有用性的信息。

（4）2016年，我国对审计报告相关准则进行修订，提高了审计报告的相关性和决策有用性，缩小了信息差距。

第二节　审计要素

查看本节视频，快速GET知识点
使用“会计云课堂”App或“微信”扫码

01 审计业务要素概述

审计业务要素 （5个要素）	1. 审计业务的三方关系人 2. 财务报表 3. 财务报告编制基础 4. 审计证据 5. 审计报告

例题精讲

【例题8·2020年、2017年单选题】下列各项中，不属于审计业务要素的是（　　）。

A. 财务报告编制基础　　B. 审计报告

C. 财务报表　　D. 审计准则

【解析】对财务报表审计而言，审计业务要素包括审计业务的三方关系人、财务报表（选项C）、财务报告编制基础（选项A）、审计证据和审计报告（选项B）。

【答案】D

02 审计业务的三方关系人【五方面之一】

富富有图示

被审计单位管理层（◇编报表）—— 财务报表预期使用者（◇用报表）

注册会计师（◇审报表）

富富有提示

①在某些情况下，管理层和预期使用者可能来自同一企业，但并不意味着两者就是同一方。(董事会、监事会)

②某些情况下，管理层也会成为预期使用者之一，但不是唯一的预期使用者。

（一）注册会计师

<table>
<tr><td>含义</td><td colspan="2">注册会计师：是指取得注册会计师证书并在会计师事务所执业的人员，通常是指项目合伙人或项目组其他成员，有时也指其所在的会计师事务所(人+事务所)</td></tr>
<tr><td rowspan="4">相关内容</td><td>责任</td><td>根据审计准则的规定对财务报表发表审计意见</td></tr>
<tr><td>确认方式</td><td>注册会计师通过签署审计报告确认其责任</td></tr>
<tr><td>利用专家</td><td>如果审计业务涉及的特殊知识和技能超出了注册会计师的能力，注册会计师可以利用专家协助执行审计业务</td></tr>
<tr><td>责任划分</td><td>财务报表审计不能减轻被审计单位管理层和治理层的责任</td></tr>
</table>

（二）被审计单位管理层

<table>
<tr><td>含义</td><td>1. 管理层：是指对被审计单位经营活动的执行负有经营管理责任的人员，对财务报表编制负责(经理等)
2. 治理层：是指对被审计单位战略方向以及管理层履行经营管理责任负有监督责任的人员或组织。治理层的责任包括监督财务报告过程（监事会等）
注：在某些被审计单位，管理层可能包括部分或全部的治理层成员；治理层可能包括管理层，如治理层中负有经营管理责任的人员，或业主兼经理</td></tr>
<tr><td>责任划分</td><td>1. 管理层和治理层应对编制财务报表承担完全责任
2. 尽管在审计过程中，注册会计师可能向管理层和治理层提出调整建议，甚至在不违反独立性的前提下为管理层编制财务报表提供某些咨询或协助，但管理层仍然对编制财务报表承担责任，并通过签署财务报表确认这一责任
3. 如果财务报表存在重大错报，而注册会计师通过审计没有能够发现，也不能因为财务报表已经被注册会计师审计这一事实而减轻管理层和治理层对财务报表的责任</td></tr>
</table>

执行审计工作的前提	管理层和治理层（如适用）认可并理解其应当承担下列责任： 1. 按照适用的财务报告编制基础编制财务报表，并使其实现公允反映（如适用）（保证报表） 2. 设计、执行和维护必要的内部控制，以使财务报表不存在由于舞弊或错误导致的重大错报（保证内控） 3. 向注册会计师提供必要的工作条件，包括：（3方面） （1）允许注册会计师接触与编制财务报表相关的所有信息（如记录、文件和其他事项） （2）向注册会计师提供审计所需的其他的信息 （3）允许注册会计师在获取审计证据时不受限制地接触其认为必要的内部人员和其他相关人员

例题精讲

【例题9·2011年、2014年多选题】在确定执行审计工作的前提时，下列有关管理层责任的说法中，注册会计师认为正确的有（　　）。

A. 管理层应当允许注册会计师查阅与编制财务报表相关的所有文件

B. 管理层应当负责按照适用的财务报告编制基础编制财务报表

C. 管理层应当允许注册会计师接触所有必要的相关人员

D. 管理层应当负责设计、执行和维护必要的内部控制

【解析】管理层和治理层（如适用）应承担的责任包括：

（1）按照适用的财务报告编制基础编制财务报表（选项B），并使其实现公允反映（如适用）；

（2）设计、执行和维护必要的内部控制（选项D），以使财务报表不存在由于舞弊或错误导致的重大错报；

（3）向注册会计师提供必要的工作条件，包括允许注册会计师接触与编制财务报表相关的所有信息（如记录、文件和其他事项）（选项A），向注册会计师提供审计所需的其他的信息，允许注册会计师在获取审计证据时不受限制地接触其认为必要的内部人员和其他相关人员（选项C）。

【答案】ABCD

（三）预期使用者

含义	预期使用者：是指预期使用审计报告和财务报表的组织或人员
识别要求	1. 如果审计业务服务于特定的使用者或具有特殊目的，注册会计师可以很容易地识别预期使用者（如：企业向银行贷款） 2. 一般情况下，注册会计师可能无法识别预期使用审计报告的所有组织和人员，尤其在各种可能的预期使用者对财务报表存在不同的利益需求时 此时，预期使用者主要是指那些与财务报表有重要和共同利益的主要利益相关者【如上市公司：主要是指股东】 3. 注册会计师应当根据法律法规的规定或与委托人签订的协议识别预期使用者 4. 审计报告的收件人应当尽可能地明确为所有的预期使用者，但在实务中往往很难做到这一点【如上市公司：除了股东之外，还有公司债权人、供应商、顾客、证券监管机构等】

例题精讲

【例题 10 · 2020 年单选题】 下列有关审计报告预期使用者的说法中，错误的是（　　）。

A. 预期使用者不包括被审计单位的管理层

B. 预期使用者可能不是审计业务的委托人

C. 预期使用者不包括执行审计业务的注册会计师

D. 注册会计师可能无法识别所有的预期使用者

【解析】 由于审计意见有利于提高财务报表的可信性，有可能对管理层有用，因此，在这种情况下，管理层也会成为预期使用者之一（选项 A 错误），但不是唯一的预期使用者。

【答案】 A

03 财务报表【五方面之二】

（1）在财务报表审计中，审计对象是历史的财务状况、经营业绩和现金流量，审计对象的载体是财务报表。

（2）财务报表通常是指整套财务报表，有时也指单一财务报表。

（3）披露包括适用的财务报告编制基础所要求的、明确允许的或通过其他形式允许作出的解释性或描述性信息。

披露是财务报表不可分割的组成部分，主要在财务报表附注中反映，也可能在财务报表表内反映，或通过财务报表中的交叉索引予以提及。

（4）管理层和治理层（如适用）在编制财务报表时需要：（三方面）

①根据相关法律法规的规定确定适用的财务报告编制基础；

②根据适用的财务报告编制基础编制财务报表；（考点 4 详细说明）

③在财务报表中对适用的财务报告编制基础作出恰当的说明。

04 财务报告编制基础【五方面之三】

富富有提示

①在财务报表审计中，财务报告编制基础即是标准。

②注册会计师基于自身的预期、判断和个人经验对鉴证对象实行评价和计量，不构成适当的标准。

③对于公开发布的标准，注册会计师通常无需对标准的适当性进行评价，只需评价该标准对具体业务的适用性。

（一）适用的财务报告编制基础（★★二者之一）

（1）法律法规要求采用的财务报告编制基础；

（2）管理层和治理层（如适用）在编制财务报表时，就被审计单位性质和财务报表目标而言，采用的可接受的财务报告编制基础。

（二）财务报告编制基础的分类

种类	含义
通用目的编制基础	旨在满足广大财务报表使用者共同的财务信息需求的财务报告编制基础，主要是指企业会计准则和相关会计制度
特殊目的编制基础	旨在满足财务报表特定使用者对财务信息需求的财务报告编制基础，包括计税核算基础、监管机构的报告要求和合同的约定等（分为公允列报编制基础和遵循性编制基础）

05 审计证据（第3章）【五方面之四】

（1）审计证据在性质上具有累积性，主要（★★）是在审计过程中通过实施审计程序获取的。（还有其他来源，如：①会计记录、②专家编制的信息、③实施质量管理程序、④以前审计的信息等）

（2）审计证据既包括支持和佐证管理层认定的信息，也包括与这些认定相矛盾的信息。在某些情况下，信息的缺乏（如管理层拒绝提供注册会计师要求的声明）本身也构成审计证据，可以被注册会计师利用。

例题精讲

【例题11·2020年单选题】下列有关审计证据的说法中，错误的是（　　）。

A. 审计证据可能包括与管理层认定相矛盾的信息

B. 信息的缺乏本身不构成审计证据

C. 审计证据可能包括以前审计中获取的信息

D. 审计证据可能包括被审计单位聘请的专家编制的信息

【解析】在某些情况下，信息的缺乏（如管理层拒绝提供注册会计师要求的声明）本身也构成审计证据，可以被注册会计师利用（选项B错误）。

【答案】B

【例题12·2018年多选题改编】下列各项中，可能构成审计证据的有（　　）。

A. 注册会计师在本期审计中获取的信息

B. 被审计单位聘请的专家编制的信息

C. 注册会计师在以前审计中获取的信息

D. 会计师事务所接受业务时实施质量管理程序获取的信息

【解析】审计证据在性质上具有累积性，主要是在审计过程中通过实施审计程序获取的（选项A）；然而，审计证据还可能包括从其他来源获取的信息，如以前审计中获取的信息（选项C）或会计师事务所接受与保持客户或业务时实施质量管理程序获取的信息（选项D）；被审计单位雇用或聘请的专家编制的信息也可以作为审计证据（选项B）。

【答案】ABCD

06 审计报告（第19章）【五方面之五】（略）

查看本节视频，快速 GET 知识点
使用“会计云课堂”App或“微信”扫码

第三节 审计目标

01 审计目标的种类

种类	含义
审计的总体目标	是指注册会计师为完成整体审计工作而达到的预期目的
具体审计目标	是指注册会计师通过实施审计程序以确定管理层在财务报表中确认的各类交易、账户余额、披露层次认定是否恰当

02 审计总体目标（2 个方面）

总体目标	具体内容
发表意见	对财务报表整体是否不存在由于舞弊或错误导致的重大错报获取合理保证，使得注册会计师能够对财务报表是否在所有重大方面按照适用的财务报告编制基础编制发表审计意见（“合法性、公允性”）
报告+沟通	按照审计准则的规定，根据审计结果对财务报表出具审计报告，并与管理层和治理层沟通

例题精讲

【例题 13 · 2012 年多选题】关于注册会计师执行财务报表审计工作的总体目标，下列说法中，正确的有（　　）。

A. 对财务报表整体是否不存在由于舞弊或错误导致的重大错报获取合理保证，使得注册会计师能够对财务报表是否在所有重大方面按照适用的财务报告编制基础编制发表审计意见

B. 对被审计单位的持续经营能力提供合理保证

C. 对被审计单位内部控制是否存在值得关注的缺陷提供合理保证

D. 按照审计准则的规定，根据审计结果对财务报表出具审计报告，并与管理层和治理层沟通

【解析】注册会计师审计的总体目标是：(1) 对财务报表整体是否不存在由于舞弊或错误导致的重大错报获取合理保证，使得注册会计师能够对财务报表是否在所有重大方面按照适用的财务报告编制基础编制发表审计意见（选项 A）；(2) 按照审计准则的规定，根据审计结果对财务报表出具审计报告，并与管理层和治理层沟通（选项 D）。

【答案】AD

03 认定

（一）认定的概念

<table>
<tr><td>概念</td><td colspan="2">认定：是指管理层在财务报表中作出的明确或隐含的表达，注册会计师将其用于考虑可能发生的不同类型的潜在错报</td></tr>
<tr><td rowspan="3">举例</td><td colspan="2">在资产负债表中列示的期末存货项目及其金额：</td></tr>
<tr><td>明确的认定</td><td>1. 记录的存货是存在的（并非虚假）
2. 存货以恰当的金额包括在财务报表中，与之相关的计价或分摊调整已恰当记录</td></tr>
<tr><td>隐含的认定</td><td>1. 所有应当记录的存货均已记录（没有漏记）
2. 记录的存货均由被审计单位拥有或控制（未被抵押等）</td></tr>
<tr><td>种类</td><td colspan="2">【2 种类型：符合逻辑关系、先定性，后定量】
1. 关于所审计期间各类交易、事项及相关披露的认定
2. 关于期末账户余额及相关披露的认定</td></tr>
</table>

（二）关于所审计期间各类交易、事项及相关披露的认定（过程、当时）

认定	含义	举例
1. 发生（高估、虚构） （“无中生有”）	记录或披露的交易和事项已发生，且这些交易和事项与被审计单位有关	被审计单位 2×21 年度记录的销货交易确实均已发生
2. 完整性（低估、遗漏） （“已发生”）	所有应当记录的交易和事项均已记录，所有应当包括在财务报表中的相关披露均已包括	被审计单位在 2×21 年已经发生的销货交易均已记录
3. 准确性（可多可少） （“已记录”）	与交易和事项有关的金额及其他数据已恰当记录，相关披露已得到恰当计量和描述	被审计单位 2×21 年发生的销货交易均以正确的金额加以记录
4. 截止（“仅有”） （确有其事）	交易和事项已记录于正确的会计期间	被审计单位应在 2×21 年确认的销售交易未推迟至 2×22 年确认，应在 2×22 年确认的销售交易未提前至 2×21 年确认
5. 分类	交易和事项已记录于恰当的账户	被审计单位正确地将库存商品的销售计入“营业收入”，将处置固定资产的净损益计入“资产处置收益”等
6. 列报	交易和事项已被恰当地汇总或分解且表述清楚，相关披露在适用的财务报告编制基础下是相关的、可理解的	—

（三）关于期末账户余额及相关披露的认定（资产、负债、所有者权益）（结果）

认定	含义	举例
1. 存在（≠发生）	记录的资产、负债和所有者权益是存在的	被审计单位 2×21 年 12 月 31 日所列 1000 万元存货在当日确实存在
2. 权利和义务（符合资产、负债的定义）	记录的资产由被审计单位拥有或控制，记录的负债是被审计单位应当履行的偿还义务	被审计单位 2×21 年 12 月 31 日所列 1000 万元存货确实归其所有
3. 完整性	所有应当记录的资产、负债和所有者权益均已记录，所有应当包括在财务报表中的相关披露均已包括	被审计单位 2×21 年 12 月 31 日没有漏记任何归其所有的存货（包括委托代销存货、存放外地的存货等）
4. 准确性、计价和分摊（金额正确?）	资产、负债和所有者权益以恰当的金额包括在财务报表中，与之相关的计价或分摊调整已恰当记录，相关披露已得到恰当计量和描述	被审计单位 2×21 年 12 月 31 日的存货余额采用了正确的计价方法，并计提了充足的存货跌价准备
5. 分类	资产、负债和所有者权益已记录于恰当的账户	被审计单位将已经发生的交易或事项正确地计入“存货”“固定资产”等账户
6. 列报	资产、负债和所有者权益已被恰当地汇总或分解且表述清楚，相关披露在适用的财务报告编制基础下是相关的、可理解的	—

04 具体审计目标（结合：审计的总体目标、管理层的认定）

	认定	目标
与所审计期间各类交易、事项及相关披露相关的审计目标	1. 发生：记录或披露的交易或事项已发生，且这些交易和事项与被审计单位有关	确认已记录的交易是真实的
	2. 完整性：所有应当记录的交易和事项均已记录，所有应当包括在财务报表中的相关披露均已包括	确认已发生的交易确实已经记录，所有应包括在财务报表中的相关披露均已包括
	3. 准确性：与交易和事项有关的金额及其他数据已恰当记录，相关披露已得到恰当计量和描述	确认已记录的交易是按正确金额反映的，相关披露已得到恰当计量和描述
	4. 截止：交易和事项已记录于正确的会计期间	确认接近于资产负债表日的交易记录于恰当的期间
	5. 分类：交易和事项已记录于恰当的账户	确认被审计单位记录的交易经过适当分类
	6. 列报：交易和事项已被恰当地汇总或分解且表述清楚，相关披露在适用的财务报告编制基础下是相关的、可理解的	确认被审计单位的交易和事项已被恰当地汇总或分解且表述清楚，相关披露在适用的财务报告编制基础下是相关的、可理解的

	认定	目标
与期末账户余额及相关披露相关的审计目标	1. 存在：记录的资产、负债和所有者权益是存在的	确认记录的金额确实存在
	2. 权利和义务：记录的资产由被审计单位拥有或控制，记录的负债是被审计单位应当履行的偿还义务	确认资产归属于被审计单位，负债属于被审计单位的义务
	3. 完整性：所有应当记录的资产、负债和所有者权益均已记录，所有应当包括在财务报表中的相关披露均已包括	确认已存在的金额均已记录，所有应当包括在财务报表中的相关披露均已包括
	4. 准确性、计价和分摊：资产、负债和所有者权益以恰当的金额包括在财务报表中，与之相关的计价或分摊调整已恰当记录，相关披露已得到恰当计量和描述	确认资产、负债和所有者权益以恰当的金额包括在财务报表中，与之相关的计价或分摊调整已恰当记录，相关披露已得到恰当计量和描述
	5. 分类：资产、负债和所有者权益已记录于恰当的账户	确认资产、负债和所有者权益已记录于恰当的账户
	6. 列报：资产、负债和所有者权益已被恰当地汇总或分解且表述清楚，相关披露在适用的财务报告编制基础下是相关的、可理解的	确认资产、负债和所有者权益已被恰当地汇总或分解且表述清楚，相关披露在适用的财务报告编制基础下是相关的、可理解的

例题精讲

【例题 14·根据历年试题改编简答题】 某集团下属若干子公司，2×22 年度各子公司发生的下列事项，经注册会计师的职业判断认为，均表明可能存在重大错报风险，请判断与财务报表项目的哪些认定相关。

（1）甲公司上年度的职工薪酬采取当月发放的形式，本年度的职工薪酬改为次月 5 日发放，但本年度的职工薪酬的期末余额和上年度的期末余额基本持平；另外已知甲公司职工队伍基本稳定，且本年度的工资上涨幅度为 20% 左右。（假定本公司核算的工资仅计入管理费用和销售费用）

（2）乙公司生产的 A 产品经网友反映可能含有较高的化学成分，会对消费者的健康造成不利影响，虽经国家有关部门出具的检测报告，但仍有超过半数的网民对 A 产品的安全性表示担忧，乙公司本年度未对 A 产品计提任何存货跌价准备。

（3）丙公司的产品销售采取在各地设立销售服务部的形式，本年度丙公司在多个城市设立销售服务部，销售服务部数量增加一倍，但其账簿上显示，本年度销售服务部的租金支出仅比去年增长 5%，另外假设本年度的销售服务处的租金均未支付。

（4）丁公司与客户签订不可撤销合同，以每件 20 万元销售 B 产品 30 件，至本年年末，该产品尚未生产，在签订合同后不久，丁公司即得知该产品所需原材料的价格上涨，导致其单位成本变为每件 23 万元，如不能按期交货，丁公司需要支付价款的 20% 的违约金，丁公司未对本事项进行任何账务处理。

（5）戊公司自 2×22 年开始研发一项新技术，到本年度 12 月份，已经达到预定用途，戊公司已经确认无形资产，但受国家产业政策的影响，市场对该类新产品尚无需要（假定不考虑无形资产摊销的影响）。

【答案】

序号	子公司	财务报表项目及认定
（1）	甲公司	应付职工薪酬/完整性 销售费用/完整性 管理费用/完整性
（2）	乙公司	资产减值损失/完整性 存货/准确性、计价和分摊
（3）	丙公司	销售费用/完整性 其他应付款/完整性
（4）	丁公司	营业外支出/完整性 预计负债/完整性
（5）	戊公司	研发费用/完整性 无形资产/存在

查看本节视频，快速 GET 知识点
使用“会计云课堂”App或“微信”扫码

第四节　审计基本要求

审计业务基本要求 （4 个方面）	1. 遵守审计准则
	2. 遵守职业道德守则
	3. 保持职业怀疑
	4. 合理运用职业判断

例题精讲

【**例题 15 · 2018 年多选题**】下列各项中，属于审计基本要求的有（　　）。

A. 遵守审计准则

B. 合理运用职业判断

C. 遵守职业道德守则

D. 保持职业怀疑

【**解析**】四个选项均正确。

【**答案**】ABCD

01 遵守审计准则

审计准则是衡量注册会计师执行财务报表审计业务的权威性标准，涵盖从接受业务委托到出具审计报告的整个过程，注册会计师在执业过程中应当遵守审计准则的要求。

02 遵守职业道德守则（第 22 章、第 23 章）

基本原则	1. 诚信 2. 独立性 3. 客观公正 4. 专业胜任能力和勤勉尽责 5. 保密 6. 良好职业行为

03 保持职业怀疑

（一）职业怀疑的含义

职业怀疑：是指注册会计师执行审计业务的一种态度，包括采取质疑的思维方式，对可能表明由于舞弊或错误导致错报的情况保持警觉，以及对审计证据进行审慎评价。

（二）职业怀疑应当从下列方面理解

（1）职业怀疑在本质上要求秉持一种质疑的理念。（摒弃“存在即合理”的逻辑思维）

富富有提示

保持独立性可以增强注册会计师在审计中保持职业怀疑的能力。

（2）职业怀疑要求对引起疑虑的情形保持警觉：

①相互矛盾的审计证据；（如：评价人的好坏）

②引起对文件记录、对询问的答复的可靠性产生怀疑的信息；（如：日期是春节）

③表明可能存在舞弊的情况；

④表明需要实施除审计准则规定外的其他审计程序的情形。

（3）职业怀疑要求审慎评价审计证据。（质疑相互矛盾的审计证据的可靠性）

富富有提示

虽然注册会计师需要在审计成本与信息的可靠性之间进行权衡，但是，审计中的困难、时间或成本等事项本身，不能作为省略不可替代的审计程序或满足于说服力不足的审计证据的理由。

（4）职业怀疑要求客观评价管理层和治理层。（★★）

①由于管理层和治理层为实现预期利润或趋势结果而承受内部或外部压力，即使以前正直、诚信的管理层和治理层也可能发生变化。

②注册会计师不应依赖以往对管理层和治理层诚信形成的判断。

③即使注册会计师认为管理层和治理层是正直、诚实的，也不能降低保持职业怀疑的要求，不允许在获取合理保证的过程中满足于说服力不足的审计证据。

富富有提示

①职业怀疑是注册会计师综合技能不可或缺的一部分，是保证审计质量的关键要素。

②保持职业怀疑有助于注册会计师恰当运用职业判断，提高审计程序设计及执行的有效性，降低审计风险。

例题精讲

【例题 16 · 2021 年单选题】下列有关注册会计师保持职业怀疑的说法中，错误的是（　　）。

A. 职业怀疑要求注册会计师在评价管理层和治理层时，不应依赖以往对管理层和治理层诚信形成的判断

B. 保持职业怀疑有助于注册会计师恰当运用职业判断

C. 职业怀疑要求注册会计师质疑相互矛盾的证据的可靠性

D. 保持职业怀疑可以增强注册会计师在审计中保持独立性的能力

【解析】选项 D 错误，保持独立性可以增强注册会计师在审计中保持职业怀疑的能力。

【答案】D

【例题 17 · 2020 年多选题】下列有关职业怀疑的说法中，正确的有（　　）。

A. 职业怀疑要求注册会计师质疑相互矛盾的审计证据的可靠性

B. 职业怀疑要求注册会计师对舞弊风险因素保持警觉

C. 职业怀疑要求注册会计师鉴定文件记录的真伪

D. 职业怀疑要求注册会计师质疑管理层的诚信

【解析】职业怀疑应当从下列方面理解：

（1）职业怀疑在本质上要求秉持一种质疑的理念。

（2）职业怀疑要求对引起疑虑的情形保持警觉。这些情形包括但不限于：相互矛盾的审计证据；引起对文件记录、对询问的答复的可靠性产生怀疑的信息；表明可能存在舞弊的情况（选项 B 正确）；表明需要实施除审计准则规定外的其他审计程序的情形。

（3）职业怀疑要求审慎评价审计证据。审计证据包括支持和印证管理层认定的信息，也包括与管理层认定相互矛盾的信息。审慎评价审计证据是指质疑相互矛盾的审计证据的可靠性（选项 A 正确）。

（4）职业怀疑要求客观评价管理层和治理层（选项 D 错误）。

注册会计师没有接受文件真伪鉴定方面的培训，不应被期望成为鉴定文件真伪的专家（选项 C 错误）。

【答案】AB

（三）保持职业怀疑的作用（贯穿于审计全过程）（★★审计质量）

（1）识别和评估重大错报风险时。

①保持职业怀疑有助于注册会计师设计恰当的风险评估程序，有针对性地了解被审计单位及其环境；

②有助于使注册会计师对引起疑虑的情形保持警觉，充分考虑错报发生的可能性和重大程度，有效识别和评估重大错报风险。

（2）设计和实施进一步审计程序时。

①保持职业怀疑有助于注册会计师针对评估出的重大错报风险，恰当设计进一步审计程序的性质、时间安排和范围，降低选取不适当的审计程序的风险；

②有助于注册会计师对已获取的审计证据表明可能存在未识别的重大错报风险的情形保持警觉，并作出进一步调查。

（3）评价审计证据时。

①保持职业怀疑有助于注册会计师评价是否已获取充分、适当的审计证据以及是否还需执行更多的工作；

②有助于注册会计师审慎评价审计证据，纠正仅获取最容易获取的审计证据，忽视存在相互矛盾的审计证据的偏向。

（4）针对舞弊时。

保持职业怀疑对于注册会计师发现舞弊、防止审计失败至关重要。

富富有提示

①会计师事务所的业绩评价、薪酬和晋升机制会促进或削弱审计实务中对职业怀疑的保持程度，这取决于这些机制如何设计和执行；

②会计师事务所人员是否能够保持职业怀疑，很大程度上取决于其胜任能力。

例题精讲

【例题 18 · 2018 年单选题】下列有关职业怀疑的说法中，错误的是（　　）。

A. 保持职业怀疑是注册会计师的必备技能

B. 注册会计师应当在整个审计过程中保持职业怀疑

C. 保持职业怀疑是保证审计质量的关键要素

D. 保持职业怀疑可以使注册会计师发现所有由于舞弊导致的错报

【解析】保持职业怀疑，有助于使注册会计师认识到存在由于舞弊导致的重大错报的可能性，但不能使注册会计师发现所有由于舞弊导致的错报，选项 D 错误。

【答案】D

【例题 19 · 2016 年单选题】下列有关职业怀疑的说法中，错误的是（　　）。

A. 会计师事务所的业绩评价机制会削弱注册会计师对职业怀疑的保持程度

B. 注册会计师是否能够保持职业怀疑在很大程度上取决于其胜任能力

C. 审计的时间安排和工作量要求有可能会阻碍注册会计师保持职业怀疑

D. 保持独立性可以增强注册会计师在审计中保持职业怀疑的能力

【解析】会计师事务所的业绩评价机制会促进或削弱注册会计师对职业怀疑的保持程度，这取决于这些机制如何设计和执行，选项 A 错误。

【答案】A

04 合理运用职业判断

项目	具体内容
含义	职业判断：是指在审计准则、财务报告编制基础和职业道德要求的框架下，注册会计师综合运用相关知识、技能和经验，作出适合审计业务具体情况、有根据的行动决策（如：重要性、风险评估等）
重要性	1. 职业判断是注册会计师行业的精髓 2. 从本质上讲，无论是财务报表的编制，还是注册会计师审计，都是由一系列判断行为构成的（随处可见） 3. 职业判断对于适当地执行审计工作是必不可少的，如果没有运用职业判断将相关知识和经验灵活运用于具体事实和情况，仅靠机械地执行审计程序，注册会计师无法理解审计准则、财务报告编制基础和相关职业道德要求，难以在整个审计过程中作出有依据的决策
涉及范围	1. 职业判断贯穿于注册会计师执业的始终，从决定是否接受业务委托，到出具业务报告，注册会计师都需要作出职业判断（从始至终） 2. 职业判断涉及注册会计师执业中的各类决策，包括：（共 3 种） （1）与具体会计处理相关的决策 （2）与审计程序相关的决策 （3）与遵守职业道德要求相关的决策
应用领域	1. 确定重要性，识别和评估重大错报风险 2. 为满足审计准则的要求和收集审计证据的需要，确定所需实施的审计程序的性质、时间安排和范围 3. 为实现审计准则规定的目标和注册会计师的总体目标，评价是否已获取充分、适当的审计证据以及是否还需执行更多的工作 4. 评价管理层在运用适用的财务报告编制基础时作出的判断 5. 根据已获取的审计证据得出结论，如评价管理层在编制财务报表时作出的会计估计的合理性 6. 运用职业道德概念框架识别、评估和应对影响职业道德基本原则的不利因素
相关要求	1. 注册会计师职业判断需要在相关法律法规、职业标准的框架下作出，并以具体事实和情况为依据（绝非“瞎判断”：工资和办公场所的大小） 2. 如果有关决策不被该业务的具体事实和情况所支持或者缺乏充分、适当的审计证据，职业判断并不能作为不恰当决策的理由
决策过程	1. 确定职业判断的问题和目标 2. 收集和评价相关信息 3. 识别可能采取的解决方案 4. 评价可供选择的方案 5. 得出职业判断结论并作出书面记录
应有特征	注册会计师是职业判断的主体，职业判断能力是注册会计师胜任能力的核心。通常来说，注册会计师具有下列特征可能有助于提高职业判断质量： 1. 丰富的知识、经验和良好的专业技能 2. 独立、客观和公正 3. 保持适当的职业怀疑

<table>
<tr><th>项目</th><th colspan="2">具体内容</th></tr>
<tr><td rowspan="3">衡量标准</td><td>准确性或意见一致性</td><td>1. 职业判断结论与特定标准或客观事实的相符程度
2. 不同职业判断主体针对同一职业判断问题所作判断彼此认同的程度</td></tr>
<tr><td>决策一贯性和稳定性</td><td>1. 同一注册会计师针对同一项目的不同判断问题，所作出的判断之间是否符合应有的内在逻辑
2. 同一注册会计师针对相同的职业判断问题，在不同时点所作出的判断是否结论相同或相似</td></tr>
<tr><td>可辩护性</td><td>1. 注册会计师是否能够证明自己的工作
2. 通常，①理由的充分性、②思维的逻辑性和③程序的合规性是可辩护性的基础</td></tr>
<tr><td>书面记录</td><td colspan="2">对下列事项进行书面记录，有利于提高职业判断的可辩护性：【自证清白】
1. 对职业判断问题和目标的描述
2. 解决职业判断相关问题的思路
3. 收集到的相关信息
4. 得出的结论以及得出结论的理由
5. 就决策结论与被审计单位进行沟通的方式和时间</td></tr>
</table>

例题精讲

【例题 20 · 2018 年多选题】注册会计师需要对职业判断作出适当的书面记录。下列各项记录内容中，有利于提高职业判断的可辩护性的有（　　）。

A. 注册会计师得出的结论及理由

B. 注册会计师解决职业判断相关问题的思路

C. 注册会计师收集到的相关信息

D. 注册会计师就决策结论与被审计单位进行沟通的方式和时间

【解析】注册会计师需要对职业判断作出适当的书面记录，对下列事项进行书面记录，有利于提高职业判断的可辩护性：（1）对职业判断问题和目标的描述；（2）解决职业判断相关问题的思路（选项 B）；（3）收集到的相关信息（选项 C）；（4）得出的结论以及得出结论的理由（选项 A）；（5）就决策结论与被审计单位进行沟通的方式和时间（选项 D）。

【答案】ABCD

【例题 21 · 2017 年单选题】下列有关职业判断的说法中，错误的是（　　）。

A. 职业判断能力是注册会计师胜任能力的核心

B. 注册会计师应当书面记录其在审计过程中作出的所有职业判断

C. 注册会计师保持独立有助于提高职业判断质量

D. 注册会计师工作的可辩护性是衡量职业判断质量的重要方面

【解析】注册会计师需要对职业判断作出适当的书面记录，但是并非对其在审计过程中作出的所有职业判断均进行书面记录。

【答案】B

【例题 22 · 2017 年多选题】 下列各项中，通常需要注册会计师运用职业判断的有（　　）。

A. 确定财务报表整体的重要性

B. 确定审计工作底稿归档的最晚日期

C. 确定是否利用被审计单位的内部审计工作

D. 评价审计抽样的结果

【解析】 根据准则规定，审计工作底稿的归档期限为审计报告日后 60 天内，选项 B 不正确。

【答案】 ACD

查看本节视频，快速 GET 知识点

使用“会计云课堂”App或“微信”扫码

第五节　审计风险

01 审计风险概念

概念	审计风险：是指财务报表存在重大错报时，注册会计师发表不恰当审计意见的可能性
影响因素	审计风险取决于重大错报风险和检查风险

富富有提示

审计风险是一个与审计过程相关的技术术语，并不是指注册会计师执行业务的法律后果，如因诉讼、负面宣传或其他与财务报表审计相关的事项而导致损失的可能性。

02 重大错报风险

（一）含义及分类

<table>
<tr><td colspan="2">含义</td><td colspan="3">重大错报风险：是指财务报表在审计前存在重大错报的可能性</td></tr>
<tr><td rowspan="4">两个层次</td><td>财务报表层次</td><td colspan="3">财务报表层次重大错报风险与财务报表整体存在广泛联系，可能影响多项认定（如：会计人员从业水平低）</td></tr>
<tr><td rowspan="3">认定层次</td><td colspan="3">考虑各类交易、账户余额和披露认定层次的重大错报风险，考虑的结果直接有利于注册会计师确定认定层次上实施的进一步审计程序的性质、时间安排和范围</td></tr>
<tr><td rowspan="2">分类</td><td>固有风险</td><td>是指在考虑相关的内部控制之前，某类交易、账户余额或披露的某一认定易于发生错报（该错报单独或连同其他错报可能是重大的）的可能性【假设没有内控时】</td></tr>
<tr><td>控制风险</td><td>是指某类交易、账户余额或披露的某一认定发生错报，该错报单独或连同其他错报是重大的，但没有被内部控制及时防止或发现并纠正的可能性</td></tr>
</table>

（二）理解要点

1. 财务报表层次的重大错报风险（3个要点）

（1）通常与控制环境有关（如：一股独大、缺乏治理层的有效监督），但也可能与其他因素有关，如经济萧条

（2）难以界定于某类交易、账户余额和披露的具体认定

（3）增大了认定层次发生重大错报的可能性，与注册会计师考虑由舞弊引起的风险尤其相关【如：孩子从小不教育，各种错误都有可能、招投标等】

2. 固有风险（3个要点）

（1）某些类别的交易、账户余额和披露及其认定，固有风险较高【如：复杂的计算、重大计量不确定性的会计估计等】【瓷杯和不锈钢水杯】

（2）产生经营风险的外部因素也可能影响固有风险【如：技术进步导致存货过时，进而存货发生高估错报】【如：电脑产品】

（3）被审计单位及其环境中的某些因素还可能与多个甚至所有类别的交易、账户余额和披露相关【如：流动资金匮乏、企业处于夕阳行业】

3. 控制风险（4个要点）

（1）控制风险取决于与财务报表编制有关的内部控制的设计和运行的有效性

（2）由于控制的固有局限性，某种程度的控制风险始终存在

（3）由于固有风险和控制风险不可分割地交织在一起，有时无法单独进行评估，通常不再单独提到固有风险和控制风险，将这两者合并称为“重大错报风险”

（4）注册会计师既可以对两者进行单独评估，也可以结合起来评估(★★)

富富有提示

①只要接受委托，就有客观存在的审计风险，只能实施适当的审计程序，将风险降低至可接受的低水平。

②重大错报风险是客观存在的，只能“评估”，“不能改变”，是“不可控”的。

例题精讲

【例题23·2020年单选题】下列有关重大错报风险的说法中，错误的是（　　）。

A. 财务报表层次的重大错报风险通常是舞弊导致的，认定层次的重大错报风险通常是错误导致的

B. 财务报表层次的重大错报风险增大了认定层次发生重大错报的可能性

C. 财务报表层次的重大错报风险和认定层次的重大错报风险均可能构成特别风险

D. 所有被审计单位的财务报表都可能存在财务报表层次的重大错报风险和认定层次的重大错报风险

【解析】舞弊导致的风险既可能是财务报表层次的也可能是认定层次的（选项A错误）。

【答案】A

【例题24·2019年单选题】下列有关重大错报风险的说法中，错误的是（　　）。

A. 重大错报风险是指财务报表在审计前存在重大错报的可能性

B. 重大错报风险可进一步细分为固有风险和检查风险

C. 注册会计师应当从财务报表层次和各类交易、账户余额和披露认定层次考虑重大错报风险

D. 注册会计师可以定性或定量评估重大错报风险

【解析】认定层次的重大错报风险可以进一步细分为固有风险和控制风险，选项 B 错误。

【答案】B

【例题 25 · 2018 年单选题】下列有关固有风险和控制风险的说法中，正确的是（　　）。

A. 固有风险和控制风险与被审计单位的风险相关，独立于财务报表审计而存在

B. 财务报表层次和认定层次的重大错报风险可以细分为固有风险和控制风险

C. 注册会计师无法单独对固有风险和控制风险进行评估

D. 固有风险始终存在，而运行有效的内部控制可以消除控制风险

【解析】认定层次的重大错报风险可以进一步细分为固有风险和控制风险（选项 B 错误）。注册会计师既可以对固有风险和控制风险进行单独评估，也可以对两者进行合并评估（选项 C 错误）。控制风险取决于与财务报表编制有关的内部控制的设计和运行的有效性，由于控制的固有局限性，某种程度的控制风险始终存在（选项 D 错误）。

【答案】A

【例题 26 · 2017 年多选题】下列各项中，通常可能导致财务报表层次重大错报风险的有（　　）。

A. 被审计单位新聘任的财务总监缺乏必要的胜任能力

B. 被审计单位的长期资产减值准备存在高度的估计不确定性

C. 被审计单位管理层缺乏诚信

D. 被审计单位的某项销售交易涉及复杂的安排

【解析】财务总监缺乏必要的胜任能力，可能导致财务报表层次重大错报风险，选项 A 正确；某些重大错报风险可能与财务报表整体广泛相关，进而影响多项认定。例如管理层缺乏诚信或承受异常的压力可能引发舞弊风险，这些风险与财务报表整体相关，选项 C 正确。

【答案】AC

03 检查风险

含义	检查风险：是指如果存在某一错报，该错报单独或连同其他错报可能是重大的，注册会计师为将审计风险降至可接受的低水平而实施程序后没有发现这种错报的风险（做了程序没有发现）
理解要点	1. 检查风险取决于审计程序设计的合理性和执行的有效性 2. 只能降低，但不可能降低为零，主要原因： （1）通常不对所有的交易、账户余额和披露进行检查，只能做到合理保证 （2）其他原因，包括： ①注册会计师可能选择了不恰当的审计程序 ②审计过程执行不当 ③错误解读了审计结论

应对策略	注册会计师可以通过下列方式，尽可能降低检查风险：（4 个方面） 1. 适当计划 2. 在项目组成员之间进行恰当的职责分配 3. 保持职业怀疑态度 4. 对审计项目组成员执行的工作进行监督、指导和复核

例题精讲

【例题 27 · 2021 年单选题】下列有关检查风险的说法中，错误的是（　　）。

A. 检查风险取决于审计程序设计的合理性和执行的有效性

B. 在既定的审计风险水平下，评估的重大错报风险越低，可接受的检查风险越高

C. 抽样风险通常不会导致检查风险

D. 检查风险不可能降低为零

【解析】选项 C 错误，抽样风险和非抽样风险在重大错报风险的评估和检查风险的确定过程中均可能涉及。

【答案】C

04 检查风险与重大错报风险的关系（杀阡陌、杀千刀）

数学模型	检查风险与认定层次的重大错报风险的反向关系用数学模型表示如下： 审计风险=重大错报风险（认定层次）× 检查风险 ↓（审计风险）确定为可接受的低水平　↓（重大错报风险）评估 推导如下： $检查风险=\dfrac{审计风险}{重大错报风险}$
理解要点	实务中，注册会计师不一定用绝对数量表达这些风险水平，而是选用“高”、“中”、“低”等文字进行定性描述

例题精讲

【例题 28 · 2015 年单选题】下列有关审计风险的说法中，错误的是（　　）。

A. 如果注册会计师将某一认定的可接受审计风险设定为 10%，评估的重大错报风险为 35%，则可接受的检查风险为 25%

B. 实务中，注册会计师不一定用绝对数量表达审计风险水平，可选用文字进行定性表述

C. 审计风险并不是指注册会计师执行业务的法律后果

D. 在审计风险模型中，重大错报风险独立于财务报表审计而存在

【解析】根据审计风险模型（审计风险 = 重大错报风险×检查风险），如果某一认定的可接

受审计风险设定为10%，评估的重大错报风险为35%，则其检查风险为28.57%（10%÷35%），选项A错误。

【答案】 A

05 审计的固有限制（3个方面）

1. 财务报告的性质	
理解要点	某些财务报表项目的金额本身就存在一定的变动幅度，这种变动幅度不能通过实施追加的审计程序来消除 【如：预计负债的入账价值】
2. 审计程序的性质	
理解要点	注册会计师获取审计证据的能力受到实务和法律上的限制。例如：（共3方面） ①管理层或其他人员可能有意或无意地不提供与财务报表编制相关的或注册会计师要求的全部信息 ②舞弊可能涉及精心策划和蓄意实施以进行隐瞒。因此，用以收集审计证据的审计程序可能对于发现舞弊是无效的 ③审计不是对涉嫌违法行为的官方调查（如：搜查权）
3. 在合理的时间内以合理的成本完成审计的需要【财务报告的及时性和成本效益的权衡】	
理解要点	为了在合理的时间内以合理的成本对财务报表形成审计意见，注册会计师有必要： ①计划审计工作，以使审计工作以有效的方式得到执行 ②将审计资源投向最可能存在重大错报风险的领域，并相应地在其他领域减少审计资源 ③运用测试和其他方法检查总体中存在的错报

富富有提示

由于审计存在固有限制，注册会计师不可能将审计风险降至零，因此不能对财务报表不存在由于舞弊或错误导致的重大错报获取绝对保证。

例题精讲

【例题29·2020年单选题】 下列各项中，不属于审计的固有限制来源的是（　　）。

A. 管理层可能不提供注册会计师要求的全部信息

B. 注册会计师在合理的时间内以合理的成本完成审计的需要

C. 注册会计师对重大错报风险的评估可能不恰当

D. 管理层编制财务报表时需要作出判断

【解析】 审计的固有限制源于：（1）财务报告的性质（选项D）；（2）审计程序的性质（选项A）；（3）在合理的时间内以合理的成本完成审计的需要（选项B）。

【答案】 C

【例题30·2019年单选题】 下列各项中，不属于审计固有限制的来源的是（　　）。

A. 注册会计师可能满足于说服力不足的审计证据

B. 管理层可能不提供与财务报表编制相关的全部信息

C. 注册会计师获取审计证据的能力受到法律上的限制

D. 管理层在编制财务报表的过程中需要运用判断

【解析】 选项 A 错误，审计中的困难、时间或成本等事项本身，不能作为注册会计师省略不可替代的审计程序或满足于说服力不足的审计证据的正当理由。审计的固有限制源于：(1) 财务报告的性质（选项 D）；(2) 审计程序的性质（选项 B、C）；(3) 在合理的时间内以合理的成本完成审计的需要。

【答案】 A

第六节　审计过程

查看本节视频，快速 GET 知识点
使用“会计云课堂”App或“微信”扫码

01 风险导向审计总体思路

识别——→评估——→应对（相亲）

02 审计流程

（一）接受业务委托——初步业务活动（签订业务约定书：§2.1）

（二）计划审计工作（注意：包括初步业务活动）（不断修订）

层次	相关内容
制定总体审计策略 （§2.2）	1. 审计范围 2. 报告目标、时间安排及所需沟通的性质 3. 审计方向【重要性（§2.3）、重大错报风险较高的领域等】 4. 审计资源（规划、调配）
制定具体审计计划 （§2.2）	1. 风险评估程序（识别和评估财务报表重大错报风险）（第 7 章） 2. 进一步审计程序（实质性方案、综合性方案） (1) 控制测试（§8.3） (2) 实质性程序（§8.4） (3) 其他审计程序

（三）实施审计程序、获取审计证据（第 3 章）【注意：审计抽样（第 4 章）、信息技术对审计的影响（第 5 章）、各类交易和账户余额的审计（第 9—12 章）】

（四）形成审计工作底稿（第 6 章）【注意：审计中的特殊考虑（第 13—17 章）】

（五）完成审计工作（第 18 章）

（六）出具审计报告（第 19 章）

富富有提示

需要指出的是，计划审计工作不是审计业务的一个孤立阶段，而是一个持续的、不断修正的过程，贯穿于整个审计过程的始终。

前情回顾小剧场

（1）审计的产生；

（2）审计的概念及五点理解；

（3）合理保证和有限保证的区别（目标、证据收集程序、所需证据数量、检查风险、财务报表的可信性、提出结论的方式）；

（4）注册会计师审计和政府审计的区别（审计目标和对象、审计的标准、经费或收入来源、取证权限、对发现问题的处理方式）；

（5）注册会计师审计内部审计的联系和区别（审计独立性、审计方式、审计程序、审计职责、审计作用）；

（6）审计业务要素（三方关系人、财务报表、财务报告编制基础、审计证据、审计报告）；

（7）审计总体目标；

（8）认定的概念及种类（各类交易、事项及相关披露的认定、期末账户余额及相关披露的认定）；

（9）具体审计目标的内容（引申自认定）；

（10）职业怀疑的含义和对其的理解以及作用；

（11）职业判断的含义、重要性、衡量质量的三个方面等；

（12）审计风险、重大错报风险（两个层次、固有风险+控制风险）、检查风险的含义及其与重大错报风险的关系（反向关系）；

（13）审计的固有限制（3 个方面）；

（14）审计过程的理解。

第二章　审计计划

CHAPTER-2

五项须知小剧场

- **近5年考情分析**
  - 平均分值6分/年
  - 2021年考核了单选题、多选题和综合题
- **教材主要变化** —— 除对部分文字进行修订，本章内容无实质性变化
- **建议学习时长** —— 9小时
- **学习方法提示** —— 本章属于比较重要的章节，考试时可以各种题型进行考核。客观题主要考核初步业务活动、重要性等相关内容；主观题中经常将审计计划的内容作为综合题的一部分进行考核。考生应熟练掌握相关内容
- **本章基本框架**
  - 第一节　初步业务活动
    - 计划审计工作的基本要求和内容框架　考点1
    - 初步业务活动的目的和内容　考点2
    - 审计的前提条件　考点3
    - 审计业务约定书　考点4
  - 第二节　总体审计策略和具体审计计划
    - 总体审计策略　考点1
    - 具体审计计划　考点2
    - 审计过程中对计划的更改　考点3
    - 指导、监督与复核　考点4
  - 第三节　重要性
    - 重要性的概念　考点1
    - 重要性水平的确定　考点2
    - 错报　考点3

核心考点精讲专场

第一节 初步业务活动

查看本节视频，快速 GET 知识点
使用“会计云课堂”App或“微信”扫码

01 计划审计工作的基本要求和内容框架

基本要求	计划审计工作是一项持续的过程，通常注册会计师在前一期审计工作结束后即开始开展本期的审计计划工作，直到本期审计工作结束为止
内容框架（3 部分）	1. 进行初步业务活动 2. 制定总体审计策略 3. 制定具体审计计划

02 初步业务活动的目的和内容（能否接受委托?）

目的（承接、保持）	1. 具备执行业务所需要的独立性和能力（我没有问题——能干+独立性） 2. 不存在因管理层诚信问题而可能影响注册会计师保持该项业务意愿的情况（你没有问题——诚信） 3. 与被审计单位不存在对业务约定条款的误解
内容（共 3 点）	1. 针对保持客户关系和具体审计业务实施相应的质量管理程序 2. 评价遵守相关职业道德要求的情况 3. 就审计业务约定条款达成一致意见

例题精讲

【例题 1 · 2019 年多选题改编】 下列各项中，属于注册会计师应当开展的初步业务活动的有（　　）。

A. 针对接受或保持客户关系实施相应的质量管理程序

B. 确定审计范围和项目组成员

C. 就审计业务约定条款与被审计单位达成一致

D. 评价遵守相关职业道德要求的情况

【解析】 注册会计师应当开展下列初步业务活动：（1）针对保持客户关系和具体审计业务实施相应的质量管理程序（选项 A）；（2）评价遵守相关职业道德要求的情况（选项 D）；（3）就审计业务约定条款达成一致意见（选项 C）。

【答案】 ACD

03 审计的前提条件

（一）含义

审计的前提条件：是指①管理层在编制财务报表时采用可接受的编制基础以及②管理层对注册会计师执行审计工作的前提的认可。（2 方面）

（二）具体内容

前提条件	具体内容
财务报告编制基础的可接受性	在确定财务报告编制基础的可接受性时，应当考虑下列因素：（★★★4 个因素） 1. 被审计单位的性质（企业？公共部门实体？非营利组织？） 2. 财务报表的目的（通用目的？特殊目的？） 3. 财务报表的性质（整套报表？单一报表？） 4. 法律法规是否规定了适用的财务报告编制基础
管理层已认可并理解其承担的责任	就管理层的责任达成一致意见（链接 § 1.2：保证报表、保证内控、提供必要的工作条件）

例题精讲

【例题 2 · 2021 年单选题】 下列各项中，不属于审计的前提条件的是（　　）。

A. 管理层向注册会计师提供必要的工作条件

B. 存在可接受的财务报告编制基础

C. 管理层认可并理解其对财务报表承担的责任

D. 管理层愿意接受非无保留意见的审计报告

【解析】 审计的前提条件包括：

（1）管理层在编制财务报表时采用可接受的财务报告编制基础（选项 B 正确）。

（2）管理层已认可并理解其承担的下列责任（选项 C 正确）：①按照适用的财务报告编制基础编制财务报表，并使其实现公允反映（如适用）；②设计、执行和维护必要的内部控制，以使财务报表不存在由于舞弊或错误导致的重大错报；③向注册会计师提供必要的工作条件（选项 A 正确），包括允许注册会计师接触与编制财务报表相关的所有信息（如记录、文件和其他事项），向注册会计师提供审计所需要的其他信息，允许注册会计师在获取审计证据时不受限制地接触其认为必要的内部人员和其他相关人员。

【答案】 D

【例题 3 · 2021 年多选题】 在确定被审计单位财务报告编制基础的可接受性时，下列各项中，注册会计师需要考虑的有（　　）。

A. 财务报表的性质

B. 被审计单位的性质

C. 财务报表的目的

D. 被审计单位管理层是否充分了解财务报告编制基础

【解析】在确定编制财务报表所采用的财务报告编制基础的可接受性时，注册会计师需要考虑下列相关因素：(1) 被审计单位的性质（选项 B 正确）；(2) 财务报表的目的（选项 C 正确）；(3) 财务报表的性质（选项 A 正确）；(4) 法律法规是否规定了适用的财务报告编制基础。

【答案】ABC

（三）确认的形式——书面声明（3 句话）

(1) 注册会计师应当要求管理层就其已履行的某些责任提供书面声明。

(2) 如果管理层不认可其责任，或不同意提供书面声明，注册会计师将视为不能获取充分、适当的审计证据。在这种情况下，注册会计师承接此类审计业务是不恰当的，除非法律法规另有规定。

(3) 如果法律法规要求承接此类审计业务，注册会计师可能需要向管理层解释这种情况的重要性及其对审计报告的影响。

04 审计业务约定书（以理解为主）

（一）基本原则

会计师事务所承接任何审计业务，都应与被审计单位签订审计业务约定书。

（二）审计业务约定书的基本内容（5 个方面）

(1) 财务报表审计的目标与范围；

(2) 注册会计师的责任；

(3) 管理层的责任；

(4) 指出用于编制财务报表所适用的财务报告编制基础；

(5) 提及注册会计师拟出具的审计报告的预期形式和内容，以及对在特定情况下出具的审计报告可能不同于预期形式和内容的说明。

例题精讲

【例题 4·2019 年单选题】下列各项中，通常无须包含在审计业务约定书中的是（　　）。

A. 财务报表审计的目的与范围

B. 管理层的责任

C. 出具审计报告的日期

D. 用于编制财务报表所适用的财务报告编制基础

【解析】审计业务约定书的具体内容和格式可能因被审计单位的不同而各异，但应当包括以下主要内容：(1) 财务报表审计的目标与范围（选项 A）；(2) 注册会计师的责任；(3) 管理层的责任（选项 B）；(4) 指出用于编制财务报表所适用的财务报告编制基础（选项 D）；(5) 提及注册会计师拟出具的审计报告的预期形式和内容，以及对在特定情况下出具的审计报告可能不同于预期形式和内容的说明。

【答案】C

（三）审计业务约定书的特殊考虑

1. 考虑特定需要（主要：双方的义务问题，以理解为主）（共 17 项）

（1）详细说明审计工作的范围，包括提及适用的法律法规、审计准则，以及注册会计师协会发布的职业道德守则和其他公告；

（2）对审计业务结果的其他沟通形式；

（3）关于注册会计师按照《中国注册会计师审计准则第 1504 号——在审计报告中沟通关键审计事项》的规定，在审计报告中沟通关键审计事项的要求；

（4）说明由于审计和内部控制的固有限制，即使审计工作按照审计准则的规定得到恰当的计划和执行，仍不可避免地存在某些重大错报未被发现的风险；

（5）计划和执行审计工作的安排，包括审计项目组的构成；

（6）预期管理层将提供书面声明；

（7）预期管理层将允许注册会计师接触管理层知悉的与财务报表编制相关的所有信息（包括与披露相关的所有信息）；

（8）管理层同意向注册会计师及时提供财务报表草稿（包括与财务报表及披露的编制相关的所有信息）和其他所有附带信息（如有），以使注册会计师能够按照预定的时间表完成审计工作；

（9）管理层同意告知注册会计师在审计报告日至财务报表报出日之间注意到的可能影响财务报表的事实；

（10）收费的计算基础和收费安排；

（11）管理层确认收到审计业务约定书并同意其中的条款；

（12）在某些方面对利用其他注册会计师和专家工作的安排；

（13）对审计涉及的内部审计人员和其他员工工作的安排；

（14）在首次审计的情况下，与前任注册会计师（如存在）沟通的安排；

（15）说明对注册会计师责任可能存在的限制；

（16）注册会计师与被审计单位之间需要达成进一步协议的事项；

（17）向其他机构或人员提供审计工作底稿的义务。

2. 组成部分的审计

如果母公司的注册会计师同时也是组成部分注册会计师，需要考虑下列因素，决定是否向组成部分单独致送审计业务约定书：（5 个方面）

（1）组成部分注册会计师的委托人；（委托人不同，一般单独致送）

（2）是否对组成部分单独出具审计报告；

（3）与审计委托相关的法律法规的规定；

（4）母公司占组成部分的所有权份额；（份额不高，一般说明组成部分的独立性高，应单独致送）

（5）组成部分管理层相对于母公司的独立程度。（独立程度越高，越应单独致送）

3. 连续审计（掌握★★）

基本要求	注册会计师应当根据具体情况评估： （1）是否需要对审计业务约定条款作出修改 （2）是否需要提醒被审计单位注意现有的条款 结论：可以决定不在每期都致送新的审计业务约定书或其他书面协议

可能导致修改业务约定条款/提醒注意现有条款的情形（8个方面）	（1）有迹象表明被审计单位误解审计目标和范围 （2）需要修改约定条款或增加特别条款 （3）被审计单位高级管理人员近期发生变动 （4）被审计单位所有权发生重大变动 （5）被审计单位业务的性质或规模发生重大变化（影响风险和收费） （6）法律法规的规定发生变化（△） （7）编制财务报表采用的财务报告编制基础发生变更 （8）其他报告要求发生变化（△）

例题精讲

【例题5·2016年单选题】下列有关审计业务约定书的说法中，错误的是（　　）。

A. 审计业务约定书应当包括注册会计师的责任和管理层的责任

B. 如果集团公司的注册会计师同时也是组成部分注册会计师，则无须向组成部分单独致送审计业务约定书

C. 对于连续审计，注册会计师可能不需要每期都向被审计单位致送新的审计业务约定书

D. 注册会计师应当在签订审计业务约定书之前确定审计的前提条件是否存在

【解析】如果集团公司的注册会计师同时也是组成部分注册会计师，需要考虑相关因素后，决定是否需要向组成部分单独致送审计业务约定书，选项B错误。

【答案】B

【例题6·2010年单选题】如果是连续审计业务，在下列情况下，需要注册会计师提醒被审计单位管理层关注或修改现有业务的约定条款的是（　　）。

A. 注册会计师对上期财务报表出具了非无保留意见审计报告

B. 注册会计师更换两名审计助理人员

C. 被审计单位对上期财务报表作出重述

D. 被审计单位高级管理人员近期发生变动

【答案】D

4. 审计业务约定条款的变更

（1）变更审计业务约定条款的要求。

基本要求	在完成审计业务前，如果被审计单位或委托人要求注册会计师将审计业务变更为保证程度较低的业务，注册会计师应当确定是否存在合理理由予以变更	
变更原因	（1）环境变化对审计服务的需求产生影响（暂停IPO审批） （2）对原来要求的审计业务的性质存在误解	合理理由
	（3）无论是管理层施加的还是其他情况引起的审计范围受到限制	非合理理由
处理原则	（1）如果没有合理的理由，注册会计师不应同意变更业务 （2）如果注册会计师不同意变更业务约定条款，而管理层又不允许继续执行原审计业务，注册会计师应当： a. 在适用的法律法规允许的情况下，解除审计业务约定 b. 确定是否有约定义务或其他义务向治理层、所有者或监管机构等报告该事项（向有关机构报告）	

例题精讲

【例题 7 · 2018 年多选题】 下列各项中，通常可以作为变更审计业务的合理理由的有（　　）。

A. 环境变化对审计服务的需求产生影响

B. 客观因素导致审计范围受到限制

C. 委托方对原来要求的审计业务的性质存在误解

D. 管理层对审计范围施加限制

【解析】 无论是管理层施加的还是其他情况引起的审计范围受到限制均不认为是变更审计业务的合理理由，选项 BD 错误。

【答案】 AC

（2）变更为审阅业务或相关服务业务的要求。

<table>
<tr><td>变更前的要求</td><td colspan="3">①考虑是否存在合理理由
②评估变更业务对法律责任或业务约定的影响</td></tr>
<tr><td>具体处理原则</td><td colspan="3">如果注册会计师认为将审计业务变更为审阅业务或相关服务业务具有合理理由，截至变更日已执行的审计工作可能与变更后的业务相关，相应地，注册会计师需要执行的工作和出具的报告会适用于变更后的业务</td></tr>
<tr><td rowspan="3">为避免引起报告使用者的误解，对相关服务业务出具的报告的要求（★★★）</td><td>不应提及</td><td colspan="2">①原审计业务
②在原审计业务中已执行的程序</td></tr>
<tr><td rowspan="2">特殊情况</td><td>适用前提</td><td>将审计业务变更为执行商定程序业务</td></tr>
<tr><td>提及内容</td><td>可以提及已执行的程序</td></tr>
</table>

例题精讲

【例题 8 · 2010 年单选题】 如果认为将审计业务变更为审阅业务具有合理理由，并且截至变更日已执行的审计工作与变更后的审阅业务相关，在出具审阅报告时，注册会计师正确的做法是（　　）。

A. 在审阅报告中提及原审计业务中已执行的工作

B. 在审阅报告中提及原审计业务

C. 在审阅报告中说明业务变更的合理理由

D. 在审阅报告中不提及原审计业务的任何情况

【解析】 为了不让报告使用者产生误解，在出具的审阅报告中不应提及原来审计业务的任何情况。只有将审计业务变更为执行商定程序业务，注册会计师才可在报告中提及已执行的程序。

【答案】 D

第二节　总体审计策略和具体审计计划

查看本节视频，快速 GET 知识点
使用“会计云课堂”App或“微信”扫码

层次	审计计划分为总体审计策略和具体审计计划两个层次
相关说明	虽然制定总体审计策略的过程通常在具体审计计划之前，但两者存在紧密联系，对其中一项的决定可能会影响甚至改变对另外一项的决定

01 总体审计策略

（一）概述

总体审计策略：用以确定审计范围、时间安排和方向，并指导制定具体审计计划。

（二）制定总体审计策略时考虑的主要事项（★★★可参考教材附录2-1总体审计策略参考格式）

富富有图示

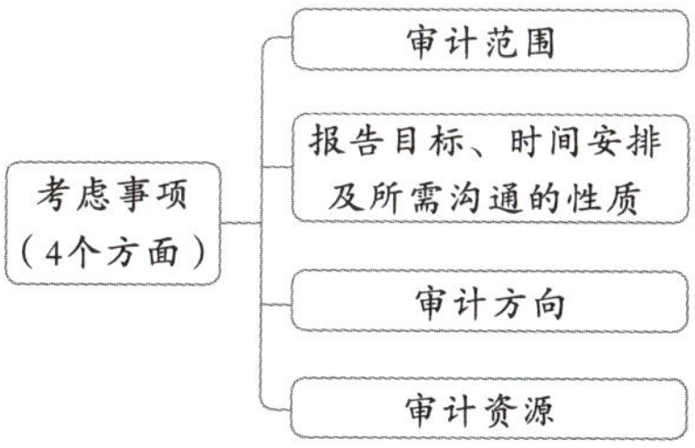

第一方面：审计范围。

（1）编制拟审计的财务信息所依据的财务报告编制基础，包括是否需要将财务信息调整至按照其他财务报告编制基础编制；

（2）特定行业的报告要求，如某些行业监管机构要求提交的报告；

（3）预期审计工作涵盖的范围，包括应涵盖的组成部分的数量及所在地点；

（4）母公司和集团组成部分之间存在的控制关系的性质，以确定如何编制合并财务报表；

（5）由组成部分注册会计师审计组成部分的范围；

（6）拟审计的经营分部的性质，包括是否需要具备专门知识；

（7）外币折算，包括外币交易的会计处理、外币财务报表的折算和相关信息的披露；

（8）除为合并目的执行的审计工作之外，对个别财务报表进行法定审计的需求；

（9）内部审计工作的可获得性及注册会计师拟信赖内部审计工作的程度；

（10）被审计单位使用服务机构的情况，及注册会计师如何取得有关服务机构内部控制设计和运行有效性的证据；

（11）对利用在以前审计工作中获取的审计证据（如获取的与风险评估程序和控制测试相

关的审计证据）的预期；

（12）信息技术对审计程序的影响，包括数据的可获得性和对使用计算机辅助审计技术的预期；

（13）协调审计工作与中期财务信息审阅的预期涵盖范围和时间安排，以及中期审阅所获取的信息对审计工作的影响；

（14）与被审计单位人员的时间协调和相关数据的可获得性。

第二方面：报告目标、时间安排及所需沟通的性质。

（1）被审计单位对外报告的时间表，包括中间阶段和最终阶段；

（2）与管理层和治理层举行会谈，讨论审计工作的性质、时间安排和范围；

（3）与管理层和治理层讨论注册会计师拟出具的报告的类型和时间安排以及沟通的其他事项（口头或书面沟通），包括审计报告、管理建议书和向治理层通报的其他事项；

（4）与管理层讨论预期就整个审计业务中审计工作的进展进行的沟通；

（5）与组成部分注册会计师沟通拟出具的报告的类型和时间安排，以及与组成部分审计相关的其他事项；

（6）项目组成员之间沟通的预期性质和时间安排，包括项目组会议的性质和时间安排，以及复核已执行工作的时间安排；

（7）预期是否需要和第三方进行其他沟通，包括与审计相关的法定或约定的报告责任。

第三方面：审计方向。

（1）重要性方面。具体包括：

①为计划目的确定重要性；

②为组成部分确定重要性且与组成部分的注册会计师沟通；

③在审计过程中重新考虑重要性；

④识别重要的组成部分和账户余额。

（2）重大错报风险较高的审计领域；

（3）评估的财务报表层次的重大错报风险对指导、监督及复核的影响；

（4）项目组人员的选择（必要时包括项目质量复核人员）和工作分工，包括向重大错报风险较高的审计领域分派具备适当经验的人员；

（5）项目预算，包括考虑为重大错报风险可能较高的审计领域分配适当的工作时间；

（6）如何向项目组成员强调在收集和评价审计证据过程中保持职业怀疑的必要性；

（7）以往审计中对内部控制运行有效性进行评价的结果，包括所识别的控制缺陷的性质及应对措施；

（8）管理层重视设计和实施健全的内部控制的相关证据，包括这些内部控制得以适当记录的证据；

（9）业务交易量规模，以基于审计效率的考虑确定是否依赖内部控制；

（10）对内部控制重要性的重视程度；

（11）管理层用于识别和编制适用的财务报告编制基础所要求的披露（包括从总账和明细账之外的其他途径获取的信息）的流程；

（12）影响被审计单位经营的重大发展变化，包括信息技术和业务流程的变化，关键管理人员变化，以及收购、兼并和分立；

（13）重大的行业发展情况，如行业法规变化和新的报告规定；

（14）会计准则及会计制度的变化，该变化可能涉及作出重大的新披露或对现有披露作出重大修改；

（15）其他重大变化，如影响被审计单位的法律环境的变化。

第四方面：审计资源。

（1）向具体审计领域调配的资源，包括向高风险领域分派有适当经验的项目组成员，就复杂的问题利用专家工作等；

（2）向具体审计领域分配资源的多少，包括分派到重要地点进行存货监盘的项目组成员的人数，在集团审计中复核组成部分注册会计师工作的范围，向高风险领域分配的审计时间预算等；

（3）何时调配这些资源，包括是在期中审计阶段还是在关键的截止日期调配资源等；

（4）如何管理、指导、监督这些资源，包括预期何时召开项目组预备会和总结会，预期项目合伙人和经理如何进行复核，是否需要实施项目质量复核等。

02 具体审计计划（“总体”指导“具体”的制定）

1. 具体审计计划的核心

确定审计程序的性质、时间安排和范围。（目的：合理保证——审计风险降至可接受的低水平）

2. 具体审计计划的内容

具体审计计划	相关内容
风险评估程序	为了充分识别和评估财务报表重大错报风险，注册会计师计划实施的风险评估程序的性质、时间安排和范围
进一步审计程序 （★★认定层次）	（1）包括控制测试和实质性程序 （2）可以分为两个层次： ①总体方案【包括：综合性方案和实质性方案】 ②具体审计程序【控制测试和实质性程序的性质、时间安排和范围】
其他审计程序	如：期后事项、或有事项、持续经营、对法律法规的考虑、关联方和舞弊等

例题精讲

【例题 9 · 2020 年单选题】 下列有关计划审计工作的说法中，错误的是（　　）。

A. 在制定总体审计策略时，注册会计师应当考虑初步业务活动的结果

B. 注册会计师制定的具体审计计划应当包括风险评估程序、计划实施的进一步审计程序和其他审计程序

C. 注册会计师在制定审计计划时，应当确定对项目组成员的工作进行复核的性质、时间安排和范围

D. 具体审计计划通常不影响总体审计策略

【解析】值得注意的是，虽然制定总体审计策略的过程通常在具体审计计划之前，但是两项计划具有内在紧密联系，对其中一项的决定可能会影响甚至改变对另外一项的决定（选项 D 错误）。

【答案】D

【例题 10 · 2016 年多选题】下列各项中，属于具体审计计划的活动的有（　　）。

A. 确定重要性

B. 确定是否需要实施项目质量复核

C. 确定风险评估程序的性质、时间安排和范围

D. 确定进一步审计程序的性质、时间安排和范围

【解析】选项 A 和选项 B 属于制定总体审计策略需要考虑的内容。

【答案】CD

03 审计过程中对计划的更改

（1）计划审计工作并非审计业务的一个孤立阶段，而是一个持续的、不断修正的过程，贯穿于整个审计业务的始终。

（2）如果注册会计师在审计过程中对总体审计策略或具体审计计划作出重大修改，应当在审计工作底稿中记录作出的重大修改及其理由。

例题精讲

【例题 11 · 2020 年综合题】甲公司是 ABC 会计师事务所的常年审计客户，主要从事家电产品的生产、批发和零售。A 注册会计师负责审计甲公司 2019 年度财务报表，确定财务报表整体的重要性为 800 万元，明显微小错报的临界值为 40 万元。

资料三：

A 注册会计师在审计工作底稿中记录了审计计划，部分事项如下：

（3）因实施穿行测试时发现甲公司与投资和筹资相关的内部控制未得到执行，A 注册会计师将投资和筹资循环的审计策略由综合性方案改为实质性方案，并用新编制的审计计划工作底稿替换了原工作底稿。

要求：

针对资料三第（3）项，假定不考虑其他条件，指出 A 注册会计师的做法是否恰当。如不恰当，简要说明理由。

【答案】

事项序号	是否恰当（是/否）	理由
（3）	否	不应替换原工作底稿，应当在原工作底稿的基础上记录对审计计划作出的重大修改及其理由

04 指导、监督与复核

考虑因素	对项目组成员指导、监督和复核时应当考虑的因素： 1. 被审计单位的规模和复杂程度 2. 审计领域 3. 评估的重大错报风险（★★★主要因素） 4. 执行审计工作的项目组成员的专业素质和胜任能力

例题精讲

【例题 12·2019 年单选题改编】在确定项目组内部复核的性质、时间安排和范围时，下列各项中，注册会计师无须考虑的是（　　）。

A. 被审计单位的规模

B. 项目组成员的专业素质和胜任能力

C. 评估的重大错报风险

D. 项目质量复核人员的经验和能力

【解析】项目组成员的指导、监督以及对其工作进行复核的性质、时间安排和范围主要取决于下列因素：（1）被审计单位的规模和复杂程度（选项 A 正确）；（2）审计领域；（3）评估的重大错报风险（选项 C 正确）；（4）执行审计工作的项目组成员的专业素质和胜任能力（选项 B 正确）。

【答案】D

【例题 13·单选题】在确定对项目组成员指导、监督与复核的性质、时间和范围时，注册会计师应当考虑的主要因素是（　　）。

A. 针对客户关系和具体审计业务实施的相应质量管理程序

B. 评估的重大错报风险

C. 独立性要求

D. 审计时间预算

【解析】注册会计师应在评估重大错报风险的基础上，计划对项目组成员工作的指导、监督与复核的性质、时间和范围，选项 B 正确。

【答案】B

【例题 14·根据历年试题改编简答题】A 注册会计师负责对常年审计客户甲公司2020 年度财务报表进行审计，撰写了总体审计策略和具体审计计划，部分内容摘录如下：

（1）初步了解 2020 年度甲公司及其环境未发生重大变化，拟信赖以往审计中对管理层、治理层诚信形成的判断。

（2）因对甲公司内部审计人员的客观性和专业胜任能力存有疑虑，拟不利用内部审计的工作。

（3）如对计划的重要性水平做出修正，拟通过修改计划实施的实质性程序的性质、时间和范围降低重大错报风险。

（4）假定甲公司在收入确认方面存在舞弊风险，拟将销售交易及其认定的重大错报风险评估为高水平，不再了解和评估相关控制设计的合理性并确定其是否已得到执行，直接实施细节测试。

要求：

针对上述事项（1）至（4），逐项指出A注册会计师拟定的计划是否存在不当之处。如存在不当之处，简要说明理由。

【答案】

事项	拟定的计划是否存在不当之处（存在/不存在）	理由
（1）	存在	注册会计师不能仅仅根据甲公司及其环境没有发生重大变化而直接信赖管理层、治理层的诚信，不应依赖以往对管理层和治理层诚信形成的判断
（2）	不存在	—
（3）	存在	重大错报风险是客观存在的，并不能够降低；通过修改计划实施的实质性程序的性质、时间和范围降低检查风险，并不是重大错报风险
（4）	存在	了解内部控制是必须的，可以在了解内部控制后，根据评估的结果，直接执行细节测试

查看本节视频，快速GET知识点

使用“会计云课堂”App或“微信”扫码

第三节　重要性

01　重要性的概念

（一）重要性的含义

含义	重要性概念可从下列方面进行理解：（3个方面） 1. 如果合理预期错报（包括漏报）单独或汇总起来可能影响财务报表使用者依据财务报表作出的经济决策，则通常认为错报是重大的 2. 对重要性的判断是根据具体环境作出的，并受错报的金额或者性质的影响，或受到两者的共同影响（CPA：适当的职业判断）（沙漠缺水） 3. 判断某事项对财务报表使用者是否重大，是在考虑财务报表使用者整体共同的财务信息需求的基础上作出的

（二）对重要性含义的相关理解

（1）财务报表错报包括金额、披露两方面的错报。

（2）重要性可以理解为可容忍的错报程度。

（3）判断某项错报对财务报表使用者影响是否重大，不考虑错报对个别财务报表使用者可能产生的影响。

（4）重要性确定包括财务报表层次的重要性和特定类别交易、账户余额和披露的重要性水平。

（5）运用重要性水平的审计环节。

运用原则	计划阶段	确定重要性水平
	执行审计阶段	运用重要性水平（实际执行）
	形成结论阶段	确定报告类型

（6）在整个业务过程中，随着审计工作的进展，注册会计师应当根据所获得的新信息更新重要性。（并非一成不变）

（7）重要性水平与审计证据的数量呈反向关系。（比如：考试及格线）

富富有提示

①在制定总体审计策略时，注册会计师就必须对重大错报的金额和性质作出一个判断，包括确定财务报表整体的重要性水平和适用于特定类别交易、账户余额和披露的一个或多个的重要性水平。

②当错报金额高于整体重要性水平时，就很可能被合理预期将对使用者根据财务报表作出的经济决策产生影响。

③注册会计师还应当确定实际执行的重要性，以评估重大错报风险并确定进一步审计程序的性质、时间安排和范围。

④在整个业务过程中，随着审计工作的进展，注册会计师应当根据所获得的新信息更新重要性，并考虑进一步审计程序是否仍然适当。

⑤在形成审计结论阶段，要使用整体重要性水平和为了特定交易类别、账户余额和披露而确定的较低金额的重要性水平来评价：

a. 已识别的错报对财务报表的影响；

b. 对审计报告中审计意见的影响。

02 重要性水平的确定

（一）考虑因素

考虑因素	注册会计师在确定计划的重要性水平时，应当考虑以下因素：（3个因素） （1）对被审计单位及其环境的了解 （2）财务报表各项目的性质及其相互关系 （3）财务报表项目的金额及其波动幅度

（二）财务报表整体的重要性水平（即：影响财务报表使用者经济决策的临界值）

1. 基本概述

制定阶段	注册会计师在制定总体审计策略时，应当确定财务报表整体的重要性
基本模型	财务报表整体的重要性水平＝基准×百分比
考虑因素	选择基准时考虑的因素包括：（5个方面） （1）财务报表要素（如资产、负债、所有者权益、收入和费用） （2）是否存在特定会计主体的财务报表使用者特别关注的财务报表项目 （3）被审计单位的性质、所处的生命周期阶段以及所处行业和经济环境 （4）被审计单位的所有权结构和融资方式（如：债务融资、权益融资） （5）基准的相对波动性
相关说明	注册会计师选定基准时需要考虑的是基准的相对波动性，而不是基准的重大错报风险

例题精讲

【例题15·2021年单选题】 下列各项中，注册会计师为确定财务报表整体的重要性而选择基准时，通常无须考虑的是（　　）。

A. 是否为首次接受委托的审计项目　　B. 被审计单位的性质

C. 被审计单位的所有权结构　　D. 被审计单位的融资方式

【解析】 确定重要性需要运用职业判断。通常先选定一个基准，再乘以某一百分比作为财务报表整体的重要性。在选择基准时，需要考虑的因素包括：

（1）财务报表要素（如资产、负债、所有者权益、收入和费用）；

（2）是否存在特定会计主体的财务报表使用者特别关注的项目（如为了评价财务业绩，使用者可能更关注利润、收入或净资产）；

（3）被审计单位的性质、所处的生命周期阶段以及所处行业和经济环境（选项B正确）；

（4）被审计单位的所有权结构和融资方式（选项CD正确）；

（5）基准的相对波动性。

【答案】 A

2. 重要性的具体确认原则

（1）确定基准。

情况	选定的基准
通常情况	对于以营利为目的的企业，以经常性业务的税前利润作为基准
特殊情况	在某些情况下，例如企业处于微利或微亏状态时，注册会计师可以考虑采用以下方法确定基准：（二选一） ①如果微利或微亏状态是由a. 宏观经济环境的波动或b. 企业自身经营的周期性所导致，可以考虑采用过去3—5年经常性业务的平均税前利润作为基准 ②采用财务报表使用者关注的其他财务指标作为基准，如营业收入、总资产等

富富有提示

就选定的基准而言，相关的财务数据通常包括：

1. 前期财务成果和财务状况	
2. 本期最新的财务成果和财务状况	需要根据被审计单位情况的重大变化（如重大的企业并购）和被审计单位所处行业和经济环境情况的相关变化等作出调整
3. 本期的预算和预测结果	

教材表 2-1 常用的基准

被审计单位的情况	可能选择的基准
1. 企业的盈利水平保持稳定	经常性业务的税前利润
2. 企业近年来经营状况大幅度波动，盈利和亏损交替发生，或者由正常盈利变为微利或微亏，或者本年度税前利润因情况变化而出现意外增加或减少	过去3—5年经常性业务的平均税前利润或亏损（取绝对值），或其他基准，例如营业收入
3. 企业为新设企业，处于开办期，尚未开始经营，目前正在建造厂房及购买机器设备	总资产
4. 企业处于新兴行业，目前侧重于抢占市场份额、扩大企业知名度和影响力	营业收入
5. 开放式基金，致力于优化投资组合、提高基金净值、为基金持有人创造投资价值	净资产
6. 国际企业集团设立的研发中心，主要为集团下属各企业提供研发服务，并以成本加成的方式向相关企业收取费用	成本与营业费用总额
7. 公益性质的基金会	捐赠收入或捐赠支出总额

富富有提示

①如果被审计单位的经营规模较上年度没有重大变化，通常使用替代性基准确定的重要性不宜超过上年度的重要性。

②注册会计师为被审计单位选择的基准在各年度中通常会保持稳定，但是并非必须保持一贯不变。

注册会计师可以根据经济形势、行业状况和被审计单位具体情况的变化对采用的基准作出调整。例如：

阶段	基准
新设立阶段	总资产
成长期	营业收入
经营成熟期	经常性业务的税前利润

例题精讲

【例题 16 · 2016 年单选题】下列有关在确定财务报表整体的重要性时选择基准的说法中，正确的是（　　）。

A. 注册会计师应当充分考虑被审计单位的性质和重大错报风险，选取适当的基准

B. 对于以营利为目的的被审计单位，注册会计师应当选取税前利润作为基准

C. 基准一经选定，需在各年度中保持一致

D. 基准可以是本期财务数据的预算和预测结果

【解析】在确定重要性基准时，不需要考虑重大错报风险，选项 A 错误；对于以营利为目的的被审计单位，注册会计师可能考虑选取经常性业务的税前利润作为基准，选项 B 错误；重要性水平的基准是可以根据被审计单位的实际情况变化的，并不是各年度中保持一致，选项 C 错误。

【答案】D

（2）确定百分比。

基本要求	①为选定的基准确定百分比需要运用职业判断【可高可低、适合具体情况】 ②基准与百分比一般呈反向关系【如：经常性业务的税前利润对应的百分比通常比营业收入对应的百分比要高】
考虑因素	包括但不限于下列因素： ①被审计单位是否为上市公司或公众利益实体 ②财务报表使用者的范围（是否分发给广大范围的使用者） ③被审计单位是否由集团内部关联方提供融资或是否有大额对外融资（如债券或银行贷款） ④财务报表使用者是否对基准数据特别敏感（如：特殊目的的财务报表的使用者）

（3）注册会计师在确定重要性水平时，不需考虑与具体项目计量相关的固有不确定性。例如，涉及含有高度估计不确定性的大额会计估计。

例题精讲

【例题 17 · 2020 年单选题】下列有关财务报表整体的重要性的说法中，错误的是（　　）。

A. 注册会计师应当从定性和定量两个方面考虑财务报表整体的重要性

B. 财务报表使用者的范围越广，财务报表整体的重要性金额越低

C. 注册会计师应当在制定具体审计计划时确定财务报表整体的重要性

D. 财务报表整体的重要性可能需要在审计过程中作出修改

【解析】注册会计师在制定总体审计策略时，应当确定财务报表整体的重要性（选项 C 错误）。

【答案】C

【例题 18 · 2019 年多选题】下列各项中，注册会计师在所有审计业务中均应当确定的有（　　）。

A. 财务报表整体的重要性　　B. 可容忍错报

C. 明显微小错报的临界值　　D. 实际执行的重要性

【解析】选项 A 正确，注册会计师在制定总体审计策略时，应当确定财务报表整体的重要性。选项 B 错误，如果在实施细节测试时不使用审计抽样，则可不确定可容忍错报。选项 C 正确，注册会计师需要在制定审计策略和审计计划时，确定一个明显微小错报的临界值，低于该临界值的错报视为明显微小的错报，可以不累积。选项 D 正确，审计准则要求注册会计师确定低于财务报表整体重要性的一个或多个金额作为实际执行的重要性。

【答案】ACD

（三）特定类别交易、账户余额或披露的重要性水平

1. 确定特定类别重要性的必要性

根据被审计单位的特定情况，如果存在一个或多个特定类别的交易、账户余额或披露，其发生的错报金额虽然低于财务报表整体的重要性（★★），但合理预期可能影响财务报表使用者依据财务报表作出的经济决策，因此注册会计师还应当确定适合于这些特定类别的交易、账户余额或披露的重要性水平。

2. 确定特定类别重要性时应考虑的影响因素（共 3 点）

影响因素	举例
（1）法律法规或适用的财务报告编制基础是否影响财务报表使用者对特定项目计量或披露的预期	①关联方交易 ②管理层和治理层的薪酬 ③对具有较高估计不确定性的公允价值会计估计的敏感性分析
（2）与被审计单位所处行业相关的关键性披露	制药企业的研究与开发成本
（3）财务报表使用者是否特别关注财务报表中单独披露的业务的特定方面	关于分部或重大企业合并的披露

例题精讲

【例题 19·2020 年多选题】下列各项因素中，可能表明注册会计师需要确定特定类别交易、账户余额或披露的重要性水平的有（　　）。

A. 是否存在与被审计单位所处行业相关的关键性披露

B. 财务报表使用者是否特别关注财务报表中单独披露的业务的特定方面

C. 是否存在对特定财务报表使用者的决策可能产生影响的披露

D. 适用的财务报告编制基础是否影响财务报表使用者对特定项目计量或披露的预期

【解析】根据被审计单位的特定情况，下列因素可能表明存在一个或多个特定类别的交易、账户余额或披露，其发生的错报金额虽然低于财务报表整体的重要性，但合理预期将影响财务报表使用者依据财务报表作出的经济决策：

（1）法律法规或适用的财务报告编制基础是否影响财务报表使用者对特定项目（如关联方交易、管理层和治理层的薪酬及对具有较高估计不确定性的公允价值会计估计的敏感性分析）计量或披露的预期（选项 D 正确）；

（2）与被审计单位所处行业相关的关键性披露（如制药企业的研究与开发成本）（选项A正确）；

（3）财务报表使用者是否特别关注财务报表中单独披露的业务的特定方面（如关于分部或重大企业合并的披露）（选项B正确）。

【答案】 ABD

（四）实际执行的重要性

1. 含义及考虑因素

含义	两层含义： （1）财务报表整体：是指注册会计师确定的低于财务报表整体的重要性的一个或多个金额，旨在将未更正和未发现错报的汇总数超过财务报表整体的重要性的可能性降至适当的低水平 （2）特定类别：是指注册会计师确定的低于特定类别的交易、账户余额或披露的重要性水平的一个或多个金额【如果适用】
考虑因素	确定实际执行的重要性并非简单机械的计算，需要注册会计师运用职业判断，并考虑下列因素的影响：（3个因素） （1）对被审计单位的了解（这些了解在实施风险评估程序的过程中得到更新） （2）前期审计工作中识别出的错报的性质和范围 （3）根据前期识别出的错报对本期错报作出的预期

2. 实际执行的重要性的确定原则

（1）通常而言，实际执行的重要性通常为财务报表整体重要性的50%–75%。

经验值	情形
选择较低的百分比	①首次接受委托的审计项目 ②连续审计项目，以前年度审计调整较多 ③项目总体风险较高，例如：处于高风险行业、管理层能力欠缺、面临较大市场竞争压力或业绩压力等 ④存在或预期存在值得关注的内部控制缺陷
选择较高的百分比	①连续审计项目，以前年度审计调整较少 ②项目总体风险为低到中等，例如处于非高风险行业、管理层有足够能力、面临较低的市场竞争压力和业绩压力等 ③以前期间的审计经验表明内部控制运行有效

例题精讲

【例题20·2018年单选题】 下列情形中，注册会计师通常采用较高的百分比确定实际执行的重要性的是（　　）。

A. 以前期间的审计经验表明被审计单位的内部控制运行有效

B. 注册会计师首次接受委托

C. 被审计单位面临较大的市场竞争压力

D. 被审计单位管理层能力欠缺

【解析】 选项 BCD 适用较低的百分比来确定实际执行的重要性。

【答案】 A

（2）注册会计师无须通过将财务报表整体的重要性平均分配或按比例分配至各个报表项目的方法来确定实际执行的重要性，而是根据以前期间的审计经验和本期审计计划阶段的风险评估结果，确定如何确定一个或多个实际执行的重要性。

例如：

情形	实际执行的重要性
大多数报表项目	财务报表整体重要性的75%
营业收入 【内部控制存在缺陷且以前年度存在审计调整】	财务报表整体重要性的50%

例题精讲

【例题 21 · 2020 年单选题】 下列有关实际执行的重要性的说法中，错误的是（　　）。

A. 实际执行的重要性应当低于财务报表整体的重要性

B. 并非所有审计业务都需要确定实际执行的重要性

C. 实际执行的重要性可以被用作细节测试中的可容忍错报

D. 注册会计师可以确定一个或多个实际执行的重要性

【解析】 审计准则要求注册会计师确定低于财务报表整体重要性的一个或多个金额作为实际执行的重要性（选项 B 错误）。

【答案】 B

【例题 22 · 2020 年综合题】 上市公司甲公司是 ABC 会计师事务所首次接受委托的审计客户，主要从事房地产开发、销售和物业管理业务。A 注册会计师负责审计甲公司 2019 年度财务报表，确定财务报表整体的重要性为 2000 万元。

资料三：

A 注册会计师在审计工作底稿中记录了审计计划，部分内容摘录如下：

（1）A 注册会计师查阅了前任注册会计师的审计工作底稿，发现 2018 年度没有审计调整，拟将 2019 年度实际执行的重要性确定为财务报表整体重要性的 75%。

要求：

针对资料三第（1）项，假定不考虑其他条件，指出 A 注册会计师的做法是否恰当，并简要说明理由。

【答案】

事项序号	是否恰当（是/否）	理由
（1）	否	因为是首次接受委托，按照较低的百分比来确定实际执行的重要性更为适宜

【例题 23 · 2012 年单选题】关于特定类别交易、账户余额或披露的重要性水平，下列说法中，错误的是（　　）。

A. 只有在适用的情况下，才需确定特定类别交易、账户余额或披露的重要性水平

B. 确定特定类别交易、账户余额或披露的重要性水平时，可将与被审计单位所处行业相关的关键性披露作为一项考虑因素

C. 特定类别交易、账户余额或披露的重要性水平应低于财务报表整体的重要性

D. 不需确定特定类别交易、账户余额或披露的实际执行的重要性

【解析】根据被审计单位的特定情况，可以确定一个或多个特定类别交易、账户余额或披露的重要性水平。如果适用，实际执行的重要性还指注册会计师确定的低于特定类别的交易、账户余额或披露的重要性水平的一个或多个金额，选项 D 错误。

【答案】D

（五）审计过程中修改重要性

基本要求	注册会计师可能需要修改 a. 财务报表整体的重要性和 b. 特定类别的交易、账户余额或披露的重要性水平（如适用）
修改原因	1. 审计过程中情况发生重大变化（如决定处置被审计单位的一个重要组成部分） 2. 获取新信息 3. 通过实施进一步审计程序，注册会计师对被审计单位及其经营的了解发生变化

例题精讲

【例题 24 · 2011 年多选题】下列情形中，注册会计师可能认为需要在审计过程中修改财务报表整体的重要性的有（　　）。

A. 被审计单位情况发生重大变化

B. 注册会计师获取新的信息

C. 通过实施进一步审计程序，注册会计师对被审计单位及其经营情况的了解发生变化

D. 审计过程中累积错报的汇总数接近财务报表整体的重要性

【解析】由于存在下列原因，注册会计师可能需要修改财务报表整体的重要性和特定类别的交易、账户余额或披露的重要性水平（如适用）：

（1）审计过程中情况发生重大变化（如决定处置被审计单位的一个重要组成部分）；

（2）获取新信息；

（3）通过实施进一步审计程序，注册会计师对被审计单位及其经营的了解发生变化。

【答案】ABC

（六）在审计中运用实际执行的重要性（2 个作用）

1. 确定需要实施审计程序的对象（作用之一）

通常情况	注册会计师在计划审计工作时，可以根据实际执行的重要性确定需要对哪些类型的交易、账户余额和披露实施进一步审计程序，即通常（★★★★）选取金额超过实际执行的重要性的财务报表项目，因为这些财务报表项目有可能导致财务报表出现重大错报

特殊情况	这不代表注册会计师可以对所有金额低于实际执行的重要性的财务报表项目不实施进一步审计程序，这主要出于以下考虑：（3方面） （1）单个金额低于实际执行的重要性的财务报表项目汇总起来可能金额重大（可能远超过财务报表整体的重要性），注册会计师需要考虑汇总后的潜在错报风险 （2）对于存在低估风险的财务报表项目，不能仅仅因为其金额低于实际执行的重要性而不实施进一步审计程序（双重否定） （3）对于识别出存在舞弊风险的财务报表项目，不能因为其金额低于实际执行的重要性而不实施进一步审计程序

2. 运用实际执行的重要性确定进一步审计程序的性质、时间安排和范围（作用之二）（★★★★背下来）

程序	关注点
实施实质性分析程序时	注册会计师确定的已记录金额与预期值之间的可接受差异额通常不超过实际执行的重要性
运用审计抽样实施细节测试时	注册会计师可以将可容忍错报的金额设定为等于或低于实际执行的重要性
运用区间估计评价管理层点估计的恰当性时	注册会计师需要将区间估计的区间缩小至等于或低于实际执行的重要性

例题精讲

【例题25·2018年多选题】 下列各项工作中，注册会计师通常要运用实际执行的重要性的有（　　）。

A. 运用实质性分析程序时，确定已记录金额与预期值之间的可接受差异额

B. 确定需要对哪些类型的交易、账户余额或披露实施进一步审计程序

C. 运用审计抽样实施细节测试时，确定可容忍错报

D. 确定未更正错报对财务报表整体的影响是否重大

【解析】 实际执行的重要性在审计中的作用主要体现在以下几个方面：

（1）注册会计师在计划审计工作时可以根据实际执行的重要性确定需要对哪些类型的交易、账户余额和披露实施进一步审计程序（选项B），即通常选取金额超过实际执行的重要性的财务报表项目，因为这些财务报表项目有可能导致财务报表出现重大错报。

（2）运用实际执行的重要性确定进一步审计程序的性质、时间安排和范围。例如，在实施实质性分析程序时，注册会计师确定的已记录金额与预期值之间的可接受差异额通常不超过实际执行的重要性（选项A）；在运用审计抽样实施细节测试时，注册会计师可以将可容忍错报的金额设定为等于或低于实际执行的重要性（选项C）。选项D错误，应运用财务报表整体的重要性。

【答案】 ABC

03 错报

（一）错报的定义

含义	错报是指：（2个方面） 1. 某一财务报表项目的金额、分类或列报，与按照适用的财务报告编制基础应当列示的金额、分类或列报之间存在的差异 2. 根据注册会计师的判断，为使财务报表在所有重大方面实现合法、公允反映，需要对金额、分类或列报作出的必要调整
来源	错报来源于舞弊或错误
导致原因	1. 收集或处理用以编制财务报表的数据时出现错误 2. 遗漏某项金额或披露，包括不充分或不完整的披露，以及为满足特定财务报告编制基础的披露目标而被要求作出的披露（如适用） 3. 由于疏忽或明显误解有关事实导致作出不正确的会计估计 4. 注册会计师认为管理层对会计估计作出不合理的判断或对会计政策作出不恰当的选择和运用 5. 信息的分类、汇总或分解不恰当

（二）累积识别出的错报

1. 明显微小错报

审计要求	（1）注册会计师可能将低于某一金额的错报界定为明显微小的错报，对这类错报不需要累积，因为注册会计师认为这些错报的汇总数明显不会对财务报表产生重大影响 （2）“明显微小”不等同于“不重大”。明显微小错报的金额的数量级，与按照审计准则的相关规定确定的重要性的数量级相比，是完全不同的（明显微小错报的数量级更小，或其性质完全不同） （3）这些明显微小的错报，无论单独或者汇总起来，无论从金额、性质或其发生的环境来看都是明显微不足道的 （4）如果不确定一个或多个错报是否明显微小，就不能认为这些错报是明显微小的 （5）注册会计师需要在制定审计策略和审计计划时，确定一个明显微小错报的临界值，低于该临界值的错报视为明显微小的错报，可以不累积 （6）注册会计师应当在审计工作底稿中记录设定的明显微小错报临界值	
确定原则	一般情况	（1）明显微小错报的临界值确定为财务报表整体重要性的3%～5%（可高可低） （2）通常不超过财务报表整体重要性的10%
	特殊情况	除非注册会计师认为有必要单独为重分类错报（★★可能更宽容，并非必须）确定一个更高的临界值
考虑因素	在确定明显微小错报的临界值时，需要注册会计师运用职业判断，同时可能考虑以下因素：（★★4个因素） （1）以前年度审计中识别出的错报（包括已更正和未更正错报）的数量和金额 （2）重大错报风险的评估结果 （3）被审计单位治理层和管理层对注册会计师与其沟通错报的期望 （4）被审计单位的财务指标是否勉强达到监管机构的要求或投资者的期望 对上述因素的考虑，实际上是在确定审计过程中对错报的过滤程度，目标是要确保不累积的错报连同累积的未更正错报不会汇总成为重大错报	

例题精讲

【例题26·2021年多选题】下列有关明显微小错报的说法中，正确的有（　　）。

A. 明显微小错报的汇总数不会对财务报表产生重大影响

B. 如果不确定一个或多个错报是否明显微小，就不能认为这些错报是明显微小的

C. 明显微小错报的金额的数量级小于不重大错报的金额的数量级

D. 注册会计师不需要累积明显微小的错报

【解析】注册会计师可能将低于某一金额的错报界定为明显微小的错报，对这类错报不需要累积（选项D正确），因为注册会计师认为这些错报的汇总数明显不会对财务报表产生重大影响（选项A正确）。“明显微小”不等同于“不重大”。明显微小错报的金额的数量级，与按照《中国注册会计师审计准则第1221号——计划和执行审计工作时的重要性》确定的重要性的数量级相比，是完全不同的（明显微小错报的数量级更小，或其性质完全不同）（选项C正确）。这些明显微小的错报，无论单独或者汇总起来，无论从规模、性质或其发生的环境来看都是明显微不足道的。如果不确定一个或多个错报是否明显微小，就不能认为这些错报是明显微小的（选项B正确）。

【答案】ABCD

【例题27·2018年多选题】下列各项因素中，注册会计师在确定明显微小错报的临界值时通常需要考虑的有（　　）。

A. 以前年度审计中识别出的错报的数量和金额

B. 财务报表使用者的经济决策受错报影响的程度

C. 重大错报风险的评估结果

D. 被审计单位的财务指标是否勉强达到监管机构的要求

【解析】在确定明显微小错报的临界值时，注册会计师可能考虑以下因素：（1）以前年度审计中识别出的错报（包括已更正和未更正错报）的数量和金额（选项A）；（2）重大错报风险的评估结果（选项C）；（3）被审计单位治理层和管理层对注册会计师与其沟通错报的期望；（4）被审计单位的财务指标是否勉强达到监管机构的要求或投资者的期望（选项D）。

【答案】ACD

2. 错报的分类（共3类）

错报类型	含义
事实错报	毋庸置疑的错报（中级报名信息、傻子讲笑话）
判断错报	注册会计师认为管理层对财务报表中的确认、计量和列报（包括对会计政策的选择或运用）作出不合理或不恰当的判断而导致的差异 这类错报产生于两种情况： （1）管理层和注册会计师对会计估计值的判断差异 （2）管理层和注册会计师对选择和运用会计政策的判断差异
推断错报	通常是指通过测试样本估计出的总体的错报减去在测试中发现的已经识别的具体错报

（三）对审计过程识别出的错报的考虑

（1）错报可能不会孤立发生，一项错报的发生还可能表明存在其他错报。

（2）抽样风险和非抽样风险可能导致某些错报未被发现。

（3）审计过程中累积错报的汇总数接近确定的重要性，则表明存在比可接受的低风险水平更大的风险，即可能未被发现的错报连同审计过程中累积错报的汇总数，可能超过重要性。

例题精讲

【例题 28 · 2018 年综合题】 上市公司甲公司是 ABC 会计师事务所的常年审计客户，主要从事汽车的生产和销售。A 注册会计师负责审计甲公司2017 年度财务报表，确定财务报表整体的重要性为 1000 万元，明显微小错报的临界值为 30 万元。

资料三：

A 注册会计师在审计工作底稿中记录了审计计划，部分内容摘录如下：

（4）因其他应收款和其他应付款的年初年末余额均低于实际执行的重要性，A 注册会计师拟不对其实施进一步审计程序。

资料四：

A 注册会计师在审计工作底稿中记录了实施进一步审计程序的情况，部分内容摘录如下：

（3）A 注册会计师采用实质性分析程序测试甲公司 2017 年度的运输费用，已记录金额低于预期值 500 万元，因该差异低于实际执行的重要性，A 注册会计师认可了已记录金额。

（4）A 注册会计师在测试管理费用及研发费用时发现两笔错报，分别为少计会议费 40 万元和多计研发支出 50 万元，因合计金额小于明显微小错报的临界值，未予累积。

要求：

（1）针对资料三第（4）项，假定不考虑其他条件，指出审计计划的内容是否恰当。如不恰当，简要说明理由。

（2）针对资料四第（3）项和第（4）项，假定不考虑其他条件，逐项指出 A 注册会计师的做法是否恰当。如不恰当，简要说明理由。

【答案】

针对要求（1）：

事项序号	是否恰当（是/否）	理由
（4）	否	其他应付款存在低估风险/还应当考虑舞弊风险，不能仅因为其金额低于实际执行的重要性而不实施进一步审计程序

针对要求（2）：

事项序号	是否恰当（是/否）	理由
（3）	否	应将差异额与可接受差异额比较
（4）	否	两笔错报金额均大于明显微小错报的临界值/两笔错报不能相互抵销，应予以累积

【例题 29 · 2016 年综合题】甲公司是 ABC 会计师事务所的常年审计客户，主要从事肉制品的加工和销售。A 注册会计师负责审计甲公司2015 年度财务报表，确定财务报表整体的重要性为 100 万元。审计报告日为2016 年 4 月 30 日。

资料三：

A 注册会计师在审计工作底稿中记录了审计计划，部分内容摘录如下：

（1）拟实施的进一步审计程序的范围是：金额高于实际执行的重要性的财务报表项目；金额低于实际执行的重要性但存在舞弊风险的财务报表项目。

要求：

针对资料三第（1）项，假定不考虑其他条件，指出审计计划的内容是否恰当。如不恰当，简要说明理由。

【答案】

事项序号	是否恰当（是/否）	理由
（1）	否	单个金额低于实际执行的重要性的项目汇总起来金额可能重大，需要考虑汇总后的潜在风险；对存在低估风险的财务报表项目，不能因为其金额低于实际执行的重要性而不实施进一步审计程序

【例题 30 · 2015 年简答题】ABC 会计师事务所首次接受委托，审计甲公司 2014 年度财务报表，甲公司处于新兴行业，面临较大的市场竞争力。目前侧重于抢占市场份额，审计工作底稿中与重要性和错报评价相关的部分内容摘录如下：

（1）考虑到甲公司所处市场环境，财务报表使用者最为关注收入指标，审计项目组将营业收入作为确定财务报表整体重要性的基准。

（2）经与前任注册会计师沟通，审计项目组了解到，甲公司以前年度内部控制运行良好、审计调整较少，因此，将实际执行的重要性确定为财务报表整体重要性的 75%。

（3）审计项目组将明显微小错报的临界值，确定为财务报表整体重要性的 3%，该临界值也适用于重分类错报。

（4）审计项目组认为无须对金额低于实际执行的重要性的财务报表项目，实施进一步审计程序。

（5）在运用审计抽样实施细节测试时，考虑到评估的重大错报风险水平较低，审计项目组将可容忍错报的金额设定为实际执行的重要性的 120%。

（6）甲公司某项应付账款被误计入其他应付款，其金额高于财务报表整体的重要性，因此项错报不影响甲公司的经营业绩和关键财务指标，审计项目组同意管理层不予调整。

要求：

针对上述第（1）至（6）项，逐项指出审计项目组的做法是否恰当。如不恰当，简要说明理由。

【答案】

事项序号	是否恰当（恰当/不恰当）	理由
（1）	恰当	—

事项序号	是否恰当（恰当/不恰当）	理由
(2)	不恰当	ABC会计师事务所首次接受委托，甲公司处于新兴行业，且面临较大的竞争压力，应考虑选择较低的百分比，确定实际执行的重要性水平
(3)	恰当	—
(4)	不恰当	对于单个金额低于实际执行的重要性的项目汇总起来可能金额重大，以及存在低估风险或舞弊风险的财务报表项目，不能仅仅因为其金额低于实际执行的重要性，而不实施进一步审计程序
(5)	不恰当	运用审计抽样实施细节测试时，可容忍错报通常不超过实际执行的重要性，防止抽样总体的错报连同其他错报的汇总数构成重大错报
(6)	恰当	—

前情回顾小剧场

（1）初步业务活动的目的和内容；

（2）审计的前提条件（财务报告编制基础的可接受性、管理层认可并理解其责任）；

（3）审计业务约定书的基本内容和特殊考虑（组成部分审计、连续审计、审计业务约定条款的变更）；

（4）总体审计策略和具体审计计划（程序）；

（5）重要性的概念（3方面）；

（6）重要性的确定（总体审计策略、常用的基准——教材表2-1、百分比——考虑因素、财务报表整体、特定类别、实际执行重要性——较低、较高百分比）；

（7）在审计中运用实际执行的重要性（2方面）；

（8）错报的含义、来源和导致原因；

（9）明显微小错报的含义及确认原则；

（10）错报的分类（事实错报、判断错报、推断错报）。

第三章　审计证据

CHAPTER-3

五项须知小剧场

- **近5年考情分析**
  - 平均分值8分/年
  - 2021年考核了单选题、多选题和综合题
- **教材主要变化**
  - 1. 新增“通过电子函证方式发出询证函时采取的控制措施”相关内容
  - 2. 修改部分文字表达
- **建议学习时长** —— 10小时
- **学习方法提示** —— 本章内容比较重要，考试时可以各种题型进行考核。客观题主要考核审计证据的质量和数量的关系、函证和分析程序的相关知识等，简答题主要考核函证、分析程序的相关知识点；另外在综合题中也经常涉及本章知识点
- **本章基本框架**
  - 第一节　审计证据的性质
    - 审计证据的概念　考点1
    - 审计证据的充分性和适当性　考点2
  - 第二节　审计程序
    - 审计程序的作用　考点1
    - 审计程序的种类　考点2
  - 第三节　函证
    - 函证决策　考点1
    - 函证的内容　考点2
    - 询证函的设计　考点3
    - 函证的实施与评价　考点4
  - 第四节　分析程序
    - 分析程序的目的　考点1
    - 用作风险评估程序　考点2
    - 用作实质性程序　考点3
    - 用于总体复核　考点4

核心考点精讲专场

第一节　审计证据的性质

查看本节视频，快速 GET 知识点
使用“会计云课堂”App或“微信”扫码

01 审计证据的概念

概念	审计证据：是指注册会计师为了得出审计结论、形成审计意见而使用的所有信息（★★2 部分：缺一不可，如：木须肉）	
构成	会计记录中含有的信息	1. 构成财务报表的基础的会计记录，如：原始凭证、记账凭证、明细分类账、总分类账等 2. 会计记录中含有的信息本身并不足以提供充分的审计证据作为对财务报表发表审计意见的基础【千万不能“就账查账”】（如：食品厂房租、男人的情书）
	其他的信息	1. 从被审计单位内部或外部获取的会计记录以外的信息 2. 通过询问、观察和检查等审计程序获取的信息 3. 自身编制或获取的可以通过合理推断得出结论的信息
二者关系	没有前者，审计工作无法进行；没有后者，可能无法识别重大错报风险	

富富有提示

①注册会计师将不同来源和不同性质的审计证据综合考虑，如果审计证据不一致，而且这种不一致可能是重大的，注册会计师应当扩大审计程序的范围，直到不一致得到解决，并针对账户余额或各类交易获得必要保证。

②用作审计证据的其他的信息，与注册会计师执行财务报表审计时应当阅读被审计单位年度报告中除财务报表和审计报告外的其他信息是两个不同的概念。

02 审计证据的充分性和适当性

（一）审计证据的充分性——数量的要求（主要与样本量有关）

影响因素	关系
1. 重大错报风险的评估	评估的重大错报风险越高，需要的审计证据可能越多
2. 审计证据的质量	审计证据质量越高，需要的审计证据可能越少

富富有提示

不能人为地提高审计重要性水平，而减少审计证据的数量。

例题精讲

【例题 1 · 2015 年单选题】 下列有关审计证据充分性的说法中，错误的是（　　）。

A. 计划从实质性程序中获取的保证程度越高，需要的审计证据可能越多

B. 评估的重大错报风险越高，需要的审计证据可能越多

C. 审计证据质量越高，需要的审计证据可能越少

D. 初步评估的控制风险越低，需要通过控制测试获取的审计证据可能越少

【解析】 如果注册会计师评估的控制风险越低，则应当通过实施更多的控制测试，获取更多审计证据来证明控制运行是有效的，从而减少实质性程序，即评估的控制风险水平与所需通过控制测试获取的审计证据数量之间是反向关系，选项 D 错误。

【答案】 D

（二）审计证据的适当性——质量的要求（核心内容：相关性和可靠性）

相关性	含义	是指用作审计证据的信息与审计程序的目的和所考虑的相关认定之间的逻辑联系（报考科目与买书）
	注意事项	（马路警察、各管一段） 1. 用作审计证据的信息的相关性可能受测试方向的影响（如：测试高估，应当测试“已记录”；测试低估，则不能仅测试“已记录”） 2. 特定的审计程序可能只为某些认定提供相关的审计证据，而与其他认定无关【监盘：存在，不能证明所有权和计价（库存现金除外）；观察：时点指标】 3. 有关某一特定认定的审计证据并不能替代与其他认定相关的审计证据 4. 不同来源或不同性质的审计证据可能与同一认定相关（程序和认定并非一对一）（应收账款的存在：函证、检查文件和发票等；函证：金额、所有权、存在等）
可靠性	影响因素	1. 审计证据的来源和性质 2. 获取审计证据的具体环境
	判断原则	1. 从外部独立来源获取的审计证据比从其他来源获取的审计证据更可靠 2. 内部控制有效时内部生成的审计证据比内部控制薄弱时内部生成的审计证据更可靠 3. 直接获取的审计证据比间接获取或推论得出的审计证据更可靠 4. 以文件、记录形式（无论是纸质、电子或其他介质）存在的审计证据比口头形式的审计证据更可靠 5. 从原件获取的审计证据比从传真件或复印件获取的审计证据更可靠

例题精讲

【例题 2 · 2020 年单选题】 下列有关审计证据的相关性的说法中，错误的是（　　）。

A. 审计证据的相关性影响审计证据的充分性

B. 审计证据的可靠性影响审计证据的相关性

C. 审计证据的相关性可能受测试方向的影响

D. 审计证据的相关性是审计证据适当性的核心内容之一

【解析】 审计证据的适当性会影响审计证据的充分性（选项 A 正确）。用作审计证据的信息的相关性可能受测试方向的影响（选项 C 正确）。相关性和可靠性是审计证据适当性的核心内容（选项 D 正确），只有相关且可靠的审计证据才是高质量的。

【答案】 B

【例题 3 · 2019 年单选题】下列各项中，不影响审计证据可靠性的是（　　）。

A. 用作审计证据的信息与相关认定之间的关系

B. 审计证据的来源

C. 被审计单位内部控制是否有效

D. 审计证据的存在形式

【解析】选项 A 错误，审计证据的相关性是指用作审计证据的信息与审计程序的目的和所考虑的相关认定之间的逻辑联系。

【答案】A

【例题 4 · 2021 年综合题】上市公司甲公司是 ABC 会计师事务所的常年审计客户，主要从事医疗器械的生产和销售。A 注册会计师负责审计甲公司 2020 年度财务报表，确定财务报表整体的重要性为 1000 万元。

资料四：

A 注册会计师在审计工作底稿中记录了实施进一步审计程序的情况，部分内容摘录如下：

（4）2020 年末，甲公司因一项重大的对外担保被起诉。A 注册会计师认为甲公司聘请的外部律师不具有客观性。因此未与其沟通，而是征询了独立第三方律师的法律意见。

要求：

针对资料四第（4）项，假定不考虑其他条件，指出 A 注册会计师的做法是否恰当。如不恰当，简要说明理由。

【答案】

事项序号	是否恰当（是/否）	理由
（4）	否	应与甲公司的外部律师直接沟通/应向甲公司的外部律师寄发询证函

【例题 5 · 2017 年综合题】ABC 会计师事务所首次接受委托，审计上市公司甲公司 2016 年度财务报表，委派 A 注册会计师担任项目合伙人。A 注册会计师确定财务报表整体的重要性为 1200 万元。甲公司主要提供快递物流服务。

资料四：

A 注册会计师在审计工作底稿中记录了实施的进一步审计程序，部分内容摘录如下：

（3）甲公司 2016 年末应收票据余额重大。A 注册会计师于 2016 年 12 月 31 日检查了这些票据的复印件，并核对了相关信息，结果满意。

要求：

针对资料四第（3）项，假定不考虑其他条件，指出 A 注册会计师的做法是否恰当。如不恰当，简要说明理由。

【答案】

事项序号	是否恰当（是/否）	理由
（3）	否	注册会计师应当检查应收票据原件/仅检查应收票据复印件不能获取充分、适当的审计证据/还应实施其他审计程序

（三）充分性和适当性之间的关系

（1）注册会计师需要获取的审计证据的数量受审计证据质量的影响。审计证据质量越高，需要的审计证据数量可能越少。（质量影响数量）

（2）尽管审计证据的充分性和适当性相关，但如果审计证据的质量存在缺陷，那么注册会计师仅靠获取更多的审计证据可能无法弥补其质量上的缺陷。（数量不能弥补质量的缺陷）

（3）如果注册会计师获取的证据不可靠，那么证据数量再多也难以起到证明作用。（不可靠的证据再多也没有用）

例题精讲

【例题 6 · 2019 年单选题】下列有关审计证据的充分性和适当性的说法中，错误的是（　　）。

A. 审计证据的充分性和适当性分别是对审计证据数量和质量的衡量

B. 审计证据的充分性会影响审计证据的适当性

C. 只有充分且适当的审计证据才有证明力

D. 审计证据的适当性会影响审计证据的充分性

【解析】审计证据的充分性不影响审计证据的适当性，注册会计师仅靠获取更多的审计证据可能无法弥补其质量上的缺陷，选项 B 错误。

【答案】B

【例题 7 · 2018 年单选题】下列有关审计证据的适当性的说法中，错误的是（　　）。

A. 审计证据的适当性不受审计证据的充分性的影响

B. 审计证据的适当性包括相关性和可靠性

C. 审计证据的适当性影响审计证据的充分性

D. 审计证据的适当性是对审计证据质量和数量的衡量

【解析】审计证据的充分性是对审计证据数量的衡量，审计证据的适当性是对审计证据质量的衡量，选项 D 错误。

【答案】D

（四）评价充分性和适当性时的特殊考虑（共 4 点）

1. 对文件记录可靠性的考虑

（1）审计工作通常不涉及鉴定文件记录的真伪，注册会计师也不是鉴定文件记录真伪的专家，但应当考虑用作审计证据的信息的可靠性，并考虑与这些信息生成与维护相关的控制的有效性。（注意：不一致，进一步调查）

（2）如果在审计过程中识别出的情况使其认为文件记录可能是伪造的，或文件记录中的某些条款已发生变动，注册会计师应当作出进一步调查，包括直接向第三方询证，或考虑利用专家的工作以评价文件记录的真伪。

2. 使用被审计单位生成信息时的考虑——保证信息的完整和准确，如：函证

例题精讲

【例题 8 · 2017 年简答题】ABC 会计师事务所的 A 注册会计师负责审计甲公司2016 年度

财务报表，与存货审计相关的部分事项如下：

（5）A 注册会计师获取了甲公司的存货货龄分析表，考虑了生产和仓储部门上报的存货损毁情况及存货监盘中对存货状况的检查情况，认为甲公司财务人员编制的存货可变现净值计算表中计提跌价准备的项目不存在遗漏。

要求：

针对上述事项，指出 A 注册会计师的做法是否恰当。如不恰当，简要说明理由。

【答案】

事项序号	是否恰当（恰当/不恰当）	理由
（5）	不恰当	注册会计师还需测试存货货龄分析表的准确性

3. 证据相互矛盾时的考虑（共 2 点）

（1）如果针对某项认定从不同来源获取的审计证据或获取的不同性质的审计证据能够相互印证，与该项认定相关的审计证据则具有更强的说服力。

（2）如果从不同来源获取的审计证据或获取的不同性质的审计证据不一致，表明某项审计证据可能不可靠，注册会计师应当追加必要的审计程序。（注意：不能说不可靠）

富富有提示

对于同一事项，从外部来源和从内部来源获取的审计证据不一致的时候，此时不能视为外部来源的审计证据一定比内部来源的审计证据更可靠。

4. 获取审计证据时对成本的考虑（★★★可以考虑成本）

注册会计师可以考虑获取审计证据的成本与所获取信息的有用性之间的关系，但不应以获取审计证据的困难和成本为由减少不可替代的审计程序。（如：存货监盘，银行存款函证等）

查看本节视频，快速 GET 知识点
使用“会计云课堂”App或“微信”扫码

第二节　审计程序

01　审计程序的作用

审计程序：是指注册会计师在审计过程中的某个时间，对将要获取的某类审计证据如何进行收集的详细指令。

富富有图示

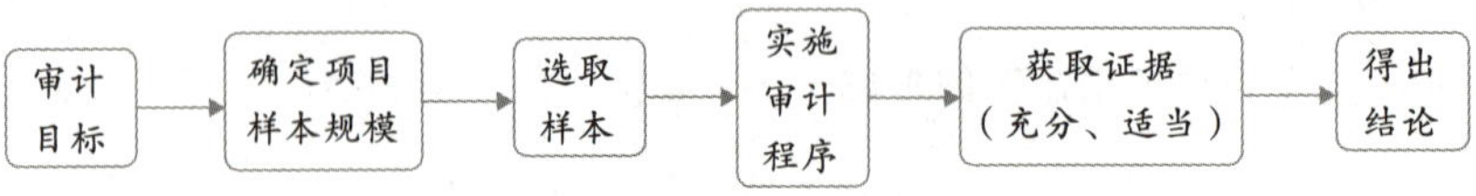

02 审计程序的种类（共7类）

注意：审计程序的适用阶段、证明力、局限性、影响哪些报表项目的相关认定。

按照搜集证据时所使用的方法，审计程序可以分为（共7个）：

（一）检查：包括检查记录或文件和检查有形资产

1. 含义	检查：是指注册会计师对被审计单位内部或外部生成的，以纸质、电子或其他介质形式存在的记录和文件进行审查，或对资产进行实物审查
2. 适用范围	①检查记录或文件：各阶段均可应用【风险评估程序、控制测试（如：检查授权批准）和实质性程序】 ②检查实物资产主要用于实质性程序【一般不会用于：风险评估程序、控制测试】
3. 实现的认定	①检查记录或文件能实现多项认定 ②检查实物资产最能证明“存在”，不一定能证明权利和义务和准确性、计价和分摊等，并且提供的是时点证据
4. 证明力强弱	检查记录或文件时，其审计证据的可靠性取决于记录或文件的性质和来源（如：外部、内部——考虑内部控制的有效性）
5. 其他说明	检查程序具有方向性，即“顺查”和“逆查”

（二）观察

1. 含义	观察：是指注册会计师察看相关人员正在从事的活动或实施的程序
2. 适用范围	各阶段均可应用【风险评估程序、控制测试和实质性程序（如：观察固定资产）】
3. 证明力强弱	提供的证据为时点证据（教委检查、小孩做作业）

（三）询问

1. 含义	询问：是指注册会计师以书面或口头方式，向被审计单位内部或外部的知情人员获取财务信息和非财务信息，并对答复进行评价的过程
2. 适用范围	各阶段均可应用【如：风险评估程序（询问管理层）、控制测试（询问运行的状况）和实质性程序】
3. 证明力强弱	证明力较弱，要求有其他证据进行佐证；必要时获取书面声明

例题精讲

【例题9·2018年单选题】下列有关询问程序的说法中，错误的是（　　）。

A. 询问适用于风险评估、控制测试和实质性程序

B. 询问可以以口头或书面方式进行

C. 注册会计师应当就管理层对询问作出的口头答复获取书面声明

D. 询问是指注册会计师向被审计单位内部或外部的知情人员获取财务信息和非财务信息，

并对答复进行评价的过程

【解析】针对某些事项，注册会计师可能认为有必要向管理层和治理层（如适用）获取书面声明，以证实对口头询问的答复，选项C错误。

【答案】C

【例题10·2020年简答题】甲公司是ABC会计师事务所的常年审计客户。A注册会计师负责审计甲公司2019年度财务报表，评估认为商誉减值存在特别风险。与商誉减值审计相关的部分事项如下：

（3）甲公司商誉减值测试使用的折现率明显低于同行业可比公司的平均值，管理层聘请的评估专家解释其原因是甲公司融资成本较低。A注册会计师询问管理层得到了同样的解释，据此认可了折现率的合理性。

要求：

针对上述第（3）项，指出A注册会计师的做法是否恰当。如不恰当，简要说明理由。

【答案】

事项序号	是否恰当（恰当/不恰当）	理由
（3）	不恰当	询问管理层不足以证实管理层专家的说法

（四）函证——前提：存在知悉情况的第三方

1. 含义	函证：是指注册会计师直接从第三方（被询证者）获取书面答复以作为审计证据的过程，书面答复可以采用纸质、电子或其他介质等形式
2. 适用范围	用于：实质性程序【一般不会用于：风险评估程序、控制测试（内部）】
3. 实现的认定	①能实现多项认定（存在、发生等） ②针对“完整性”的证明力较弱
4. 证明力强弱	证明力较强，金额、交易条款、协议等均可函证

（五）重新计算（折旧、坏账准备）

1. 含义	重新计算：是指注册会计师对记录或文件中的数据计算的准确性进行核对
2. 执行方式	可通过手工方式或电子方式进行
3. 实现的认定	准确性、计价和分摊；准确性等
4. 适用范围	用于实质性程序（细节测试）
5. 证明力强弱	证明力较强（前提：专业胜任假设）

（六）重新执行——要求：有过程、有结果

1. 含义	重新执行：是指注册会计师独立执行原本作为被审计单位内部控制组成部分的程序或控制

2. 适用范围	只能用于控制测试
3. 证明力强弱	相对于询问、观察、检查等程序，成本较高，但证明力较强

（七）分析程序

1. 含义	分析程序是指注册会计师：（2 方面） ①通过分析不同财务数据之间以及财务数据与非财务数据之间的内在关系，对财务信息作出评价（如：行业毛利率） ②分析程序还包括必要时调查识别出的、与其他相关信息不一致或与预期值差异重大的波动和关系
2. 适用范围	①用于：风险评估程序（异常变化）、实质性程序（实质性分析程序）、总体复核 ②不能用于：控制测试（★★定性。同理：了解内部控制）
3. 证明力强弱	证明力有限，一般不作为直接证据，只能作为佐证（原因：数据一般高度汇总）

例题精讲

【例题 11·2019 年单选题】下列审计程序中，不适用于细节测试的是（　　）。

A. 函证　　B. 重新执行　　C. 检查　　D. 询问

【解析】选项 B，重新执行适用于控制测试，不适用于细节测试。

【答案】B

查看本节视频，快速 GET 知识点
使用“会计云课堂”App或“微信”扫码

第三节　函证

01 函证决策——做还是不做？（首先考虑：与认定的相关程度，其次考虑：成本）

1. 注册会计师进行函证决策时考虑的因素（★★★）

应当考虑	（1）评估的认定层次重大错报风险	①评估的认定层次重大错报风险越高，则越需要审计证据相关、可靠或者更具说服力，此时函证程序可能是有效的 ②如果认为存在特别风险，需要考虑是否通过函证特定事项以降低检查风险
	（2）函证程序针对的认定	①总体原则：与认定越相关，证明力越强 ②函证可以为某些认定提供审计证据，但是对不同的认定，函证的证明力是不同的。（如：应付账款的“完整性”） ③对特定认定，函证的相关性受注册会计师选择函证信息的影响
	（3）实施除函证以外的其他审计程序获取的审计证据	
可以考虑	（1）被询证者对函证事项的了解。越了解，回函的可靠性越高 （2）预期被询证者回复询证函的能力或意愿 （3）预期被询证者的客观性。如果被询证者是被审计单位的关联方，则其回复的可靠性会降低	

2. 在下列情况下，被询证者可能不会回复，也可能只是随意回复或可能试图限制对其回复的依赖程度（举例）

（1）被询证者可能不愿承担回复询证函的责任；

（2）被询证者可能认为回复询证函成本太高或消耗太多时间；

（3）被询证者可能对因回复询证函而可能承担的法律责任有所担心；

（4）被询证者可能以不同币种核算交易；

（5）回复询证函不是被询证者日常经营的重要部分。

富富有提示

①函证一般与应收账款的多项认定是相关的（如：存在、权利和义务等），但是不能为“准确性、计价和分摊”认定（应收账款涉及的坏账准备的计提）提供证据。

②对于应付账款，函证一般与“完整性”不太相关，因为可能漏记债务，粉饰报表。

③有时被审计单位可能会虚增应付账款（减轻税负、抵扣进项税额、虚增营业外收入而导致虚增利润）。

④如果被审计单位与应收账款“存在”认定有关的内部控制设计良好并有效运行，注册会计师可适当减少函证的样本量。（注意：银行存款不适用于此规定）

例题精讲

【例题 12 · 2021 年多选题】在作出是否有必要实施函证的决策时，下列各项因素中，注册会计师应当考虑的有（　　）。

A. 被审计单位管理层协助注册会计师实施函证程序的能力或意愿

B. 评估的认定层次重大错报风险

C. 实施除函证以外的其他审计程序获取的审计证据

D. 函证程序针对的认定

【解析】注册会计师应当确定是否有必要实施函证以获取认定层次的充分、适当的审计证据。在作出决策时，注册会计师应当考虑以下三个因素：（1）评估的认定层次重大错报风险（选项 B 正确）；（2）函证程序针对的认定（选项 D 正确）；（3）实施除函证以外的其他审计程序（选项 C 正确）。

【答案】BCD

02　函证的内容——前提：存在知悉情况的第三方

（一）函证的对象

1. 银行存款、借款及与金融机构往来的其他重要信息

注册会计师应当对银行存款（包括零余额账户和在本期内注销的账户）、借款及与金融机构往来的其他重要信息实施函证，除非有充分证据表明某一银行存款、借款及与金融机构往来的其他重要信息对财务报表不重要且与之相关的重大错报风险很低。

如果不对这些项目实施函证程序，注册会计师应当在审计工作底稿中说明理由。

2. 应收账款——总原则：无特殊情况必须函证

注册会计师应当对应收账款实施函证，除非存在下列两种情形之一：

（1）有充分证据表明应收账款对财务报表不重要。

（2）注册会计师认为函证很可能无效。（函证无效≠不重要）此时，注册会计师应当实施替代审计程序，获取相关、可靠的审计证据。（如：难以回函、不可抗力）

如果不对应收账款函证，注册会计师应当在工作底稿中说明理由。

3. 函证的其他内容

（1）交易性金融资产；

（2）应收票据；

（3）其他应收款；

（4）预付账款；

（5）由其他单位代为保管、加工或销售的存货；

（6）长期股权投资；

（7）应付账款；

（8）预收账款；

（9）保证、抵押或质押；

（10）或有事项；

（11）重大或异常的交易。

富富有提示

金额、事项、合同条款都可以在符合条件时进行函证。

（二）函证程序实施的范围

审计抽样	样本能推断总体
选取的特定项目 （简答题与综合题）	1. 金额较大的项目 2. 账龄较长的项目 3. 交易频繁但期末余额较小的项目 4. 重大关联方交易 5. 重大或异常的交易 6. 可能存在争议、舞弊或错误的交易

（三）函证的时间

通常情况	注册会计师通常以资产负债表日为截止日，在资产负债表日后适当时间内实施函证	
特殊情况	基本原则	可以在资产负债表日前进行函证
	适用前提	重大错报风险评估为低水平
	注意事项	注册会计师可选择资产负债表日前适当日期为截止日实施函证，并对所函证项目自该截止日起至资产负债表日止发生的变动实施实质性程序【★★★必须对其变动实施审计程序，采用实质性方案或综合性方案，将期中的审计证据合理的延伸至期末】（2014年简答题）

例题精讲

【例题 13·2014 年简答题】 ABC 会计师事务所负责审计甲公司 2013 年度财务报表，审计工作底稿中与函证相关的部分内容摘录如下：

（2）审计项目组评估认为应收账款的重大错报风险较低，对甲公司 2013 年 11 月 30 日的应收账款余额实施了函证程序，未发现差异，2013 年 12 月 31 日的应收账款余额较 11 月 30 日无重大变动。审计项目组据此认为已对年末应收账款余额的存在认定获取了充分、适当的审计证据。

要求：

针对上述第（2）项，指出审计项目组的做法是否恰当。如不恰当，简要说明理由。

【答案】

事项序号	是否恰当（恰当/不恰当）	理由
（2）	不恰当	如果重大错报风险评估为低水平，注册会计师可选择资产负债表日前适当日期为截止日实施函证，并对所函证项目自该截止日（11 月 30 日）起至资产负债表日（12 月 31 日）止发生的变动实施实质性程序

（四）管理层要求不实施函证时的处理（要求是否合理？能否实施替代程序？）

1. 当被审计单位管理层要求对拟函证的某些账户余额或其他信息不实施函证时，注册会计师应当考虑该项要求是否合理，并获取审计证据予以支持（不能假设“诚信”）

情形	措施
（1）如果认为管理层的要求合理	注册会计师应当实施替代审计程序，以获取与这些账户余额或其他信息相关的充分、适当的审计证据
（2）如果认为管理层的要求不合理，且被其阻挠而无法实施函证	注册会计师应当视为审计范围受到限制，并考虑对审计报告可能产生的影响（保留意见或无法表示意见）

2. 分析管理层要求不实施函证的原因时，注册会计师应当保持职业怀疑态度，并考虑

（1）管理层是否诚信；

（2）是否可能存在重大的舞弊或错误；

（3）替代审计程序能否提供与这些账户余额或其他信息相关的充分、适当的审计证据。

03 询证函的设计

（一）设计询证函的总体要求——服从于“审计目标”

存在：在询证函中列明相关信息。

完整性：改变询证函的内容设计或采用其他审计程序。

（二）设计询证函需要考虑的因素：（5 个因素）

考虑因素	相关内容
1. 函证的方式	积极式函证和消极式函证

考虑因素	相关内容
2. 以往审计或类似业务的经验	如：回函率、以前年度审计中发现的错报以及回函所提供信息的准确程度等
3. 拟函证信息的性质	函证什么？——金额？条款？银行存款的抵押、担保等？
4. 选择被询证者的适当性	①应当向对所询证信息知情的第三方发送询证函 ②函证所提供的审计证据的可靠性还受到被询证者的能力、独立性、客观性、回函者是否有权回函等因素的影响
5. 被询证者易于回函的信息类型	询证函所函证信息是否便于被询证者回答，影响到回函率和所获取审计证据的性质（授权的情况下更容易回函）

（三）积极式函证与消极式函证

1. 积极式函证

基本要求	（1）注册会计师应当要求被询证者必须回函 （2）在采用积极式函证时，只有注册会计师收到回函才能为财务报表认定提供审计证据		
函证方式	列明信息	优点	能够提供可靠的审计证据
		缺点	被询证者可能根本不加以验证就予以回函确认
函证方式	不列明信息	优点	避免第一种情况的缺点
		缺点	可能会导致回函率降低，进而导致注册会计师执行更多的替代程序

2. 消极式函证

基本要求	（1）注册会计师只要求被询证者仅在不同意询证函列示信息的情况下才予以回函 （2）未收到消极式询证函的回函提供的审计证据，远不如积极式询证函的回函提供的审计证据有说服力 （2种常见情况：已收到询证函且核对无误、未收到询证函）
适用情形	当同时存在下列情况时，注册会计师可考虑采用消极式函证：（乐观） （1）重大错报风险评估为低水平 （2）涉及大量余额较小的账户 （3）预期不存在大量的错误 （4）没有理由相信被询证者不认真对待函证（双重否定）

3. 两种方式结合使用

在实务中，注册会计师也可将两种方式结合使用。

04 函证的实施与评价

（一）对函证过程的控制（★★）

注册会计师应当对函证的全过程保持控制。【发出前——核对、收回时——验证】

1. 函证发出前的控制措施（★★“核对”）

基本原则	询证函经被审计单位盖章后，应当由注册会计师直接发出
充分核对	为使函证程序能有效地实施，在询证函发出前，注册会计师需要恰当地设计询证函，并对询证函上的各项资料进行充分核对，注意事项可能包括：【★★核对】 （1）询证函中填列的需要被询证者确认的信息是否与被审计单位账簿中的有关记录保持一致（核对内容） 对于银行存款的函证，需要银行确认的信息是否与银行对账单（不是银行存款日记账）等保持一致 （2）考虑选择的被询证者是否适当，包括被询证者对被函证信息是否知情、是否具有客观性、是否拥有回函的授权等（考虑被询证者） （3）是否已在询证函中正确填列被询证者直接向注册会计师回函的地址（核对地址） （4）是否已将部分或全部（★★★注意字眼）被询证者的名称、地址与被审计单位有关记录进行核对，以确保询证函中的名称、地址等内容的准确性（核对名称、地址）
可以执行的程序	包括但不限于： （1）通过拨打公共查询电话核实被询证者的名称和地址（电话） （2）通过被询证者的网站或其他公开网站核对被询证者的名称和地址（网站） （3）将被询证者的名称和地址信息与被审计单位持有的相关合同等文件核对（合同） （4）对于供应商或客户，可以将被询证者的名称、地址与被审计单位收到或开具的增值税专用发票中的对方单位名称、地址进行核对（发票）

2. 通过不同方式发出询证函时的控制措施

方式	控制措施
邮寄方式	不使用被审计单位本身的邮寄设施，而是独立寄发询证函（例如，直接在邮局投递）【避免被拦截、篡改等】
跟函方式	注册会计师独自【前提：被询证者同意】或在被审计单位员工的陪伴下【注意：对串通舞弊保持警觉】亲自将询证函送至被询证者，在被询证者核对并确认回函后，亲自将回函带回
电子方式	发函前可以基于对特定询证方式所存在风险的评估，考虑相应的控制措施

（二）积极式函证未收到回函时的处理（注意：顺序）

基本原则	1. 如果在合理的时间内没有收到询证函回函时，注册会计师应当考虑必要时再次向被询证者寄发询证函 2. 如果未能得到被询证者的回应，注册会计师应当实施替代审计程序 3. 如果注册会计师认为取得积极式函证回函是获取充分、适当的审计证据的必要程序，则替代程序不能提供注册会计师所需要的审计证据 在这种情况下，如果未获取回函，注册会计师应当确定其对审计工作和审计意见的影响
特殊情况	在某些情况下，注册会计师可能识别出认定层次重大错报风险，且取得积极式询证函回函是获取充分、适当的审计证据的必要程序。这些情况可能包括：（必须做函证：共2种） 1. 可获取的佐证管理层认定的信息只能从被审计单位外部获得 2. 存在特定舞弊风险因素，例如，管理层凌驾于内部控制之上、员工和（或）管理层串通使注册会计师不能信赖从被审计单位获取的审计证据

例题精讲

【例题 14·2015 年单选题】下列有关函证的说法中，错误的是（　　）。

A. 注册会计师应当在发出询证函后予以跟进，必要时再次向被询证者寄发询证函

B. 如果管理层不允许寄发函证，注册会计师可以发表非无保留意见

C. 如果注册会计师认为取得积极式函证回函是获取充分、适当的审计证据的必要程序，则替代程序不能提供注册会计师所需要的审计证据

D. 为保证回函率，注册会计师应当要求被审计单位安排专人催收函证

【解析】为了确保对函证过程的控制，防止被审计单位与被询证者串通舞弊，不应由被审计单位催收询证函，选项 D 错误。

【答案】D

（三）评价函证的可靠性

1. 在评价函证的可靠性时，注册会计师应当考虑（3 个方面）

（1）对询证函的设计、发出及收回的控制情况；

（2）被询证者的胜任能力、独立性、授权回函情况、对函证项目的了解及其客观性；

（3）被审计单位施加的限制或回函中的限制。

例题精讲

【例题 15·2021 年单选题】下列各项中，通常不影响询证函回函的可靠性的是（　　）。

A. 回函的及时性

B. 询证函发出及收回的控制情况

C. 回函中包含的限制条款

D. 被询证者的客观性

【解析】在评价函证的可靠性时，注册会计师应当考虑：

（1）对询证函的设计、发出及收回的控制情况（选项 B 正确）；

（2）被询证者的胜任能力、独立性、授权回函情况、对函证项目的了解及其客观性（选项 D 正确）；

（3）被审计单位施加的限制或回函中的限制（选项 C 正确）。

【答案】A

2. 验证回函的可靠性

回函方式	验证的信息或程序
邮寄方式	（1）被询证者确认的询证函是否是原件，是否与注册会计师发出的询证函是同一份 （2）回函是否由被询证者直接寄给注册会计师 （3）寄给注册会计师的回邮信封或快递信封中记录的发件方名称、地址是否与询证函中记载的被询证者名称、地址一致 （4）回邮信封上寄出方的邮戳显示发出城市或地区是否与被询证者的地址一致 （5）被询证者加盖在询证函上的印章以及签名中显示的被询证者名称是否与询证函中记载的被询证者名称一致 在认为必要的情况下，注册会计师还可以进一步与被审计单位持有的其他文件进行核对或亲自前往被询证者进行核实等

回函方式	验证的信息或程序
跟函方式	（1）了解被询证者处理函证的通常流程和处理人员 （2）确认处理询证函人员的身份和处理询证函的权限，如索要名片、观察员工卡或姓名牌等 （3）观察处理询证函的人员是否按照处理函证的正常流程认真处理询证函，例如，该人员是否在其计算机系统或相关记录中核对相关信息
电子形式	（1）对以电子形式收到的回函，由于回函者的身份及其授权情况很难确定，对回函的更改也难以发觉，因此可靠性存在风险 （2）注册会计师和回函者采用一定的程序为电子形式的回函创造安全环境，可以降低该风险 （3）电子函证程序涉及多种确认发件人身份的技术，如加密技术、电子数码签名技术、网页真实性认证程序 （4）当注册会计师存有疑虑时，可以与被询证者联系以核实回函的来源及内容，例如，当被询证者通过电子邮件回函时，注册会计师可以通过电话联系被询证者，确定被询证者是否发送了回函。必要时，注册会计师可以要求被询证者提供回函原件
口头回复	（1）在收到对询证函口头回复的情况下，注册会计师可以要求被询证者提供直接书面回复 （2）如果仍未收到书面回函，注册会计师需要通过实施替代程序，寻找其他审计证据以支持口头回复中的信息

富富有提示

①如果被询证者将回函寄至被审计单位，被审计单位将其转交注册会计师，该回函不能视为可靠的审计证据。在这种情况下，注册会计师可以要求被询证者直接书面回复。

②只对询证函进行口头回复不是对注册会计师的直接书面回复，不符合函证的要求，因此，不能作为可靠的审计证据。

例题精讲

【例题16·2017年简答题】ABC会计师事务所的A注册会计师负责审计甲公司2016年度财务报表，与存货审计相关的部分事项如下：

（4）A注册会计师向乙公司函证由其保管的甲公司存货的数量和状况，收到的传真件回函显示，数量一致，状况良好。A注册会计师据此认可了回函结果。

要求：

针对上述事项，指出A注册会计师的做法是否恰当。如不恰当，简要说明理由。

【答案】

事项	是否恰当（恰当/不恰当）	理由
（4）	不恰当	注册会计师应当验证传真件回函的可靠性

【例题17·2017年综合题】ABC会计师事务所首次接受委托，审计上市公司甲公司2016年度财务报表，委派A注册会计师担任项目合伙人。A注册会计师确定财务报表整体的重要性为1200万元。甲公司主要提供快递物流服务。

资料四：

A注册会计师在审计工作底稿中记录了实施的进一步审计程序，部分内容摘录如下：

（4）甲公司的某企业客户利用甲公司的快递服务，向A注册会计师寄回了询证函回函。A注册会计师认为回函可靠性受到影响，重新发函并要求该客户通过其他快递公司寄回询证函。

资料五：

A注册会计师在审计工作底稿中记录了审计完成阶段的工作，部分内容摘录如下：

（2）因仅实施替代程序无法获取充分、适当的审计证据，A注册会计师就一份重要的询证函通过电话与被询证方确认了函证信息并被告知回函已寄出，于当日出具了审计报告。A注册会计师于次日收到回函，结果满意。

要求：

（1）针对资料四第（4）项，假定不考虑其他条件，指出A注册会计师的做法是否恰当。如不恰当，简要说明理由。

（2）针对资料五第（2）项，假定不考虑其他条件，指出A注册会计师的做法是否恰当。如不恰当，简要说明理由。

【答案】

针对要求（1）：

事项序号	是否恰当（是/否）	理由
（4）	是	—

针对要求（2）：

事项序号	是否恰当（是/否）	理由
（2）	否	口头回复不能作为可靠的审计证据/审计报告日前审计工作未完成/未获取充分、适当的审计证据

3. 回函中存在免责或其他限制条款

（1）免责或其他限制条款的类别。

对回函可靠性不产生影响的条款（不涉及内容）	对回函可靠性产生影响的限制条款（★★★涉及内容）
①“提供的本信息仅出于礼貌，我方没有义务必须提供，我方不因此承担任何明示或暗示的责任、义务和担保” ②“本回复仅用于审计目的，被询证方、其员工或代理人无任何责任，也不能免除注册会计师做其他询问或执行其他工作的责任”	①“本信息是从电子数据库中取得，可能不包括被询证方所拥有的全部信息” ②“本信息既不保证准确也不保证是最新的，其他方可能会持有不同意见” ③“接收人不能依赖函证中的信息”

富富有提示

其他限制条款如果与所测试的认定无关，也不会导致回函失去可靠性。例如，当注册会计师的审计目标是确认投资是否存在，并使用函证来获取审计证据时，回函中针对投资价值的免责条款不会影响回函的可靠性。

例题精讲

【例题18·2016年多选题】下列情形中，可能影响询证函可靠性的有（　　）。

A. 回函为传真件

B. 以电子形式发出并接收到回函

C. 回函中包括限制性条款

D. 回邮信封上寄出方邮戳显示发出城市与被询证者地址不一致

【答案】ABCD

【例题19·2017年简答题】ABC会计师事务所的A注册会计师负责审计甲公司2016年度财务报表。与货币资金审计相关的部分事项如下：

（6）乙银行在银行询证函回函中注明："接收人不能依赖函证中的信息。"A注册会计师认为该条款不影响回函的可靠性，认可了回函结果。

要求：

针对上述事项，指出A注册会计师的做法是否恰当。如不恰当，简要说明理由。

【答案】

事项序号	是否恰当（恰当/不恰当）	理由
（6）	不恰当	该条款影响回函可靠性

（2）对回函可靠性产生影响的限制条款的应对策略。

<table>
<tr><td rowspan="2">受到影响</td><td>基本原则</td><td>①如果限制条款使注册会计师将回函作为可靠审计证据的程度受到了限制，则注册会计师可能需要执行额外的或替代审计程序
②如果不能通过替代或额外的审计程序获取充分、适当的审计证据，注册会计师应确定其对审计工作和审计意见的影响</td></tr>
<tr><td>考虑因素</td><td>可能需要执行的额外的或替代审计程序的性质和范围将取决于下列因素：
①财务报表项目的性质
②所测试的认定
③限制条款的性质和实质
④通过其他审计程序获取的相关证据等因素</td></tr>
<tr><td>难以确定</td><td colspan="2">在特殊情况下，如果限制条款产生的影响难以确定，注册会计师可能认为要求被询证者澄清或寻求法律意见是适当的</td></tr>
<tr><td>应对措施</td><td colspan="2">如果认为询证函回函不可靠，注册会计师应当评价其对评估的相关重大错报风险（包括舞弊风险），以及其他审计程序的性质、时间安排和范围的影响</td></tr>
</table>

（四）对不符事项的处理

基本要求	注册会计师应当调查不符事项，以确定是否表明存在错报
相关说明	某些不符事项并不表明存在错报（如：时间安排、计量或书写错误）

处理原则	1. 分析产生的原因（是否存在舞弊？是否存在内部控制缺陷？） 2. 验证不符事项，得出正确结论（实施相应程序）

（五）实施函证时需要关注的舞弊风险迹象以及采取的应对措施

1. 注册会计师需要关注的舞弊风险迹象

（1）管理层不允许寄发询证函；

（2）管理层试图拦截、篡改询证函或回函，如坚持以特定的方式发送询证函；

（3）被询证者将回函寄至被审计单位，被审计单位将其转交注册会计师；（★★★）

（4）注册会计师跟进访问被询证者，发现回函信息与被询证者记录不一致，例如，对银行的跟进访问表明提供给注册会计师的银行函证结果与银行的账面记录不一致；

（5）从私人电子信箱发送的回函；

（6）收到同一日期发回的、相同笔迹的多份回函；

（7）位于不同地址的多家被询证者的回函邮戳显示的发函地址相同；

（8）收到不同被询证者用快递寄回的回函，但快递的交寄人或发件人是同一个人或是被审计单位的员工；

（9）回函邮戳显示的发函地址与被审计单位记录的被询证者的地址不一致；

（10）不正常的回函率，例如：

①银行函证未回函；（★★）

②与以前年度相比，回函率异常偏高或回函率重大变动；

③向被审计单位债权人发送的询证函回函率很低。

（11）被询证者缺乏独立性，例如：

①被审计单位及其管理层能够对被询证者施加重大影响以使其向注册会计师提供虚假或误导信息（如被审计单位是被询证者唯一或重要的客户或供应商）；

②被询证者既是被审计单位资产的保管人又是资产的管理者。

2. 针对舞弊风险迹象，注册会计师根据具体情况可以实施的审计程序的情形：

（1）验证被询证者是否存在、是否与被审计单位之间缺乏独立性，其业务性质和规模是否与被询证者和被审计单位之间的交易记录相匹配；

（2）将与从其他来源得到的被询证者的地址（如与被审计单位签订的合同上签署的地址、网络上查询到的地址）相比较，验证寄出方地址的有效性；

（3）将被审计单位档案中有关被询证者的签名样本、公司公章与回函核对；

（4）要求与被询证者相关人员直接沟通讨论询证事项，考虑是否有必要前往被询证者工作地点以验证其是否存在；

（5）分别在中期和期末寄发询证函，并使用被审计单位账面记录和其他相关信息核对相关账户的期间变动；

（6）考虑从金融机构获得被审计单位的信用记录，加盖该金融机构公章，并与被审计单位会计记录相核对，以证实是否存在被审计单位没有记录的贷款、担保、开立银行承兑汇票、信用证、保函等事项。

根据金融机构的要求，注册会计师获取信用记录时可以考虑由被审计单位人员陪同前往。在该过程中，注册会计师需要注意确认该信用记录没有被篡改。

例题精讲

【例题20·2020年简答题】ABC会计师事务所的A注册会计师负责审计甲公司2019年度财务报表。与函证相关的部分事项如下：

（1）在发出询证函前，A注册会计师根据风险评估结果选取部分被询证者，通过查询公开网站等方式，验证了甲公司管理层提供的被询证者名称和地址的准确性，结果满意。

（2）甲公司2019年12月31日银行借款账面余额为零。为确认这一情况，A注册会计师在询证函中将银行借款项目用斜线划掉。银行回函显示信息相符，结果满意。

（3）甲公司开户行乙银行因受新冠肺炎疫情影响无法处理函证。A注册会计师与乙银行的上级银行沟通后向其寄发了询证函并收到回函，结果满意。

（4）2020年3月现场审计工作开始前，甲公司已收回2019年末的大部分应收账款。A注册会计师检查了相关的收款单据和银行对账单，结果满意，决定不对应收账款实施函证程序，并在审计工作底稿中记录了不发函的上述理由。

（5）A注册会计师收到丙公司通过电子邮件发来的其他应收款回函扫描件后，向甲公司财务人员取得了丙公司财务人员的微信号，联系对方核实了函证内容，并在审计工作底稿中记录了沟通情况及微信对话截屏。

要求：

针对上述第（1）至（5）项，逐项指出A注册会计师的做法是否恰当。如不恰当，简要说明理由。

【答案】

事项序号	是否恰当（恰当/不恰当）	理由
（1）	恰当	—
（2）	不恰当	斜线划掉表示该项目不适用，与发函目的不符/应当在银行借款项目填写零或无
（3）	恰当	—
（4）	不恰当	应当对应收账款实施函证，除非不重要或函证很可能无效/收款单据和银行对账单可能不可靠
（5）	不恰当	没有核实微信联络人的身份

【例题21·2020年简答题】ABC会计师事务所的A注册会计师负责审计甲公司2019年度财务报表。与函证相关的部分事项如下：

（1）因某份银行回函信封上的发件地址与发函时所使用的收件人地址不一致，A注册会计师拨打了银行官网公布的客服电话，获悉发件地址为处理函证的银行业务部门办公地址。A注册会计师据此认可了回函的可靠性。

（2）因未收到乙银行回函，A注册会计师检查了甲公司管理层提供的网上银行余额截屏，据此确认了甲公司在乙银行的存款余额。

（3）A注册会计师亲自前往某银行，在对公柜台递交了询证函，于三个工作日后亲自取回回函。

（4）甲公司提供的被询证者信息中有两家供应商的收件人和地址均为丙公司，管理层解释这两家供应商的财务职能由其母公司丙公司的共享服务中心统一负责。A注册会计师认为丙公司不是甲公司的供应商，向管理层取得了两家供应商的业务部门办公地址，核对地址后分别发出了询证函。

（5）甲公司的供应商丁公司因受新冠肺炎疫情影响无法处理函证。A注册会计师通过视频访谈了丁公司负责函证的人员，查看了其出示的名片和身份证，确认了相关往来余额，结果满意。

要求：

针对上述第（1）至（5）项，逐项指出A注册会计师的做法是否恰当。如不恰当，简要说明理由。

【答案】

事项序号	是否恰当（恰当/不恰当）	理由
（1）	恰当	—
（2）	不恰当	管理层提供的网上银行余额截屏，经被审计单位之手，容易篡改，应实施其他替代审计程序
（3）	不恰当	应当对函证的全过程保持控制
（4）	不恰当	应从其他来源（网上查询、合同签署地址等）取得两家供应商的地址比较，验证寄出方地址的有效性
（5）	恰当	—

查看本节视频，快速GET知识点

使用"会计云课堂"App或"微信"扫码

第四节 分析程序

01 分析程序的目的

阶段	用途	要求
风险评估程序	1. 了解被审计单位及其环境 2. 识别和评估财务报表层次和认定层次的重大错报风险（★★★综合题：与行业、上期比较）	强制使用
实质性程序	收集审计证据（使用条件：比细节测试能更有效地将认定层次的检查风险降至可接受的水平时）	选择使用
完成审计工作（审计结束或临近结束）	对财务报表进行总体复核（对审定数进行分析）	强制使用

例题精讲

【例题22·2020年单选题】下列有关分析程序的说法中，错误的是（　　）。

A. 注册会计师不需要在所有审计业务中运用分析程序

B. 对某些重大错报风险，分析程序可能比细节测试更有效

C. 分析程序并不适用于所有财务报表认定

D. 分析程序所使用的信息可能包括非财务数据

【解析】注册会计师在风险评估阶段和审计结束（或临近结束）时的总体复核阶段必须运用分析程序（选项 A 错误），在实施实质性程序阶段可选用分析程序。

【答案】A

02 用作风险评估程序

总体要求	强制要求
具体运用	1. 可以将分析程序与询问、检查和观察程序结合运用（并非唯一，结合使用）【了解被审计单位及其环境并评估重大错报风险】 2. 分析程序的步骤： 第一步：对重点关注关键的账户余额、趋势和财务比率关系等方面形成一个合理的预期 第二步：与被审计单位记录的金额、依据记录金额计算的比率或趋势相比较，以判断是否表明财务报表存在重大错报风险 考虑存在重大错报风险的情形： （1）比较结果显示不一致且管理层无法合理解释 （2）无法取得支持性文件证据等
注意事项	1. 无须在了解被审计单位及其环境的每一方面时都实施分析程序 2. 分析程序不能用于了解内部控制、控制测试【定性】
运用特点	1. 主要目的在于识别那些可能表明财务报表存在重大错报风险的异常变化 2. 所使用的数据汇总性比较强，其对象主要是财务报表中账户余额及其相互之间的关系 3. 所使用的分析程序通常包括对账户余额变化的分析，并辅之以趋势分析和比率分析（★★★注意：有主次之分）
局限性	与实质性分析程序相比，在风险评估过程中使用的分析程序所进行比较的性质、预期值的精确程度，以及所进行的分析和调查的范围都并不足以提供充分、适当的审计证据

例题精讲

【例题 23 · 2018 年单选题】下列有关用作风险评估程序的分析程序的说法中，错误的是（　　）。

A. 此类分析程序所使用数据的汇总性较强

B. 此类分析程序的主要目的在于识别可能表明财务报表存在重大错报风险的异常变化

C. 此类分析程序通常不需要确定预期值

D. 此类分析程序通常包括账户余额变化的分析，并辅之以趋势分析和比率分析

【解析】风险评估程序中使用的分析程序也需要确定预期值，只不过其精确程度不如实质性分析程序，选项 C 不正确。

【答案】C

03 用作实质性程序（包括：细节测试和实质性分析程序）

（一）总体要求

总体要求	并未要求注册会计师在实施实质性程序时必须使用分析程序（不是必须做）
适用情形	当使用分析程序比细节测试能更有效地将认定层次的检查风险降至可接受的水平时，注册会计师可以考虑单独或结合细节测试，运用实质性分析程序
运用前提	实质性分析程序通常更适用于在一段时期内存在预期关系的大量交易（存在：利息收入、利息支出；不存在：营业外收入、公允价值变动损益等）
相关认定	分析程序有其运用的前提和基础，它并不适用于所有的财务报表认定，例如关于账户余额“权利和义务”的认定
证明力	属于间接证据，证明力相对较弱
注意事项	从审计过程整体来看，注册会计师不能仅依赖实质性分析程序，而忽略对细节测试的运用
考虑因素（共 4 个）	1. 考虑针对所涉及认定评估的重大错报风险和实施的细节测试（如有），确定特定实质性分析程序对这些认定的适用性（考虑对认定的适用性） 2. 考虑可获得信息的来源、可比性、性质和相关性以及与信息编制相关的控制，评价在对已记录的金额或比率作出预期时使用数据的可靠性（考虑数据的可靠性） 3. 对已记录的金额或比率作出预期，并评价预期值是否足够精确以识别重大错报（做出预期的准确性） 4. 确定已记录金额与预期值之间可接受的，且无须做进一步调查的差异额（确定可接受的差异额）

例题精讲

【例题 24 · 2019 年单选题】下列有关实质性分析程序的说法中，错误的是（　　）。

A. 实质性分析程序达到的精确度低于细节测试

B. 实质性分析程序提供的审计证据是间接证据，因此无法为相关财务报表认定提供充分、适当的审计证据

C. 实质性分析程序并不适用于所有财务报表认定

D. 注册会计师可以对某些财务报表认定同时实施实质性分析程序和细节测试

【解析】虽然相对于细节测试而言，实质性分析程序能够达到的精确度可能受到种种限制，所提供的证据很大程度上是间接证据，证明力较弱。但当使用分析程序比细节测试能更有效地将认定层次的检查风险降至可接受的水平时，注册会计师可以考虑单独或结合细节测试，运用实质性分析程序，并非无法为相关财务报表认定提供充分、适当的审计证据（选项 B 错误）。

【答案】B

（二）设计和实施实质性分析程序的考虑因素（详细阐述）

1. 确定实质性分析程序对特定认定的适用性（★★★第一个因素）

（1）在确定对特定认定的适用性时，注册会计师通常考虑的因素：

考虑因素	相关内容
①认定的性质	—
②注册会计师对重大错报风险评估的影响	a. 越高，越谨慎地使用 b. 如：内部控制存在缺陷，可能更多地依赖细节测试，而非实质性分析程序
③针对同一认定实施细节测试	如：对于应收账款的计价：细节测试——检查期后收款；分析程序——对账龄进行分析。两者可同时进行

（2）在某些情况下，不复杂的预测模型也可以用于实施有效的分析程序。如：既定数量的员工在一定期间的固定工资，能快速的计算出工资总额。

（3）不同类型的分析程序提供不同程度的保证。

如：根据租金水平、公寓数量和空置率，可以测算出一幢公寓大楼的总租金收入。如果基础数据得到恰当的核实，则可能无须进行细节测试。

例题精讲

【例题25·2017年单选题】下列有关实质性分析程序的适用性说法中，错误的是（　　）。

A. 实质性分析程序通常更适用于在一段时间内存在预期关系的大量交易

B. 注册会计师无须在所有审计业务中运用实质性分析程序

C. 实质性分析程序不适用于识别出特别风险的认定

D. 对特定实质性分析程序适用性的确定，受到认定的性质和注册会计师对重大错报风险评估的影响

【解析】分析程序主要是看财务数据之间以及财务数据与非财务数据之间是否存在内在关系，与是否为特别风险无关。

【答案】C

2. 数据的可靠性（包括：内部数据和外部数据）（★★★第二个因素）

考虑因素	在确定使用的数据是否可靠时，涉及的相关因素： （1）可获得信息的来源（外部？内部？） （2）可获得信息的可比性（能否论证？） （3）可获得信息的性质和相关性（如：预算） （4）与信息编制相关的控制，用以确保信息完整、准确和有效（是否有效？） （5）信息在本期或前期是否经过审计
相关内容	（1）数据的可靠性越高，预期的准确性也将越高，分析程序将更有效 （2）计划获取的保证水平越高，对数据可靠性的要求也就越高 （3）数据的可靠性受其信息来源及性质的影响，并取决于获取该数据的环境 （4）如果使用被审计单位编制的信息，注册会计师可能需要考虑测试与信息编制相关的控制（如有）的有效性

例题精讲

【例题26·2020年单选题】 在实施实质性分析程序时，注册会计师需要对已记录的金额或比率作出预期。下列各项因素中，与作出预期所使用数据的可靠性无关的是（　　）。

A. 可获得信息的相关性　　B. 信息的可分解程度

C. 可获得信息的可比性　　D. 与信息编制相关的控制

【解析】 数据的可靠性受其信息来源和性质的影响，并取决于获取该数据的环境。因此，在确定数据的可靠性是否能够满足实质性分析程序的需要时，下列因素是相关的：（1）可获得信息的来源。（2）可获得信息的可比性（选项C）。（3）可获得信息的性质和相关性（选项A）。（4）与信息编制相关的控制，用以确保信息完整、准确和有效（选项D）。（5）信息在本期或前期是否经过审计。

【答案】 B

3. 评价预期值的准确程度（也称精确度）（★★★第三个因素）

基本原则	预期值的准确性越高，注册会计师通过分析程序获取的保证水平将越高
考虑因素	在评价作出预期的准确程度是否足以在计划的保证水平上识别重大错报时，注册会计师应当考虑下列主要因素：（3个因素） （1）对实质性分析程序的预期结果作出预测的准确性 （2）信息可分解的程度（即信息的详细程度）。通常，数据的可分解程度越高，预期值的准确性越高 （3）财务和非财务信息的可获得性（是否可获得相关信息）

4. 已记录金额与预期值之间可接受的差异额（★★★第四个因素）

基本原则	（1）在设计和实施实质性分析程序时，注册会计师应当确定已记录金额与预期值之间可接受的差异额 （2）在实施实质性分析程序时，注册会计师确定的已记录金额与预期值之间的可接受差异额通常不超过实际执行的重要性
考虑因素	确定可接受的且无须做进一步调查的差异额时，需要考虑的因素： （1）重要性 （2）计划的保证水平 （3）一项错报单独或连同其他错报导致财务报表发生重大错报的可能性 （4）评估的重大错报风险水平【评估的风险越高，越需要获取越有说服力的审计证据，可接受的、无须作进一步调查的差异额将会降低】
特殊情况	（1）如在期中实施实质性程序，并计划针对剩余期间实施实质性分析程序，应考虑下列因素，并评估这些因素如何影响针对剩余期间获取充分、适当的审计证据的能力：（4个因素） ①实质性分析程序对特定认定的适用性 ②数据的可靠性 ③评价预期值的准确程度 ④可接受的差异额 （2）如仅实施实质性分析程序不足以收集充分、适当的证据，注册会计师应当：（二选一） ①测试剩余期间控制的有效性 ②针对期末实施细节测试

例题精讲

【例题27·2021年综合题】上市公司甲公司是ABC会计师事务所的常年审计客户，主要从事医疗器械的生产和销售。A注册会计师负责审计甲公司2020年度财务报表，确定财务报表整体的重要性为1000万元。

资料四：

A注册会计师在审计工作底稿中记录了实施进一步审计程序的情况，部分内容摘录如下：

（3）A注册会计师在对甲公司2020年度的职工薪酬实施实质性分析程序时。获取了人事部门提供的员工人数和平均薪酬数据，在评价了这些数据的可靠性后作出预期，预期值与已记录金额之间的差异低于可接受差异额，结果满意。

要求：

针对资料四第（3）项，假定不考虑其他条件，指出A注册会计师的做法是否恰当。如不恰当，简要说明理由。

【答案】

事项序号	是否恰当（是/否）	理由
（3）	是	—

【例题28·2020年单选题】在实施实质性分析程序时，注册会计师需要确定已记录金额与预期值之间可接受的差异额。下列各项因素中，注册会计师在确定可接受的差异额时通常无须考虑的是（　　）。

A. 实际执行的重要性　　　　B. 明显微小错报的临界值

C. 计划的保证水平　　　　D. 评估的重大错报风险

【解析】在实施实质性分析程序时，注册会计师确定的已记录金额与预期值之间的可接受差异额通常不超过实际执行的重要性（选项A）；注册会计师在确定已记录金额与预期值之间可接受的，且无须做进一步调查的差异额时，受重要性和计划的保证水平的影响（选项C）；注册会计师评估的风险越高，越需要获取有说服力的审计证据。因此，为了获取具有说服力的审计证据，当评估的风险增加时，可接受的、无须做进一步调查的差异额将会降低（选项D）。

【答案】B

【例题29·2019年综合题】甲公司是ABC会计师事务所的常年审计客户，主要从事轨道交通车辆配套产品的生产和销售。A注册会计师负责审计甲公司2018年度财务报表，确定财务报表整体的重要性为1000万元，实际执行的重要性为500万元。

资料四：

A注册会计师在审计工作底稿中记录了实施进一步审计程序的情况，部分内容摘录如下：

（2）A注册会计师采用实质性分析程序测试甲公司2018年度的借款利息支出，发现已记录金额与预期值之间存在600万元差异，因可接受差异额为500万元，A注册会计师要求管理层更正了100万元的错报。

要求：

针对资料四第（2）项，假定不考虑其他条件，指出A注册会计师的做法是否恰当。如不恰当，简要说明理由。

【答案】

事项序号	是否恰当（是/否）	理由
（2）	否	差异超过可接受的差异额，注册会计师应当调查该差异，而不是将超出部分直接作为错报

04 用于总体复核

（一）总体要求与再评估重大错报风险

总体要求	1. 强制要求 2. 在审计结束或临近结束时，注册会计师运用分析程序的目的是确定财务报表整体是否与其对被审计单位的了解一致
再评估重大错报风险	如果识别出以前未识别的重大错报风险，注册会计师应当重新考虑：（3 方面） 1. 对全部或部分各类交易、账户余额和披露评估的风险是否恰当 2. 审计程序是否充分 3. 是否有必要追加审计程序

（二）总体复核阶段分析程序的特点

风险评估程序和总体复核阶段在实施分析程序的比较。

相同点	在总体复核阶段执行分析程序，所进行的比较和使用的手段与风险评估中使用的分析程序基本相同	
不同点	基本点	1. 两者的目的不同 2. 两者实施分析程序的时间和重点不同 3. 取得的数据的数量和质量不同
	具体内容	1. 在总体复核阶段执行分析程序主要在于强调并解释财务报表项目自上个会计期间以来发生的重大变化，以证实财务报表中列报的所有信息与注册会计师对被审计单位及其环境的了解一致，与注册会计师取得的审计证据一致 2. 在总体复核阶段实施的分析程序并非为了对特定账户余额和披露提供实质性的保证水平，因此并不如实质性分析程序那样详细和具体，而往往集中在财务报表层次

例题精讲

【例题 30 · 2017 年单选题】 下列有关注册会计师在临近审计结束时运用分析程序的说法中，错误的是（　　）。

A. 注册会计师进行分析的重点通常集中在财务报表层次

B. 注册会计师进行分析的目的在于识别可能表明财务报表存在重大错报风险的异常变化

C. 注册会计师采用的方法与风险评估程序中使用的分析程序基本相同

D. 注册会计师进行分析并非为了对特定账户余额和披露提供实质性的保证水平

【解析】在总体复核阶段实施的分析程序主要在于强调并解释财务报表项目自上个会计期间以来发生的重大变化，以证实财务报表中列报的所有信息与注册会计师对被审计单位及其环境的了解一致，与注册会计师取得的审计证据一致。风险评估程序中运用分析程序的主要目的在于识别那些可能表明财务报表存在重大错报风险的异常变化。

【答案】B

【例题31·2016年单选题】下列有关分析程序的说法中，正确的是（　　）。

A. 分析程序是指注册会计师通过分析不同财务数据之间的内在关系对财务信息作出评价

B. 注册会计师无须在了解被审计单位及其环境的各个方面实施分析程序

C. 细节测试比实质性分析程序更能有效地将认定层次的检查风险降至可接受的水平

D. 用于总体复核的分析程序的主要目的在于识别那些可能表明财务报表存在重大错报风险的异常变化

【解析】分析程序是指注册会计师通过分析不同财务数据之间以及财务数据与非财务数据之间的内在关系，对财务信息作出评价，选项A错误；实质性分析程序和细节测试都可用于收集审计证据，以降低检查风险，选项C错误；在审计结束或临近结束时，注册会计师运用分析程序的目的是确定财务报表整体是否与其对被审计单位的了解一致，选项D错误。

【答案】B

【例题32·2015年简答题】甲公司是ABC会计师事务所的常年审计客户。A注册会计师负责审计甲公司2014年度财务报表。审计工作底稿中与分析程序相关的部分内容摘录如下：

（1）甲公司所处行业2014年度市场需求显著下降。A注册会计师在实施风险评估分析程序时，以2013年财务报表已审数为预期值，将2014年财务报表中波动较大的项目评估为存在重大错报风险的领域。

（2）A注册会计师对营业收入实施实质性分析程序，将实际执行的重要性作为已记录金额与预期值之间可接受的差异额。

（3）甲公司的产量与生产工人工资之间存在稳定的预期关系。A注册会计师认为产量信息来自非财务部门，具有可靠性，在实施实质性分析程序时据以测算直接人工成本。

（4）A注册会计师对运输费用实施实质性分析程序，确定已记录金额与预期值之间可接受的差异额为150万元，实际差异为350万元。A注册会计师就超出可接受差异额的200万元询问了管理层，并对其答复获取了充分、适当的审计证据。

（5）A注册会计师在审计过程中未提出审计调整建议，已审财务报表与未审财务报表一致，因此认为无须在临近审计结束时运用分析程序对财务报表进行总体复核。

要求：

针对上述第（1）至（5）项，逐项指出A注册会计师的做法是否恰当。如不恰当，提出改进建议。

【答案】

事项序号	是否恰当（恰当/不恰当）	改进建议
（1）	不恰当	应根据2014年度的变化情况设定预期值
（2）	恰当	—

事项序号	是否恰当（恰当/不恰当）	改进建议
(3)	不恰当	测试与产量信息编制相关的内部控制/测试产量信息/应测试内部信息的可靠性
(4)	不恰当	应当针对350万元的差异进行调查
(5)	不恰当	在临近审计结束时，应当运用分析程序对财务报表进行总体复核/总体复核分析程序是必要程序

前情回顾小剧场

(1) 审计证据的概念及构成（2部分）；

(2) 审计证据充分性的影响因素（重大错报风险、审计证据的质量）；

(3) 审计证据适当性的含义（相关性、可靠性——5个判断原则）；

(4) 审计证据充分性与适当性的关系；

(5) 评价充分性和适当性时的特殊考虑（对文件记录可靠性的考虑、证据相互矛盾时的考虑、获取审计证据时对成本的考虑等）；

(6) 审计程序（7个）含义、适用范围、相关认定等；

(7) 函证的决策（重大错报风险、针对的认定、其他审计程序、对函证事项的了解、回复的能力或意愿、被询证者的客观性）；

(8) 函证的内容（银行存款、应收账款、其他内容）；

(9) 函证的时间（日前、日后）；

(10) 管理层要求不实施函证的处理；

(11) 询证函设计的总体要求（服从于审计目标）和设计时考虑的因素（函证的方式、以往经验、拟函证信息的性质、被询证者的适当性、易于回函的信息类型）；

(12) 积极式函证和消极式函证的基本要求和适用情况；

(13) 对函证过程的控制（发出前——核对、收回后——验证）；

(14) 对免责或限制条款、不符事项的处理；

(15) 分析程序的应用要求（风险评估程序、实质性程序、总体复核）。

第四章　审计抽样方法

CHAPTER-4

五项须知小剧场

- **近5年考情分析**
  - 平均分值4分/年
  - 2021年考核了单选题
- **教材主要变化** —— 除对部分文字就行了修订，本章内容无实质性变化
- **建议学习时长** —— 9小时
- **学习方法提示** —— 本章属于比较重要的章节，考试时各种题型均可能涉及。客观题主要考核审计抽样的基本原理、样本规模的影响因素等，简答题或综合题中也经常涉及本章内容
- **本章基本框架**
  - 第一节　审计抽样的相关概念
    - 选取测试项目的方法　考点1
    - 审计抽样　考点2
    - 抽样风险和非抽样风险　考点3
    - 统计抽样和非统计抽样　考点4
    - 属性抽样和变量抽样　考点5
  - 第二节　审计抽样在控制测试中的应用
    - 样本设计阶段　考点1
    - 选取样本阶段　考点2
    - 评价样本结果阶段　考点3
    - 记录抽样程序　考点4
  - 第三节　审计抽样在细节测试中的应用
    - 样本设计阶段　考点1
    - 选取样本阶段　考点2
    - 评价样本结果阶段　考点3
    - 记录抽样程序　考点4

核心考点精讲专场

第一节　审计抽样的相关概念

查看本节视频，快速 GET 知识点
使用“会计云课堂”App或“微信”扫码

01 选取测试项目的方法

注册会计师选取测试项目的方法，包括选取全部项目、选取特定项目和审计抽样。

（1）选取全部项目测试	适用对象	通常更适用于细节测试，如：资本公积（★★★）
	测试范围	测试总体中的全部项目（如：某类交易或账户余额的所有项目或其中的一层）
	适用情况	①总体由少量的大额项目构成 ②存在特别风险且其他方法未提供充分、适当的审计证据 ③由于信息系统自动执行的计算或其他程序具有重复性，对全部项目进行检查符合成本效益原则
（2）选取特定项目测试	适用对象	既适用于控制测试，也适用于细节测试
	测试范围	①大额或关键项目 ②超过某一金额的全部项目 ③被用于获取某些信息的项目 ④被用于测试控制活动的项目
	局限性	容易形成非抽样风险（★★★针对性）
	注意事项	选取特定项目实施检查，通常是获取审计证据的有效手段，但并不构成审计抽样。对按照这种方法所选取的项目实施审计程序的结果，不能推断至整个总体（★★★）
（3）审计抽样	详见本章内容	

例题精讲

【例题 1 · 2013 年单选题】 下列有关选取测试项目的方法的说法中，正确的是（　　）。

A. 从某类交易中选取特定项目进行检查构成审计抽样

B. 从总体中选取特定项目进行测试时，应当使总体中每个项目都有被选取的机会

C. 对全部项目进行检查，通常更适用于细节测试

D. 审计抽样更适用于控制测试

【解析】 选取特定项目实施审计程序的结果不能推断至整个总体，不能由特定项目审计结果得出总体特征的审计结论，不构成审计抽样，所以选项 A 错误；注册会计师从总体中选取特定项目进行测试时，没有遵循随机原则，总体中每个项目不是都具有被选取的机会，所以选项

B 错误；对全部项目进行检查，通常更适用于细节测试而不适用于控制测试，所以选项 C 正确；审计抽样适用于控制测试和细节测试，所以选项 D 错误。

【答案】C

02 审计抽样

（一）审计抽样的概念

定义	审计抽样：是指注册会计师对具有审计相关性的总体中低于 100% 的项目实施审计程序，使所有抽样单元都有被选取的机会，为注册会计师针对整个总体得出结论提供合理基础 其中： （1）总体：是指注册会计师从中选取样本并期望据此得出结论的整个数据集合 （2）抽样单元：是指构成总体的个体项目
相关说明	抽样是一个适用性较广的方法，不仅注册会计师执行审计工作时使用抽样，意见调查、市场分析或科学研究都可能用到抽样。但是审计抽样不同于其他行业的抽样： （1）审计抽样可能为某账户余额的准确性提供进一步佐证证据，注册会计师通常只需要评价该账户余额是否存在重大错报，而不需要确定其初始金额，这些初始金额在审计抽样开始之前已由被审计单位记录并汇总完毕 （2）在运用抽样方法进行意见调查、市场分析或科学研究时，类似的初始数据在抽样开始之前通常并未得到累积、编制或汇总

（二）审计抽样的特征

<table>
<tr><td>特征</td><td colspan="3">审计抽样的3 个特征：（★★★同时具有）
（1）对具有审计相关性的总体中低于 100% 的项目实施审计程序（不能是全查）
（2）所有抽样单元都有被选取的机会（但不一定机会均等：选取样本不能存在偏向）（选秀女）
（3）可以根据样本项目的测试结果推断出有关抽样总体的结论</td></tr>
<tr><td rowspan="8">代表性</td><td>含义</td><td colspan="2">代表性：是指在既定的风险水平下，注册会计师根据样本得出的结论，与对整个总体实施与样本相同的审计程序得出的结论类似（★★★注意：不是完全相同）</td></tr>
<tr><td>应用原则</td><td colspan="2">只有当从抽样总体中选取的样本具有代表性时，注册会计师才能根据样本项目的测试结果推断出有关总体的结论</td></tr>
<tr><td>判断标准</td><td colspan="2">样本的选取是无偏向的，该样本通常就具有了代表性</td></tr>
<tr><td rowspan="5">影响因素</td><td>相关因素</td><td>无关因素</td></tr>
<tr><td>样本整体</td><td>样本中的单个项目</td></tr>
<tr><td>如何选取样本</td><td>样本规模</td></tr>
<tr><td rowspan="2">错报的发生率</td><td>错报的特定性质</td></tr>
<tr><td>（如：异常情况导致的样本错报）</td></tr>
</table>

例题精讲

【例题 2 · 2020 年单选题】下列有关审计抽样的样本代表性的说法中，错误的是（　　）。

A. 样本代表性与如何选取样本相关

B. 样本代表性与整个样本而非样本中的单个项目相关

C. 样本代表性通常与错报的发生率相关

D. 样本代表性与样本规模相关

【解析】代表性与样本整体而非样本中的单个项目相关（选项 B 正确），与样本规模无关（选项 D 错误），而与如何选取样本相关（选项 A 正确）。此外，代表性通常只与错报的发生率而非错报的特定性质相关（选项 C 正确），比如，异常情况导致的样本错报就不具有代表性。

【答案】D

【例题 3 · 2017 年多选题】下列各项中，属于审计抽样基本特征的有（　　）。

A. 对具有审计相关性的总体中低于百分之百的项目实施审计程序

B. 可以根据样本项目的测试结果推断出有关抽样总体的结论

C. 所有抽样单元都有被选取的机会

D. 可以基于某一特征从总体中选出特定项目实施审计程序

【解析】审计抽样应当同时具备三个基本特征：

（1）对具有审计相关性的总体中低于百分之百的项目实施审计程序（选项 A 正确）；

（2）所有抽样单元都有被选取的机会（选项 C 正确）；

（3）可以根据样本项目的测试结果推断出有关抽样总体的结论（选项 B 正确）。

所以选项 ABC 正确。

【答案】ABC

（三）审计抽样的适用性（并非在所有审计程序中都可以使用）

阶段	对抽样的规定
风险评估程序	1. 通常不涉及使用审计抽样 2. 如果注册会计师在了解控制的设计和确定其是否得到执行的同时计划和实施控制测试，则可能涉及审计抽样，但此时的审计抽样仅适用于控制测试。不是针对风险评估程序
控制测试	1. 当控制的运行留下轨迹时，注册会计师可以考虑使用审计抽样实施控制测试 2. 对于未留下运行轨迹的控制实施测试时，注册会计师通常实施询问、观察等审计程序，以获取有关控制运行有效性的审计证据，此时不宜使用审计抽样 3. 在被审计单位采用信息技术处理各类交易及其他信息时，注册会计师通常只需要测试信息技术一般控制，并从各类交易中选取一笔或几笔交易进行测试，就能获取有关信息技术应用控制运行有效性的审计证据，此时不需使用审计抽样
实质性程序	1. 在实施细节测试时，注册会计师可以使用审计抽样的方法获取审计证据 2. 如果注册会计师将某类交易或账户余额的重大错报风险评估为可接受的低水平，也可不实施细节测试，此时不需使用审计抽样 3. 实施实质性分析程序时，注册会计师的目的不是根据样本项目的测试结果推断有关总体的结论，因而不宜使用审计抽样

阶段	对抽样的规定
审计抽样可以与其他测试方法结合进行。例如，在审计应收账款时，注册会计师可以使用选取特定项目的方法将应收账款中的单个重大项目挑选出来单独测试，再针对剩余的应收账款余额进行抽样	

例题精讲

【例题 4 · 2019 年单选题】下列与内部控制有关的审计工作中，通常可以使用审计抽样的是（　　）。

A. 评价内部控制设计的合理性

B. 测试自动化应用控制的运行有效性

C. 确定控制是否得到执行

D. 测试留下运行轨迹的人工控制的运行有效性

【解析】选项 D 正确，当控制的运行留下轨迹时，注册会计师可以考虑使用审计抽样实施控制测试。对于未留下运行轨迹的控制，注册会计师通常实施询问、观察等审计程序，以获取有关控制运行有效性的审计证据，此时不宜使用审计抽样。

【答案】D

03 抽样风险和非抽样风险

富富有提示

抽样风险和非抽样风险通过影响重大错报风险的评估和检查风险的确定而影响审计风险。

（一）抽样风险——结合审计证据的充分性学习

含义	抽样风险：是指注册会计师根据样本得出的结论，不同于对整个总体实施与样本同样的审计程序得出的结论的可能性（抽出的样本不能代表总体的可能性）
说明	只要抽样，抽样风险就不能降为 0，除非100%全查，抽样风险与样本规模和抽样方法有关

1. 控制测试中的抽样风险

信赖过度风险	含义	是指推断的控制有效性高于其实际有效性的可能性
	后果	信赖过度风险与审计的效果有关，更容易导致注册会计师发表不恰当的审计意见，因而更应予以关注
信赖不足风险	含义	是指推断的控制有效性低于其实际有效性的可能性
	后果	信赖不足风险与审计的效率有关。注册会计师可能会增加不必要的实质性程序

2. 细节测试中的抽样风险

误受风险	含义	是指注册会计师推断某一重大错报不存在而实际上存在的可能性
	后果	误受风险影响审计效果，容易导致注册会计师发表不恰当的审计意见，因此，注册会计师更应予以关注

误拒风险	含义	是指注册会计师推断某一重大错报存在而实际上不存在的可能性
	后果	误拒风险影响审计效率。注册会计师会扩大细节测试的范围

富富有提示

①只要使用了审计抽样，抽样风险总会存在。

抽样风险	信赖过度风险和误受风险	形成不正确的结论，影响审计效果（更关注）
	信赖不足风险和误拒风险	追加更多的程序，影响审计效率

②抽样风险与样本规模是反方向变动关系：样本规模越小，抽样风险越大；样本规模越大，抽样风险越小。

③无论是控制测试还是细节测试，注册会计师都可以通过扩大样本规模降低抽样风险。

如果对总体中的所有项目都实施检查，就不存在抽样风险，此时审计风险完全由非抽样风险产生。

例题精讲

【例题5·2016年单选题】下列有关抽样风险的说法中，错误的是（　　）。

A. 在使用非统计抽样时，注册会计师可以对抽样风险进行定性的评价和控制

B. 如果注册会计师对总体中的所有项目都实施检查，就不存在抽样风险

C. 注册会计师未能恰当地定义误差将导致抽样风险

D. 无论是控制测试还是细节测试，注册会计师都可以通过扩大样本规模降低抽样风险

【解析】注册会计师未能恰当地定义误差将导致非抽样风险，所以选项C错误。

【答案】C

（二）非抽样风险（★★★人为错误）

含义	是指注册会计师由于任何与抽样风险无关的原因而得出错误结论的可能性
情形	在审计过程中，可能导致非抽样风险的原因包括下列情形：（4点举例） 1. 注册会计师选择了不适于实现特定目标的审计程序（函证：完整性） 2. 注册会计师选择的总体不适合于测试目标（测试收入完整性：总体为账簿记录） 3. 注册会计师未能适当地定义误差（包括控制偏差或错报）（如：测试现金支付授权控制：未得到授权） 4. 注册会计师未能适当地评价审计发现的情况（错误解读审计证据）
应对	通过下列手段可以将非抽样风险降至可接受的水平： 1. 采取适当的质量管理政策和程序 2. 对审计工作进行适当的指导、监督和复核 3. 仔细设计审计程序 4. 对审计实务的适当改进
相关说明	1. 非抽样风险为即使100%详查，也可能出现的风险，与样本量无关 2. 非抽样风险是由人为因素造成的，难以量化，但可以将非抽样风险降至可接受的水平 3. 非抽样风险对审计的效率和效果都有一定的影响

例题精讲

【例题 6 · 2020 年单选题】下列有关非抽样风险的说法中，错误的是（　　）。

A. 注册会计师未能适当地定义误差会导致非抽样风险

B. 非抽样风险可以量化

C. 非抽样风险在所有审计业务中均存在

D. 对总体中所有的项目实施测试无法消除非抽样风险

【解析】非抽样风险是由人为因素造成的，虽然难以量化非抽样风险（选项 B 错误），但通过采取适当的质量管理政策和程序，对审计工作进行适当的指导、监督和复核，仔细设计审计程序，以及对审计实务的适当改进，注册会计师可以将非抽样风险降至可接受的水平。

【答案】B

【例题 7 · 2018 年单选题】下列有关非抽样风险的说法中，错误的是（　　）。

A. 非抽样风险影响审计风险

B. 非抽样风险不能量化

C. 注册会计师可以通过采取适当的质量管理政策和程序降低非抽样风险

D. 注册会计师可以通过扩大样本规模降低非抽样风险

【解析】注册会计师可以通过扩大样本规模降低抽样风险（选项 D 错误）。

【答案】D

04 统计抽样和非统计抽样

	统计抽样	非统计抽样
含义	是指同时具备下列特征的抽样方法： 1. 随机选取样本项目（选样） 2. 运用概率论评价样本结果，包括计量抽样风险（评估）	不同时具备两个特征
优点	1. 有助于高效地设计样本 2. 计量所获取证据的充分性 3. 定量评价样本结果 4. 能够客观地计量和精确地控制抽样风险	（1）操作简单，使用成本低 （2）主要用于定性分析
缺点	可能发生额外的成本： 1. 需要特殊的专业技能，需要增加额外的支出对注册会计师进行培训 2. 要求单个样本项目符合统计要求，这些也可能支出额外的费用 注：使用审计抽样软件能够适当降低统计抽样的成本	无法量化抽样风险
抽样风险	能够客观地计量抽样风险，并通过调整样本规模精确地控制风险（★★★与非统计抽样最重要的区别）	无法精确地测定抽样风险
应用原则	运用统计抽样或非统计抽样主要考虑成本效益	

	统计抽样	非统计抽样
相同点	1. 如果非统计抽样设计适当，也能提供与统计抽样方法同样有效的结果 2. 两种方法都要求注册会计师在设计、选取和评价样本时运用职业判断 3. 对选取的样本项目实施的审计程序通常与使用的抽样方法无关（如：函证A公司） 4. 都是通过样本的结果推断总体的特征 5. 扩大样本量均可以降低抽样风险	

例题精讲

【例题8·2021年单选题】下列有关统计抽样和非统计抽样的共同点的说法中，错误的是（　　）。

A. 统计抽样和非统计抽样都能客观计量抽样风险

B. 统计抽样和非统计抽样都难以量化非抽样风险

C. 统计抽样和非统计抽样都需要注册会计师运用职业判断

D. 如果设计得当，非统计抽样能够提供与统计抽样同样有效的结果

【解析】选项A错误，统计抽样能够客观地计量抽样风险，并通过调整样本规模精确地控制风险，这是与非统计抽样最重要的区别。

【答案】A

05 属性抽样和变量抽样

项目	属性抽样——定性——控制测试	变量抽样——定量——细节测试
含义	是一种用来对总体中某一事件发生率得出结论的统计抽样方法	是一种用来对总体金额得出结论的统计抽样方法
用途	测试某一控制的偏差率，以支持注册会计师评估的控制风险水平	进行细节测试，以确定记录金额是否合理
结论	得出的结论与总体发生率有关	得出的结论与总体金额有关
注意事项	无论交易的规模如何，设定控制的每一次发生或偏离都被赋予同样的权重，而不管交易金额的大小（★★★如：报销需要签字）	例外情况：变量抽样中的货币单元抽样，运用属性抽样原理得出以金额表示的结论

例题精讲

【例题9·2015年单选题改编】下列抽样方法中，适用于控制测试的是（　　）。

A. 变量抽样　　B. 货币单元抽样　　C. 属性抽样　　D. 差额法

【解析】选项ABD属于审计抽样在细节测试中的应用，所以正确答案为选项C。

【答案】C

第二节　审计抽样在控制测试中的应用

查看本节视频，快速 GET 知识点
使用“会计云课堂”App或“微信”扫码

富富有图示

样本设计 > 样本选取 > 样本评价

在控制测试中应用审计抽样有两种方法：

方法	含义
发现抽样	在注册会计师预计控制高度有效时可以使用，以证实控制的有效性。在发现抽样中，注册会计师使用的预计总体偏差率是 0 在检查样本时，一旦发现一个偏差就立即停止抽样。如果在样本中没有发现偏差，则可以得出总体偏差率可以接受的结论
属性估计抽样	用以估计被测试控制的偏差发生率，或控制未有效运行的频率。本节以第二种方法为主

01　样本设计阶段（5 个步骤）

（一）确定测试目标（★★★方向性：1/5）

目标	注册会计师实施控制测试的目标是提供关于控制运行有效性的审计证据，以支持计划的重大错报风险评估水平
关注	控制测试主要关注： 1. 控制在所审计期间的相关时点是如何运行的 2. 控制是否得到一贯执行 3. 控制由谁或以何种方式执行

（二）定义总体（2/5）

1. 定义总体时应当符合的特征

特征	相关内容及举例
适当性	应确定总体适合于特定的审计目标，包括适合于测试的方向。例如： （1）控制：所有发出商品都已开票，总体：所有已发运的项目，而非：已开票的项目 （2）控制：现金支付授权控制，总体：所有已支付现金的项目，而非：已得到授权的项目
完整性	应当从总体项目内容和涉及时间等方面确定总体的完整性

特征	相关内容及举例
同质性	在控制测试中，注册会计师必须考虑总体的同质性 同质性：是指总体中的所有项目应具有同样的特征(如：出口和内销、不同的分支机构)

2. 被审计单位在被审计期间可能改变某个特定控制

如果某控制(旧控制)被用于实现相同控制目标的另一控制（新控制）所取代，注册会计师需要确定：(二选一)

做法	适用前提
(1) 测试新、旧控制这两个控制运行有效性	①新、旧控制预期都有效：视为一个总体 ②两个控制差异很大时，可以分别测试：视为两个总体
(2) 主要测试新控制（旧控制：不测试或仅进行少量测试）	对重大错报风险的评估主要取决于控制在后期或截至某个特定时点的有效运行，此时，新控制是一个独立的总体

(三) 定义抽样单元（3/5）

抽样单元	在控制测试中，抽样单元通常是能够提供控制运行证据的一份文件资料、一个记录或其中一行(工资表签字)
相关说明	★★★应与审计测试目标相适应

(四) 定义偏差构成条件（4/5）

在控制测试中，偏差是指偏离对设定控制的预期执行。

(五) 定义测试期间（5/5）

1. 概述

基本原则	注册会计师通常在期中实施控制测试（用餐后收餐盘：一贯性）
相关做法	注册会计师可以有两种做法： (1) 将测试扩展至在剩余期间发生的交易，以获取额外的证据 (2) 不将测试扩展至在剩余期间发生的交易

2. 具体做法（共2种）

第一种做法：将测试扩展至在剩余期间发生的交易，以获取额外的证据。

总体	由整个被审计期间的所有交易组成
步骤（共2步）	(1) 期中：初始测试（1-12500号；前10个月10000号） (2) 估计总体的特征——推断剩余期间的业务数量(或高或低)

其中：

情形	应对措施
高估剩余项目数量	未发生的交易，可用其他交易代替
低估剩余项目数量	（1）可以重新定义总体，以将样本中未包含的项目排除在新的总体外（总体：10000笔） （2）对未包含在重新定义总体中的项目（假如11—12月，实际发生的是4000笔），注册会计师可以实施替代程序 例如： ①将这些项目作为一个独立的样本进行测试 ②对其进行100%的检查 ③询问剩余期间的情况

第二种做法：不将测试扩展至在剩余期间发生的交易。

总体	只包括从年初到期中测试日为止的交易
做法	可以使用替代方法测试剩余期间控制的有效性
考虑因素	在确定是否需要针对剩余期间获取额外证据以及获取哪些证据时，注册会计师通常考虑下列因素：（共6点） （1）评估的认定层次重大错报风险的重要程度 （2）在期中测试的特定控制和测试结果，以及自期中测试后控制发生的重大变动 （3）在期中对有关控制运行有效性获取的审计证据的程度 （4）剩余期间的长度 （5）在信赖控制的基础上拟缩小实质性程序的范围 （6）控制环境

3. 控制在剩余期间发生重大变化

（1）注册会计师应当获取与控制在剩余期间发生的所有重大变化的性质和程度有关的证据，包括其人员的变化。

（2）如果发生了重大变化，注册会计师应修正其对内部控制的了解，并考虑：（二选一）

①对变化后的控制进行测试；

②对剩余期间实施实质性分析程序或细节测试。

富富有提示

①控制测试不用分层，因为是定性分析。

②在许多情况下，注册会计师可能不需等到被审计期间结束，就能得出关于控制的运行有效性是否支持其计划评估的重大错报风险水平的结论。

02 选取样本阶段

（一）确定抽样方法：包括简单随机选样、系统选样、随意选样和整群选样

1. 简单随机选样（如：随机数表选样）

特征	（1）相同数量的抽样单元组成的每种组合被选取的概率都相等 （2）注册会计师可以使用计算机或随机数表获得所需的随机数，选取匹配的随机样本
适用范围	在统计抽样和非统计抽样中均适用

2. 系统选样

（1）定义。

系统选样：也称等距选样，是指按照相同的间隔从审计对象总体中等距离地选取样本的一种选样方法。

（2）步骤（共3步）。

例如：如果销售发票的总体范围是652~3151，设定的样本量是125：

步骤	具体内容
①计算选样间隔（注意：取整）=总体规模÷样本规模	选样间隔=［（3152−652）÷125］=20
②确定选样起点	从第一个间隔（652~671）中随机选取一个样本项目，作为抽样起点，假如确定的随机起点是661
③根据间距顺序地选取样本	其余的124个项目是681（661+20），701（681+20），……依此类推，直至第3141号

（3）系统选样方法的优点、缺点、适用范围。

优点	使用系统选样方法，总体中的每一个抽样单元被选取的机会都相等，当从总体中人工选取样本时，这种方法尤为方便
缺点	要求总体必须是随机排列的，否则容易发生较大的偏差 为克服系统选样法的这一缺点，可采用两种办法： ①增加随机起点的个数 ②在确定选样方法之前对总体特征的分布进行观察
适用范围	系统选样可以在非统计抽样中使用，在总体随机分布时也可适用于统计抽样

3. 随意选样

注意事项	注册会计师要避免任何有意识的偏向或可预见性，保证总体中的所有项目都有被选中的机会，保证样本具有代表性
适用范围	（1）随意选样仅适用于非统计抽样 （2）在使用统计抽样时，运用随意选样是不恰当的，因为注册会计师无法量化选取样本的概率

4. 整群选样

做法	注册会计师从总体中选取一群（或多群）连续的项目 例如：总体为20×1年的所有付款单据，从中选取2月3日、5月17日和7月19日这三天的所有付款单据作为样本
局限性	整群选样通常不能在审计抽样中使用，因为大部分总体的结构都使连续的项目之间可能具有相同的特征，但与总体中其他项目的特征不同
适用范围	当注册会计师希望根据样本作出有关整个总体的有效推断时，极少将整群选样作为适当的选样方法

例题精讲

【例题10·2018年多选题】 下列抽样方法中，通常可以用于统计抽样的有（　　）。

A. 系统选样　　B. 简单随机选样

C. 随意选样　　D. 整群选样

【解析】 系统选样和简单随机选样既可用于统计抽样也可用于非统计抽样，选项AB正确；随意选样仅适用于非统计抽样，选项C错误；整群选样通常不能在审计抽样中使用，选项D错误。

【答案】 AB

【例题11·2017年综合题】 A注册会计师（项目合伙人）在审计工作底稿中记录了实施的进一步审计程序，部分内容摘录如下：

（1）在采用审计抽样测试甲公司付款审批控制时，A注册会计师确定总体为2016年度的所有付款单据，抽样单元为单张付款单据，选取2016年12月26日至12月31日的全部付款单据共计80张作为样本，测试结果满意。

要求：

针对资料第（1）项，假定不考虑其他条件，指出A注册会计师的做法是否恰当。如不恰当，简要说明理由。

【答案】

事项序号	是否恰当（是/否）	理由
（1）	否	整群选样通常不适用于审计抽样/应从全年的付款单据中选取样本

（二）确定样本规模（★★★胜过合理的怀疑）

1. 概述

含义	样本规模：是指从总体中选取样本项目的数量。注册会计师应当确定足够的样本规模，以将抽样风险降至可接受的低水平
注意事项	样本规模要适量： （1）样本规模过小，不能反映审计对象总体的特征，加大抽样风险 （2）样本规模过大，虽然可能减少了抽样风险，但是严重影响审计效率

2. 影响样本规模的因素（控制测试中）

（1）可接受的信赖过度风险：与样本规模反向变动。

通常，相对较低的水平在数量上是指5%～10%的信赖过度风险。注册会计师一般将信赖过度风险确定为10%，特别重要的测试则可以将信赖过度风险确定为5%。

（2）可容忍偏差率：与样本规模反向变动。

可容忍偏差率：是指注册会计师设定的偏离规定的内部控制的比率，注册会计师试图对总体中的实际偏差率不超过该比率获取适当水平的保证。换言之，可容忍偏差率是注册会计师能够接受的最大偏差数量，如果偏差超过这一数量则减少或取消对内部控制的信赖。

富富有提示

偏离规定的内部控制将增加重大错报风险，但不是所有的偏离都一定导致财务报表出现重大错报。因此，与细节测试中设定的可容忍错报相比，注册会计师通常为控制测试设定相对较高的可容忍偏差率。（手松）

教材表 4-1　可容忍偏差率和计划评估的控制有效性之间的关系

计划评估的控制有效性	可容忍偏差率（近似值,%）
高	3～7
中	6～12
低	11～20
最低	不进行控制测试

富富有提示

可容忍偏差率最高为20%，当可容忍偏差率超过20%时，由于估计控制运行无效，注册会计师不需进行控制测试。

（3）预计总体偏差率：与样本规模呈同向变动。

在实务中，如果以前年度的审计结果无法取得或认为不可靠，注册会计师可以在抽样总体中选取一个较小的初始样本，以初始样本的偏差率作为预计总体偏差率的估计值。

富富有提示

如果预计总体偏差率高得无法接受，意味着控制有效性很低，这时注册会计师通常决定不实施控制测试，而实施更多的实质性程序。

（4）总体规模：影响很小。

①除非总体非常小，一般而言总体规模对样本规模的影响几乎为零。

②注册会计师通常将抽样单元超过 2000 个的总体视为大规模总体。对大规模总体而言，总体的实际容量对样本规模几乎没有影响。

③对小规模总体而言，审计抽样比其他选择测试项目的方法的效率低。

（5）其他因素。

①控制运行的相关期间越长（年或季度），需要测试的样本越多。

②控制程序越复杂，测试的样本越多。

③样本规模还取决于所测试的控制的类型：

a. 人工控制：偶发性大，测试量偏大；

b. 信息技术控制：一般控制有效，应用控制测试一次即可。

教材表4-2　控制测试中影响样本规模的主要因素

影响因素	与样本规模的关系
可接受的信赖过度风险	反向变动
可容忍偏差率	反向变动
预计总体偏差率	同向变动
总体规模	影响很小

例题精讲

【例题12·2021年单选题】在运用审计抽样实施控制测试时，下列各项中，与样本规模同向变动的是（　　）。

A. 总体规模

B. 可容忍偏差率

C. 预计总体偏差率

D. 可接受的信赖过度风险

【解析】控制测试中影响样本规模的主要因素。

影响因素	与样本规模的关系
可接受的信赖过度风险	反向变动
可容忍偏差率	反向变动
预计总体偏差率	同向变动
总体规模	影响很小

【答案】C

3. 针对运行频率较低的内部控制的考虑（3句话）

（1）某些重要的内部控制并不经常运行，例如，银行存款余额调节表的编制可能是按月执行，针对年末结账流程的内部控制则是一年执行一次。

（2）注册会计师可以根据教材表4-3确定所需的样本规模。一般情况下，样本规模接近教材表4-3中样本数量区间的下限是适当的。

（3）如果控制发生变化，或曾经发现控制缺陷，样本规模更可能接近甚至超过教材表4-3中样本数量区间的上限。如果拟测试的控制是针对相关认定的唯一控制，注册会计师往往可能需要测试比表中所列更多的样本。

教材表 4-3　测试运行频率较低的内部控制的有效性

控制运行频率和总体的规模	测试的样本数量
1 次/季度（4）	2
1 次/月度（12）	2—5
1 次/半月（24）	3—8
1 次/周（52）	5—15

4. 确定样本量（教材表 4-4：查表法）

（三）选取样本并对其实施审计程序的五种情形（简答题：共 5 点）

情况	应对措施
1. 无效单据	（1）如果能够合理确信该单据的无效是正常的且不构成对设定控制的偏差，就要用另外的单据替代 （2）如果使用了随机选样，注册会计师要用一个替代的随机数与新的单据样本对应
2. 未使用或不适用的单据	与无效单据类似考虑
3. 对总体的估计出现错误（高估）	超出实际编号的所有数字都被视为未使用单据，注册会计师要用额外的随机数代替这些数字，以确定对应的适当单据
4. 在结束之前停止测试	对样本的第一部分进行测试时发现大量偏差。注册会计师要重估重大错报风险并考虑是否有必要继续进行测试
5. 无法对选取的项目实施检查	如果找不到该单据，或由于其他原因（丢失、毁损）无法对选取的项目实施检查，注册会计师可能无法使用替代程序测试控制是否适当运行。此时： （1）要考虑在评价样本时将该样本项目视为控制偏差 （2）要考虑造成该限制的原因，以及该限制可能对其了解内部控制和评估重大错报风险产生的影响

例题精讲

【例题 13 · 2017 年单选题】 在使用审计抽样实施控制测试时，下列情形中，注册会计师不能另外选取替代样本的是（　　）。

A. 单据丢失　　　　B. 单据不适用

C. 单据无效　　　　D. 单据未使用

【解析】 如果找不到该单据（单据丢失），或出于其他原因注册会计师无法对选取的项目实施检查，注册会计师可能无法使用替代程序测试控制是否适当运行。

【答案】 A

03 评价样本结果阶段

（一）计算偏差率

公式	样本偏差率 = 样本中发现的偏差数量 ÷ 样本规模
说明	1. 样本偏差率就是注册会计师对总体偏差率的最佳估计，因而在控制测试中无须另外推断总体偏差率 2. 注册会计师还必须考虑抽样风险（尤其非统计抽样）

例题精讲

【例题 14 · 2015 年多选题】 有关注册会计师使用审计抽样实施控制测试的说法中，正确的有（　　）。

A. 当可容忍偏差率超过 20% 时，注册会计师通常无须实施控制测试

B. 如果总体规模很大，注册会计师通常忽略总体规模对样本规模的影响

C. 注册会计师通常需要计算样本偏差率并推断总体偏差率

D. 注册会计师通常可以对所有控制测试确定一个统一的可接受信赖过度风险水平，对每一项控制测试分别确定可容忍偏差率

【解析】 样本偏差率就是对总体偏差率的最佳估计，因而在控制测试中无须另外推断总体偏差率，所以选项 C 错误。

【答案】 ABD

（二）考虑抽样风险

1. 使用统计抽样方法

（1）使用统计公式评价样本结果。

总体偏差率上限 = 风险系数（R）/样本量（n）

教材表 4-5　控制测试中常用的风险系数

样本中发现偏差的数量	信赖过度风险	
	5%	10%
0	3.0	2.3
1	4.8	3.9
2	6.3	5.3
3	7.8	6.7
4	9.2	8.0
5	10.5	9.3
6	11.9	10.6
7	13.2	11.8
8	14.5	13.0

续表

样本中发现偏差的数量	信赖过度风险	
	5%	10%
9	15.7	14.2
10	17.0	15.4

【补充例题】假定注册会计师对55个项目实施了既定的审计程序，可接受的信赖过度风险为10%，可容忍偏差率为7%。

【答案】

情形	未发现偏差	有两个偏差
风险系数	教材表4-5中查得为2.3	教材表4-5中查得为5.3
总体偏差率上限	总体偏差率上限（MDR） =风险系数（R）/样本量（n） =2.3/55 =4.18%	总体偏差率上限（MDR） =风险系数（R）/样本量（n） =5.3/55 =9.64%
含义	如果样本量为55且无一例偏差，总体实际偏差率超过4.18%的风险为10%，即有90%的把握保证总体实际偏差率不超过4.18%	如果样本量为55且有两个偏差，总体实际偏差率超过9.64%的风险为10%，即有90%的把握保证总体实际偏差率不超过9.64%
结论	确定的可容忍偏差率为7%，因此，总体可以接受	在可容忍偏差率为7%的情况下，总体的实际偏差率超过可容忍偏差率的风险很大，因而不能接受总体（说明：需要扩大实质性程序的范围）

（2）使用样本结果评价表（简单了解，见教材表4-6）。

（3）结论（统计抽样）。

控制测试	总体偏差率上限vs可容忍偏差率		
结论	低于	高于或等于	低于但接近
	接受	不接受	判断是否能接受(是否扩大范围)

2. 使用非统计抽样方法

（1）在非统计抽样中，抽样风险无法直接计量。注册会计师通常将估计的总体偏差率（即样本偏差率）与可容忍偏差率相比较，以判断总体是否可以接受。

（2）结论（非统计抽样：要求比统计抽样高一个等级）。

控制测试	估计的总体偏差率（即样本偏差率）vs可容忍偏差率		
结论	大大低于	高于、等于或接近	不大不小
	接受	不接受	判断是否能接受(是否扩大范围)

例题精讲

【例题15·2020年综合题】 上市公司甲公司是ABC会计师事务所首次接受委托的审计客户，主要从事房地产开发、销售和物业管理业务。A注册会计师负责审计甲公司2019年度财务报表，确定财务报表整体的重要性为2000万元。

资料四：

A注册会计师在审计工作底稿中记录了实施进一步审计程序的情况，部分内容摘录如下：

（1）A注册会计师采用非统计抽样测试了房产销售佣金的审批控制，估计的总体偏差率略低于可容忍偏差率，A注册会计师认为该项控制运行有效。

要求：

针对资料四第（1）项，假定不考虑其他条件，指出A注册会计师的做法是否恰当。如不恰当，简要说明理由。

【答案】

事项序号	是否恰当（是/否）	理由
（1）	否	估计的总体偏差率远远低于可容忍偏差率，控制运行有效/估计的总体偏差率略低于可容忍偏差率，控制很可能无效

（三）考虑偏差的性质和原因（7句话）

（1）除了关注偏差率和抽样风险之外，注册会计师还应当调查识别出的所有偏差（★★★★）的性质和原因，并评价其对审计程序的目的和审计的其他方面可能产生的影响。

（2）无论是统计抽样还是非统计抽样，对样本结果的定性评估和定量评估一样重要。

（3）即使样本的评价结果在可接受的范围内，注册会计师也应对样本中的所有控制偏差（★★★★）进行定性分析。

（4）如果注册会计师发现许多偏差具有相同的特征，如交易类型、地点、生产线或时期等，则应考虑该特征是不是引起偏差的原因，是否存在其他尚未发现的具有相同特征的偏差。（走路摔跟头、井盖没有了）

此时，注册会计师应将具有该共同特征的全部项目划分为一层，并对该层中的所有项目实施审计程序，以发现潜在的系统偏差。

（5）如果对偏差的分析表明是故意违背了既定的内部控制政策或程序，注册会计师应考虑存在重大舞弊的可能性。

（6）一般情况下，如果在样本中发现了控制偏差，注册会计师有两种处理办法：

处理方法	应对举例
扩大样本规模	例如，初始样本量为45个，如果发现了1个偏差，可以扩大样本量，再测试45个样本，如果在追加测试的样本中没有再发现偏差，可以得出结论，样本结果支持计划评估的控制有效性，从而支持计划的重大错报风险评估水平
认为控制没有有效运行	提高重大错报风险评估水平，增加对相关账户的实质性程序
注意：如果确定控制偏差是系统偏差或舞弊导致，扩大样本规模通常无效，注册会计师需要采用第二种处理办法	

（7）分析偏差的性质和原因时，注册会计师还要考虑已识别的偏差对财务报表的直接影响。控制偏差虽然增加了金额错报的风险，但并不一定导致财务报表中的金额错报。

如果某项控制偏差更容易导致金额错报，该项控制偏差就更加重要。

（四）得出总体结论

支持	如果样本结果及其他相关审计证据支持计划评估的控制有效性，从而支持计划的重大错报风险评估水平，注册会计师可能不需要修改计划的实质性程序
不支持	如果样本结果不支持计划的控制运行有效性和重大错报风险的评估水平，注册会计师通常有两种选择： 1. 进一步测试其他控制（如：补偿性控制），以支持计划的控制运行有效性和重大错报风险的评估水平 2. 提高重大错报风险评估水平，并相应修改计划的实质性程序的性质、时间安排和范围

04 记录抽样程序（简单了解）

在控制测试中使用审计抽样时，注册会计师通常记录下列内容：

（1）对所测试的设定控制的描述；

（2）与抽样相关的控制目标，包括相关认定；

（3）对总体和抽样单元的定义，包括注册会计师如何考虑总体的完整性；

（4）对偏差的构成条件的定义；

（5）可接受的信赖过度风险，可容忍偏差率，以及在抽样中使用的预计总体偏差率；

（6）确定样本规模的方法；

（7）选样方法；

（8）选取的样本项目；

（9）对如何实施抽样程序的描述；

（10）对样本的评价及总体结论摘要。

例题精讲

【例题 16 · 2009 年简答题】 A 注册会计师负责审计甲公司 20×8 年度财务报表。甲公司本年度银行存款账户数一直为 60 个。甲公司财务制度规定，每月月末由与银行存款核算不相关的财务人员 H 针对每个银行存款账户编制银行存款余额调节表。A 注册会计师决定运用统计抽样方法测试该项控制在全年的运行有效性。相关事项如下：

（1）A 注册会计师计算了各银行存款账户在 20×8 年 12 月 31 日余额的标准差，作为确定样本规模的一个因素。

（2）在确定样本规模后，A 注册会计师采用随机数表的方式选取样本。选取的一个银行存款账户余额极小，A 注册会计师另选了一个余额较大的银行存款账户予以代替。

（3）在对选取的样本项目进行检查时，A 注册会计师发现其中一张银行存款余额调节表由甲公司银行存款出纳代为编制，A 注册会计师复核后发现该表编制正确，不将其视为控制偏差。

（4）在对选取的样本项目进行检查后，A 注册会计师将样本中发现的偏差数量除以样本规模得出的数值作为该项控制运行总体偏差率的最佳估计。

（5）假设 A 注册会计师确定的可接受的信赖过度风险为 10%，样本规模为 45。测试样本后，发现 1 例偏差。当信赖过度风险为“10%”、样本中发现的偏差率为“1”时，控制测试的风险系数为“3.9”。

要求：

（1）计算确定总体规模，并简要回答在运用统计抽样方法对某项手工执行的控制运行有效性进行测试时，总体规模对样本规模的影响。

（2）针对事项（1）至（4），假设上述事项互不关联，逐项指出 A 注册会计师的做法是否正确。如不正确，简要说明理由。

（3）针对事项（5），计算总体偏差率上限。

【答案】

（1）A 注册会计师确定的总体规模应为 720（60×12）。当总体规模较小时，样本规模与总体规模同向变动；当总体规模超过一定数量时，总体规模对样本规模的影响可以忽略不计。

（2）

事项序号	是否正确（正确/错误）	理由
（1）	错误	在确定控制测试样本规模时，不需要计算受影响账户余额的标准差
（2）	错误	不应随意更换样本项目，否则会破坏样本的随机性，不符合统计抽样的原理
（3）	错误	不符合不相容职责分离的原则，应当视为控制偏差
（4）	正确	—

（3）总体偏差率上限 = 3.9÷45 = 8.67%。

第三节　审计抽样在细节测试中的应用

查看本节视频，快速 GET 知识点

使用“会计云课堂”App或“微信”扫码

01　样本设计阶段（4 个步骤：与控制测试相比，差一个定义测试期间）

（一）确定测试目标（1/4）

测试目标	细节测试：识别财务报表中各类交易、账户余额和披露中存在的重大错报
相关说明	在细节测试中，审计抽样通常用来测试有关财务报表金额的一项或多项认定（如：应收账款的存在）的合理性【如果该金额是合理、正确的，认为不存在重大错报】

（二）定义总体（2/4）

特征	相关内容
适当性	1. 应确信抽样总体适合于特定的审计目标（谁没来，请举手） 2. 注册会计师如果对已记录的项目进行抽样，就无法发现由于某些项目被隐瞒而导致的金额低估。为发现这类低估错报，注册会计师应从包含被隐瞒项目的来源选取样本
完整性	1. 某一项目可能由于金额较大或存在较高的重大错报风险而被视为单个重大项目，注册会计师应当对单个重大项目实施100%的检查，所有单个重大项目都不构成抽样总体 2. 剩余项目的处理 ①如果剩余项目加总起来不重要或者被认为存在较低的重大错报风险，注册会计师可以无须对这些剩余项目实施检查，或仅在必要时对其实施分析程序 ②如果注册会计师认为这些剩余项目加总起来是重要的，需要实施细节测试以实现审计目标，这些剩余项目就构成了抽样总体 【富富有提示】增加单独测试的账户可以减少样本规模

富富有提示

不同性质的交易可能导致借方余额、贷方余额和零余额多种情况并存。例如：应收账款账户。

情形	应关注的重点
借方余额	存在
贷方余额	完整性
贷方余额重大	应当分别测试（将借方余额账户和贷方余额账户作为两个独立的总体）

（三）定义抽样单元（3/4）

抽样单元	可能是一个账户余额、一笔交易或交易中的一个记录（如销售发票中的单个项目），甚至是每个货币单元
选择标准	1. 如何定义抽样单元能使审计抽样实现最佳的效率和效果 2. 实施计划的审计程序或替代程序的难易程度

例题精讲

【例题17·2019年多选题】 注册会计师运用审计抽样实施细节测试时，下列各项中，可以作为抽样单元的有（　　）。

A. 一个账户余额　　B. 交易中的一个记录

C. 每个货币单元　　D. 一笔交易

【解析】 在细节测试中，注册会计师应根据审计目标和所实施审计程序的性质定义抽样单元。抽样单元可能是一个账户余额（选项A）、一笔交易（选项D）或交易中的一个记录（选项B），甚至是每个货币单元（选项C）。

【答案】 ABCD

（四）界定错报（4/4）

在细节测试中，注册会计师应根据审计目标界定错报。

例如：应收账款的存在认定（即总账余额是否正确?），不同应收账款明细账之间记串户就不算错报。

02 选取样本阶段

（一）确定抽样方法

在细节测试中进行审计抽样，可能使用统计抽样，也可能使用非统计抽样。注册会计师在细节测试中常用的统计抽样方法包括货币单元抽样和传统变量抽样。

1. 货币单元抽样

（1）定义。

货币单元抽样是一种运用属性抽样原理对货币金额而不是对发生率得出结论的统计抽样方法，它是概率比例规模抽样方法的分支，有时也被称为金额单元抽样、累计货币金额抽样以及综合属性变量抽样等。

项目名称（实物单元）	账面金额	累计数	货币单元
A 公司	20	20	1—20
B 公司	217	237	21—237
C 公司	85	322	238—322
D 公司	3175	3497	323—3497
E 公司	418	3915	3498—3915

假定随机数：825,1987,3514

第一个数：825 ⟶ D公司

第二个数：1987 ⟶ D公司

第三个数：3514 ⟶ E公司

A公司：20/3915

D公司：3175/3915

（2）相关知识点说明。

①货币单元抽样以货币单元作为抽样单元，总体中的每个货币单元被选中的机会相同。

②总体中某一项目被选中的概率等于该项目的金额与总体金额的比率，项目金额越大，被选中的概率就越大，这样有助于注册会计师将审计重点放在较大的账户余额或交易。

③注册会计师并不是对总体中的货币单元实施检查，而是对包含被选取货币单元的账户余额或交易实施检查。

④注册会计师检查的账户余额或交易被称为逻辑单元。

（3）货币单元抽样的优点（6 个优点）。

①货币单元抽样以属性抽样原理为基础，注册会计师可以很方便地计算样本规模和评价样本结果，因而通常比传统变量抽样更易于使用；

②货币单元抽样在确定所需的样本规模时无须直接考虑总体的特征（如：变异性），因为总体中的每一个货币单元都有相同的规模，而传统变量抽样的样本规模是在总体项目共有特征的变异性或标准差的基础上计算的；

③货币单元抽样中，项目被选取的概率与其货币金额大小成比例，因而无须通过分层减少变异性，而传统变量抽样通常需要对总体进行分层以减小样本规模；

④在货币单元抽样中，使用系统选样法选取样本时，如果项目金额等于或大于选样间距，货币单元抽样将自动识别所有单个重大项目，即该项目一定会被选中；

系统选样法：选样间隔 = 总体规模/样本规模 = 120。

项目名称（逻辑单元）	账面金额	累计数	货币单元
A 公司	100	100	1—100
B 公司	80	180	101—180
C 公司	200（注意）	380	181—380
D 公司	300（注意）	680	381—680

第一个数：85 ⟶ A公司
第二个数：205（85+120）⟶ C公司
第三个数：325（205+120）⟶ C公司
第四个数：445（325+120）⟶ D公司

⑤如果注册会计师预计不存在错报，货币单元抽样的样本规模通常比传统变量抽样方法更小；

⑥货币单元抽样的样本更容易设计，且可在能够获得完整的最终总体之前开始选取样本。

（4）货币单元抽样的缺点（5 个缺点）。

①货币单元抽样不适用于测试总体的低估，因为账面金额小但被严重低估的项目被选中的概率低，如果在货币单元抽样中发现低估，注册会计师在评价样本时需要特别考虑；

②对零余额或负余额的选取需要在设计时予以特别考虑；

③当发现错报时，如果风险水平一定，货币单元抽样在评价样本时可能高估抽样风险的影响，从而导致注册会计师更可能拒绝一个可接受的总体账面金额；

④在货币单元抽样中，注册会计师通常需要逐个累计总体金额，以确定总体是否完整并与财务报表一致，不过如果相关会计数据以电子形式储存，就不会额外增加大量的审计成本；

⑤当预计总体错报的金额增加时，货币单元抽样所需的样本规模也会增加，这种情况下，货币单元抽样的样本规模可能大于传统变量抽样所需的规模。

例题精讲

【例题 18 · 2019 年综合题】甲公司是 ABC 会计师事务所的常年审计客户，主要从事轨道交通车辆配套产品的生产和销售。A 注册会计师负责审计甲公司2018 年度财务报表，确定财务报表整体的重要性为 1000 万元，实际执行的重要性为 500 万元。

资料三：

A 注册会计师在审计工作底稿中记录了审计计划，部分内容摘录如下：

（2）甲公司供应商数量多，采购交易量大。A注册会计师拟对采购与付款循环相关的财务报表项目实施综合性方案，采用随意抽样测试相关内部控制的运行有效性，采用货币单元抽样测试应付账款的准确性和完整性。

要求：

针对资料三第（2）项，假定不考虑其他条件，指出A注册会计师的做法是否恰当。如不恰当，简要说明理由。

【答案】

事项序号	是否恰当（是/否）	理由
（2）	否	货币单元抽样不适用于测试总体的低估/完整性

2. 传统变量抽样（★★★公式复杂）

（1）定义：传统变量抽样运用正态分布理论，根据样本结果推断总体的特征。

（2）传统变量抽样的优点（4个优点）。

①如果账面金额与审定金额之间存在较多差异，传统变量抽样可能只需较小的样本规模就能满足审计目标；

②注册会计师关注总体的低估时，使用传统变量抽样比货币单元抽样更合适；

③需要在每一层追加选取额外的样本项目时，传统变量抽样更易于扩大样本规模；

④对零余额或负余额项目的选取，传统变量抽样不需要在设计时予以特别考虑。

（3）传统变量抽样的缺点（4个缺点）。

①传统变量抽样比货币单元抽样更复杂，注册会计师通常需要借助计算机程序；

②在传统变量抽样中确定样本规模时，注册会计师需要估计总体特征的标准差，而这种估计往往难以作出，注册会计师可能利用以前对总体的了解或根据初始样本的标准差进行估计；

③如果存在非常大的项目或者在总体的账面金额与审定金额之间存在非常大的差异，而且样本规模比较小，正态分布理论可能不适用，注册会计师更可能得出错误的结论；

④如果几乎不存在错报，传统变量抽样中的差额法和比率法将无法使用。

（4）传统变量抽样的常见的方法。

抽样方法	内容	
均值法	定义	注册会计师先计算样本中所有项目审定金额的平均值，然后用这个样本平均值乘以总体规模，得出总体金额的估计值。总体估计金额和总体账面金额之间的差额就是推断的总体错报
	公式	①样本审定金额的平均值=样本审定金额÷样本规模 ②估计的总体金额=样本审定金额的平均值×总体规模 ③推断的总体错报=总体账面金额-估计的总体金额
差额法	定义	注册会计师先计算样本审定金额与账面金额之间的平均差额，再以这个平均差额乘以总体规模，从而求出总体的审定金额与账面金额的差额（即总体错报）
	公式	①样本平均错报=（样本账面金额-样本审定金额）÷样本规模 ②推断的总体错报=样本平均错报×总体规模 ③估计的总体金额=总体账面金额-推断的总体错报

抽样方法	内容	
比率法	定义	注册会计师先计算样本的审定金额与账面金额之间的比率，再以这个比率去乘总体的账面金额，从而求出估计的总体金额
	公式	①比率=样本审定金额÷样本账面金额 ②估计的总体金额=总体账面金额×比率 ③推断的总体错报=总体账面金额-估计的总体金额

【补充例题·计算题】甲注册会计师审计A公司2012年财务报表，在针对应收账款实施细节测试时，决定采用传统变量抽样方法实施审计抽样。2012年12月31日应收账款账面余额为1600000元，甲注册会计师确定总体规模为1200，样本规模为200，样本账面余额为300000元，样本审定金额为260000元，代甲注册会计师分别采用均值法、差额法、比率法三种方法推断总体的错报金额。

【答案】

（1）均值法。

①样本审定金额的平均值=样本审定金额÷样本规模=260000÷200=1300（元/个）。

②估计的总体金额=1300×1200=1560000（元）。

③推断的总体错报=1600000-1560000=40000（元）。

（2）差额法。

①样本平均错报=（样本账面金额-样本审定金额）/样本规模=（300000-260000）/200=200（元/个）。

②推断的总体错报=200×1200=240000（元）。

（3）比率法。

①比率=样本审定金额/样本账面金额=260000/300000=0.87。

②估计的总体金额=总体账面金额×比率=1600000×0.87=1392000（元）。

③推断的总体错报=总体账面金额-估计的总体金额=1600000-1392000=208000（元）。

富富有提示

①如果未对总体进行分层，注册会计师通常不使用均值法，因为此时所需的样本规模可能太大，不符合成本效益原则。

②比率法和差额法都要求样本项目存在错报。如果样本项目的审定金额和账面金额之间没有差异，这两种方法使用的公式所隐含的机理就会导致错误的结论。

③注册会计师在评价样本结果时常常用到比率法和差额法。

a. 如果发现错报金额与项目的金额紧密相关，注册会计师通常会选择比率法；

b. 如果发现错报金额与项目的数量紧密相关，注册会计师通常会选择差额法。

④如果注册会计师决定使用统计抽样，且预计没有差异或只有少量差异，就不应使用比率法和差额法，而考虑使用其他的替代方法，如均值法或货币单元抽样。

例题精讲

【例题 19 · 2019 年综合题】甲公司是 ABC 会计师事务所的常年审计客户，主要从事轨道交通车辆配套产品的生产和销售。A 注册会计师负责审计甲公司2018 年度财务报表，确定财务报表整体的重要性为 1000 万元，实际执行的重要性为 500 万元。

资料四：

A 注册会计师在审计工作底稿中记录了实施进一步审计程序的情况，部分内容摘录如下：

（4）甲公司原材料年末余额为 10000 万元，包括 3000 个项目。A 注册会计师在实施计价测试时，抽样选取了50 个项目作为测试样本，发现两个样本存在错报，这两个样本的账面金额为 150 万元和 50 万元，审定金额为 120 万元和 40 万元。A 注册会计师采用比率法推断的总体错报为2400 万元。

要求：

针对资料四第（4）项，假定不考虑其他条件，指出 A 注册会计师的做法是否恰当。如不恰当，简要说明理由。

【答案】

事项序号	是否恰当（是/否）	理由
（4）	否	推断的总体错报应为 2000 万元 注：10000-【（120+40）÷（150+50）】×10000＝2000

（二）确定样本规模（单个重大项目：100%测试）

1. 影响样本规模的因素（5 个因素）

（1）可接受的误受风险：与样本规模反向变动。（1/5）

在确定可接受的误受风险水平时，注册会计师需要考虑下列因素：（3 个因素）

①注册会计师愿意接受的审计风险水平；

②评估的重大错报风险水平；

③针对同一审计目标或财务报表认定的其他实质性程序（包括分析程序和不涉及审计抽样的细节测试）的检查风险。

富富有提示

①在实务中，注册会计师愿意承担的审计风险通常为 5%～10%。

②在设计样本时，与控制测试中对信赖不足风险的关注相比，注册会计师在细节测试中对误拒风险的关注程度通常更高。（因为控制测试替代程序比较容易实施，成本较小）

③可接受的误拒风险与样本规模反向变动。

（2）可容忍错报：与样本规模呈反向关系。（2/5）

①可容忍错报：是指注册会计师设定的货币金额，注册会计师试图对总体中的实际错报不超过该货币金额获取适当水平的保证。

②细节测试中，某账户余额、交易类型或披露的可容忍错报是注册会计师能够接受的最大金额的错报。

③可容忍错报可能等于或低于实际执行的重要性，这取决于注册会计师考虑下列因素后作出的职业判断：（5 个因素）

a. 事实错报和推断错报的预期金额（基于以往的经验和对其他交易类型、账户余额或披露的测试）；

b. 被审计单位对建议的调整所持的态度；

c. 某审计领域中，金额需要估计或无法准确确定的账户的数量；

d. 经营场所、分支机构或某账户中样本组合的数量，注册会计师分别测试这些经营场所、分支机构或样本组合，但需要将测试结果累积起来得出审计结论；

e. 测试项目占账户全部项目的比例。

（3）预计总体错报：与样本规模呈同向关系。（3/5）

①预计总体错报不应超过可容忍错报。

②在既定的可容忍错报下，预计总体错报的金额和频率越小，所需的样本规模也越小。相反，预计总体错报的金额和频率越大，所需的样本规模也越大。

③如果预期错报很高，注册会计师在实施细节测试时对总体进行 100%检查或使用较大的样本规模可能较为适当。

④注册会计师在运用职业判断确定预计错报时，应当考虑下列因素：（5 个因素）

a. 被审计单位的经营状况和经营风险；

b. 以前年度对账户余额或交易类型进行测试的结果；

c. 初始样本的测试结果；

d. 相关实质性程序的结果；

e. 相关控制测试的结果或控制在会计期间的变化等。

（4）总体规模：在细节测试中对样本规模的影响很小。（4/5）

（5）总体的变异性：与样本规模同向变动。（5/5）

①衡量这种变异或分散程度的指标是标准差（通常用“大”“小”定性衡量），总体的变异性越小，通常样本规模越小。

②分层。（简言之：人以群分、物以类聚，举重的重量级）

前提	总体项目存在重大变异性
作用	降低每一层中项目的变异性，从而在抽样风险没有成比例增加的前提下减小样本规模，提高审计效率
分层依据	a. 项目的账面金额 b. 与项目处理有关的控制的性质 c. 与特定项目（如更可能包含错报的那部分总体项目）有关的特殊考虑等
通常做法	a. 注册会计师通常根据金额对总体进行分层，这使注册会计师能够将更多审计资源投向金额较大的项目，而这些项目最有可能包含高估错报 b. 注册会计师也可以根据表明更高错报风险的特定特征对总体分层，例如，在测试坏账准备时，可以根据账龄对应收账款余额进行分层

富富有提示

①控制测试：定性分析，不用分层。

②分层后的每层构成一个子总体且可以单独检查。对某一层中的样本项目实施审计程序的结果，只能用于推断构成该层的项目。注册会计师需要综合考虑每层的推断错报。

③如果对整个总体得出结论，注册会计师应当考虑与构成整个总体的其他层有关的重大错报风险。

教材表4-7 细节测试中影响样本规模的因素

影响因素	与样本规模的关系
可接受的误受风险	反向变动
可容忍错报	反向变动
预计总体错报	同向变动
总体规模	影响很小
总体的变异性	同向变动

例题精讲

【例题20·2019年单选题】在运用审计抽样实施细节测试时，下列情形中，对总体进行分层可以提高抽样效率的是（ ）。

A. 总体规模较大　　B. 预计总体错报较高

C. 总体变异性较大　　D. 误拒风险较高

【解析】分层可以降低每一层中项目的变异性，从而在抽样风险没有成比例增加的前提下减小样本规模，提高审计效率。

【答案】C

【例题21·2018年单选题】下列有关细节测试的样本规模的说法中，错误的是（ ）。

A. 总体的变异性与样本规模同向变动　　B. 可容忍错报与样本规模反向变动

C. 总体规模对样本规模的影响很小　　D. 可接受的误受风险与样本规模同向变动

【解析】可接受的误受风险与样本规模反向变动，选项D错误。

【答案】D

【例题22·2011年简答题】A注册会计师负责审计甲公司2010年度财务报表。在针对销售费用的发生认定实施细节测试时，A注册会计师决定采用传统变量抽样方法实施统计抽样，相关事项如下：

（1）A注册会计师将抽样单元界定为销售费用总额中的每个货币单元。

（2）A注册会计师将总体分成两层，使每层的均值大致相等。

（3）A注册会计师在确定样本规模时不考虑销售费用账户的可容忍错报。

（4）A注册会计师采用系统选样的方式选取样本项目进行检查。

（5）在对选中的一个样本项目进行检查时，A注册会计师发现所附发票丢失，于是另选一个样本项目代替。

（6）甲公司2010年销售费用账面金额合计75000000元。A注册会计师决定采用传统变量抽样中的差额法，确定的总体规模为4000，样本规模为200，样本账面金额合计为4000000元，样本审定金额合计为3600000元。

要求：

（1）针对上述（1）至（5）项，逐项指出A注册会计师的做法是否正确（正确或错误）。如果不正确，简要说明理由。

（2）在不考虑上述（1）至（5）项的情况下，针对上述第（6）项，计算销售费用错报金额的点估计值。

【答案】

（1）

事项序号	是否正确（正确/错误）	理由
（1）	错误	抽样单元应为2010年度确认的每笔销售费用
（2）	错误	分层的意义在于减少总体的变异性，而不在于使各层之间均值相同，应当分为金额大致相当的两层
（3）	错误	细节测试中采用传统变量抽样方法确定样本规模时需要考虑可容忍错报的影响
（4）	正确	—
（5）	错误	不应另选一个样本项目代替，应当查明原因，或实施替代程序，或直接将其视为错报

（2）销售费用错报金额的点估计值＝［（4000000－3600000）/200］×4000＝8000000（元）。

2. 确定样本量

（1）查表法。（表4-8）

教材表4-8　细节测试中货币单元抽样样本规模

误受风险	预计总体错报与可容忍错报之比	可容忍错报与总体账面金额之比										
		50%	30%	10%	8%	6%	5%	4%	3%	2%	1%	0.50%
5%	—	6	10	30	38	50	60	75	100	150	300	600
5%	0.10	8	13	37	46	62	74	92	123	184	368	736
…	……	…	…	…	…	…	…	…	…	…	…	…
10%	-	5	8	24	29	39	47	58	77	116	231	461
10%	0.20	7	12	35	43	57	69	86	114	171	341	682
…	……	…	…	…	…	…	…	…	…	…	…	…

（2）公式法。

样本规模＝总体账面金额÷可容忍错报×保证系数

教材表4-9　货币单元抽样确定样本规模时的保证系数

预计总体错报与可容忍错报之比	误受风险								
	5%	10%	15%	20%	25%	30%	35%	37%	50%
0.00	3.00	2.31	1.90	1.61	1.39	1.21	1.05	1.00	0.70
0.05	3.31	2.52	2.06	1.74	1.49	1.29	1.12	1.06	0.73
0.10	3.68	2.77	2.25	1.89	1.61	1.39	1.20	1.13	0.77
……	……	……	……	……	……	……	……	……	……

（三）选取样本并对其实施审计程序（4句话）

（1）注册会计师可以根据具体情况，从简单随机选样、系统选样或随意选样中挑选适当的选样方法选取样本，也可以使用计算机辅助审计技术提高选样的效果。

（2）在选取样本之前，注册会计师通常先识别单个重大项目。然后，从剩余项目中选取样本，或者对剩余项目分层，并将样本规模相应分配给各层。

（3）注册会计师应当针对选取的每个样本，实施适合于具体审计目标的审计程序。

（4）注册会计师可能无法对选取的抽样单元实施计划的审计程序（如由于原始单据丢失等原因）。注册会计师对未检查项目的处理取决于未检查项目对评价样本结果的影响。

①如果注册会计师对样本结果的评价不会因为未检查项目可能存在错报而改变，就不需对这些项目进行检查。

②如果未检查项目可能存在的错报会导致该类交易或账户余额存在重大错报，注册会计师应当实施替代程序，为形成结论提供充分的证据。

③注册会计师也要考虑无法对这些项目实施检查的原因是否会影响计划的重大错报风险评估水平或对舞弊风险的水平。

如果注册会计师无法或者没有执行替代审计程序，则应将该项目视为一项误差（控制偏差或错报）。

例题精讲

【例题23·2016年综合题】甲公司是ABC会计师事务所的常年审计客户，主要从事肉制品的加工和销售。A注册会计师负责审计甲公司2015年度财务报表，确定财务报表整体的重要性为100万元。审计报告日为2016年4月30日。

资料四：

甲公司部分原材料系向农户采购。财务人员办理结算时应当查验农户身份证，并将身份证复印件及农户签字的收据作为付款凭证附件。2000元以上的付款应当通过银行转账。A注册会计师在审计工作底稿中记录了与采购与付款交易相关的审计工作，部分内容摘录如下：

（3）A注册会计师在实施细节测试时，发现有一笔付款凭证后未附农户身份证复印件。财务经理解释付款时已查验原件，忘记索要复印件。A注册会计师询问了该农户，验证了签字的真实性，并扩大了样本规模，未发现其他例外事项，结果满意。

要求：

针对资料四第（3）项，假定不考虑其他条件，指出A注册会计师的做法是否恰当。如不恰当，简要说明理由。

【答案】

事项序号	是否恰当（是/否）	理由
（3）	是	—

03 评价样本结果阶段

（一）推断总体的错报

（1）注册会计师应当根据样本结果推断总体的错报。

例题精讲

【例题24·2015年综合题】甲集团公司是ABC会计师事务所的常年审计客户。A注册会计师负责审计甲集团公司2014年度财务报表。财务报表整体的重要性水平为200万元。

资料五：A注册会计师在审计工作底稿中记录了处理错报的相关情况，审计工作底稿部分内容摘录如下：

（3）A注册会计师使用审计抽样对管理费用进行了测试，发现测试样本存在20万元错报，A注册会计师认为该错报不重大，同意管理层不予调整。

要求：

针对资料五第（3）项，假定不考虑其他条件，指出A注册会计师的做法是否恰当。如不恰当，简要说明理由并提出改进建议。

【答案】

事项序号	是否恰当（是/否）	理由及改进建议
（3）	否	理由：没有推断总体错报 改进建议：注册会计师应当使用在抽样中发现的样本错报去推断总体的错报金额/应针对推断的总体错报金额评价其是否重大

（2）如果在期中实施细节测试时用到审计抽样，注册会计师只能根据样本结果推断从中选取样本的总体的错报金额。

注册会计师需要实施进一步审计程序，以确定能否将期中测试得出的结论合理延伸至期末。

（3）注册会计师不能根据未回函的消极式询证函推断总体的错报。

（4）根据样本中发现的错报金额估计总体的错报金额时，注册会计师可以使用比率法、差额法及货币单元抽样法等。

（5）如果注册会计师在设计样本时将进行抽样的项目分为几层，则要在每层分别推断错报，然后将各层推断的金额加总，计算估计的总体错报。同时还要将在进行100%检查的个别重大项目中发现的所有错报与推断的错报金额汇总。

（6）使用货币单元抽样法时：

①如果逻辑单元的账面金额大于或等于选样间隔，推断的错报就是该逻辑单元的实际错报金额；

②如果逻辑单元的账面金额小于选样间隔：

a. 注册会计师首先计算存在错报的所有逻辑单元的错报百分比，这个百分比就是整个选样间隔的错报百分比（因为每一个被选取的货币单元都代表了整个选样间隔中的所有货币单元）；

b. 再用这个错报百分比乘以选样间隔，得出推断错报的金额。

将所有这些推断错报汇总后，再加上在金额大于或等于选样间隔的逻辑单元中发现的实际错报，注册会计师就能计算出总体的错报金额。

【补充例题1】注册会计师采用货币单元抽样（统计抽样）时，确定的选样间隔是3000元，如果在样本中发现了3个高估错报，项目的账面金额分别为100元、200元和5000元，审定金额分别为0元、150元和4000元，假定误受风险为10%。

要求：

根据样本结果推断错报金额。

【答案】

单位：元

序号	账面金额①	审定金额②	错报金额③	错报百分比 ④=③÷①	推断错报
1	100	0	100	100%	=3000（选样间隔）×100%=3000
2	200	150	50	25%	=3000（选样间隔）×25%=750
3	5000	4000	1000	不适用	1000（事实错报）
合计					4750

（二）考虑抽样风险

（1）在细节测试中，推断的错报是注册会计师对总体错报作出的最佳估计。

注意：

在细节测试中，推断的总体错报减去被审计单位已更正的错报后，再将调整后的推断总体错报与可容忍错报去比较。

（2）统计抽样结果的评价。

	总体错报上限vs可容忍错报	
结论	低于	大于或等于
	接受	不接受

（3）非统计抽样结果的评价（要求比统计抽样高一个等级）。

	推断的总体错报vs可容忍错报（人为考虑抽样风险）		
结论	远远低于	大于、等于或接近	不大不小
	接受	不接受	判断是否能接受（是否扩大范围）

注意：

如果推断的错报大于注册会计师确定样本规模时预计的总体错报，注册会计师也可能得出结论，认为总体实际错报金额超过可容忍错报的抽样风险是不可接受的。

（4）在货币单元抽样中，注册会计师通常使用教材表4-10中的保证系数，考虑抽样风险的影响，计算总体错报的上限。具体情况如下：

教材表4-10 货币单元抽样评价样本结果时的保证系数

高估错报的数量	误受风险								
	5%	10%	15%	20%	25%	30%	35%	37%	50%
0	3.00	2.31	1.90	1.61	1.39	1.21	1.05	1.00	0.70
1	4.75	3.89	3.38	3.00	2.70	2.44	2.22	2.14	1.68
2	6.30	5.33	4.73	4.28	3.93	3.62	3.35	3.25	2.68
3	7.76	6.69	6.02	5.52	5.11	4.77	4.46	4.35	3.68
……	……	……	……	……	……	……	……	……	……

①如果在样本中没有发现错报：

总体错报的上限=选样间隔×保证系数。（假设误受风险为10%，查表：对应高估错报数量为0：2.31）

注意：

没有发现错报时估计的总体错报上限也被称作“基本精确度”。

②如果在账面金额大于或等于选样间隔的逻辑单元中发现了错报。（无论该错报的百分比是否为100%）

总体错报的上限=事实错报+基本精确度（查表：2.31）

③如果在样本（排除：账面金额大于或等于选样间隔的逻辑单元）中发现了错报百分比为100%的错报（即：审定金额为0）：

假如发现了一个错报，推导过程如下：

总体错报的上限＝选择间隔×保证系数$_1$（教材公式）＝选择间隔×（保证系数增量+保证系数$_0$）＝（选择间隔×错报百分比100%）×保证系数增量+选择间隔×保证系数$_0$（假设误受风险为 10%，查表：2.31）＝推断错报×保证系数增量+基本精确度

④如果在样本（排除：账面金额大于或等于选择间隔的逻辑单元）中发现了错报百分比低于 100%的错报（即：审定金额不等于 0）：

注册会计师先计算推断错报（选择间隔×错报百分比），再将推断错报按金额降序排列（★★★）后，分别乘以对应的保证系数增量，加上基本精确度之后，最终计算出总体错报的上限。

总体错报的上限＝推断错报×保证系数的增量+基本精确度

其中：

保证系数增量：即在既定的误受风险水平下，特定数量的高估错报所对应的保证系数与上一行保证系数之间的差异。

⑤如果样本中既有账面金额大于或等于选择间隔的逻辑单元，又有账面金额小于选择间隔的逻辑单元，而且在账面金额小于选择间隔的逻辑单元中，既发现了错报百分比为 100%的错报，又发现了错报百分比低于 100%的错报。注册会计师可以将所有样本项目分成两组：

第一组：账面金额大于或等于选择间隔的逻辑单元，注册会计师计算出该组项目的事实错报；

第二组：账面金额小于选择间隔的逻辑单元，无论该组项目的错报百分比是否为 100%，注册会计师都先计算出各项目的推断错报，再将所有推断错报按金额降序排列后，分别乘以对应的保证系数增量，并将计算结果累计起来。

用这个累计结果加上基本精确度，再加上第一组项目中的事实错报，就是最终总体错报的上限。

【补充例题 2】（接【补充例题 1】）

已知：可容忍错报为 20000 元。

要求：

计算总体错报的上限并判断结果。

【答案】

使用教材表 4-10 中的保证系数，考虑抽样风险的影响：

推断错报（降序排列：【补充例题 1】）	保证系数的增量	推断错报×保证系数的增量
3000（错报比例：100%）	1.58（3.89-2.31）	4740
750（错报比例：低于 100%）	1.44（5.33-3.89）	1080
小计		5820
加上：基本精准度		6930［2.31×3000（选样间距）］
加上：事实错报（账面金额大于或等于选样间隔的逻辑单元）		1000
总体错报的上限		13750

由于总体的错报上限（13750 元）小于可容忍错报（20000 元），说明样本结果支持总体的账面金额的结论。

富富有提示

在货币单元抽样中，注册会计师将总体错报的上限与可容忍错报进行比较。如果总体错报的上限小于可容忍错报，注册会计师可以初步得出结论，样本结果支持总体的账面金额。不过，注册会计师还应将推断错报（排除被审计单位管理层已更正的事实错报）与其他事实错报和推断错报汇总，以评价财务报表整体是否可能存在重大错报。

（三）考虑错报的性质和原因

除了评价错报的金额和频率以及抽样风险之外，注册会计师还应当考虑：

（1）错报的性质和原因，是原则还是应用方面的差异？是错误还是舞弊导致？是误解指令还是粗心大意所致？

（2）错报与审计工作其他阶段之间可能存在的关系。

（四）得出总体结论

在推断总体的错报，考虑抽样风险，分析错报的性质和原因之后，注册会计师需要运用职业判断得出总体结论。

（1）如果样本结果不支持总体账面金额，且注册会计师认为账面金额可能存在错报，注册会计师通常会建议被审计单位对错报进行调查，并在必要时调整账面记录。（★★★先调整）

（2）依据被审计单位已更正的错报对推断的总体错报额进行调整后，注册会计师应当将该类交易或账户余额中剩余的推断错报与其他交易或账户余额中的错报总额累计起来，以评价财务报表整体是否存在重大错报。（★★★后得结论）

（3）无论样本结果是否表明错报总额超过了可容忍错报，注册会计师都应当要求被审计单位的管理层记录已发现的事实错报。（除非明显微小）

（4）如果样本结果表明注册会计师作出抽样计划时依据的假设有误，注册会计师应当采取适当的行动。

04 记录抽样程序

在细节测试中使用审计抽样时，注册会计师通常在审计工作底稿中记录下列内容：（14 项内容）

（1）测试的目标，受到影响的账户和认定；

（2）对总体和抽样单元的定义，包括注册会计师如何考虑总体的完整性；

（3）对错报的定义；

（4）可接受的误受风险；

（5）可接受的误拒风险（如涉及）；

（6）估计的错报及可容忍错报；

（7）使用的审计抽样方法；

（8）确定样本规模的方法；

（9）选样方法；

（10）选取的样本项目；

（11）对如何实施抽样程序的描述，以及在样本中发现的错报的清单；

（12）对样本的评价；

（13）总体结论概要；

（14）进行样本评估和作出职业判断时，认为重要的性质因素。

前情回顾小剧场

（1）对项目进行测试时选取的三种方法及适用范围；

（2）审计抽样的概念及三个特征；

（3）审计抽样的适用性（风险评估程序、控制测试、实质性分析程序、细节测试）；

（4）抽样风险和非抽样风险、统计抽样和非统计抽样、属性抽样和变量抽样的辨析；

（5）抽样三步曲（样本设计、样本选取、评价样本）；

（6）控制测试与细节测试【定义测试目标、定义总体、定义抽样单元、定义偏差的构成条件、定义测试期间（控制测试：扩展、不扩展）】；

（7）抽样方法的含义及适用范围（简单随机选样、系统选样、随意选样、整群选样）；

（8）样本规模的影响因素（控制测试、细节测试）；

（9）货币单元抽样和传统变量抽样优、缺点的比较；

（10）均值法、差额法、比率法的内容及适用条件；

（11）货币单元抽样的应用举例（补充例题 1、补充例题 2）。

第五章　信息技术对审计的影响

CHAPTER-5

五项须知小剧场

- **近5年考情分析**
  - 平均分值1分/年
  - 2021年考核了多选题
- **教材主要变化** —— 除对部分文字进行了修订，本章内容无实质性变化
- **建议学习时长** —— 1小时
- **学习方法提示** —— 本章属于非重点章节，考试难度不大，偶尔会在客观题和综合题中进行考核
- **本章基本框架（一）**
  - 第一节　信息技术对企业财务报告和内部控制的影响
    - 信息技术的概念　考点1
    - 信息技术对企业财务报告的影响　考点2
    - 信息技术对企业内部控制的影响　考点3
    - 信息技术产生的风险　考点4
    - 注册会计师在信息化环境下面临的挑战　考点5
  - 第二节　信息技术中的一般控制和应用控制测试
    - 信息技术一般控制　考点1
    - 信息技术应用控制　考点2
    - 公司层面信息技术控制　考点3
    - 信息技术一般控制、应用控制与公司层面控制三者之间的关系　考点4
  - 第三节　信息技术对审计过程的影响
    - 信息技术对审计的影响　考点1
    - 信息技术审计范围的确定　考点2
    - 信息技术一般控制对控制风险的影响　考点3
    - 信息技术应用控制对控制风险和实质性程序的影响　考点4
    - 在不太复杂信息技术环境下的审计　考点5
    - 在较为复杂信息技术环境下的审计　考点6

本章基本框架（二）
- 第四节　计算机辅助审计技术和电子表格的运用
  - 计算机辅助审计技术　考点1
  - 电子表格　考点2
- 第五节　数据分析——数据分析　考点
- 第六节　不同信息技术环境下的信息管理——不同信息技术环境下的信息管理　考点

核心考点精讲专场

第一节　信息技术对企业财务报告和内部控制的影响

查看本节视频，快速GET知识点
使用"会计云课堂"App或"微信"扫码

01　信息技术的概念

广义	凡是能扩展人类信息功能的技术，都是信息技术
狭义	信息技术是指利用电子计算机和现代通信手段实现获取信息、传递信息、存储信息、处理信息、显示信息、分配信息等的相关技术

02　信息技术对企业财务报告的影响

相关影响	信息系统形成的信息质量影响：（3个方面） 1. 企业编制财务报表 2. 管理企业活动 3. 作出适当的管理决策
实现功能	有效的信息系统实现的功能：（5点内容） 1. 识别和记录全部经授权的交易 2. 及时、详细记录交易内容，并在财务报告中对全部交易进行适当分类 3. 衡量交易价值，并在财务报告中适当体现相关价值 4. 确定交易发生的期间，并将交易记录在适当的会计期间 5. 将相关交易信息在财务报告中作适当披露
相关说明	1. 注册会计师在进行财务报表审计时，如果依赖相关信息系统生成的财务信息和报告作为审计工作的依据，则必须考虑相关信息和报告的质量 2. 财务报告相关的信息质量是通过交易的录入到输出整个过程中适当的控制来实现的
考虑因素	注册会计师需要在整个过程中考虑信息的准确性、完整性、授权体系及访问限制等四个方面

03 信息技术对企业内部控制的影响

（一）在信息技术环境下，人工控制与自动控制的关系

（1）在信息技术环境下，传统的人工控制越来越多地被自动控制所替代。

（2）被审计单位采用信息系统处理业务，并不意味着人工控制被完全取代。

（3）信息系统对控制的影响，取决于被审计单位对信息系统的依赖程度。

（4）由于被审计单位信息技术的特点及复杂程度不同，被审计单位的手工及自动控制的组合方式往往会有所区别。

（二）在信息技术环境下，自动控制能为企业带来以下好处（共 5 点）

（1）自动控制能够有效处理大量交易及数据，因为自动信息系统可以提供与业务规则一致的系统处理方法；

（2）自动控制比较不容易被绕过；

（3）自动信息系统、数据库及操作系统的相关安全控制可以实现有效的职责分离；

（4）自动信息系统可以提高信息的及时性、准确性，并使信息变得更易获取；

（5）自动信息系统可以提高管理层对企业业务活动及相关政策的监督水平。

04 信息技术产生的风险

（一）信息技术与内部控制目标

改变	随着信息技术的发展，内部控制在形式及内涵方面发生了变化
未改变	内部控制的目标并没有发生改变，即：（3 方面） 1. 提高管理层决策制定的效果和业务流程的效率（经营） 2. 提高会计信息的可靠性（报告） 3. 促进企业遵守法律和法规（合规）

（二）信息技术产生的特定风险（共 4 点）

（1）信息系统或相关系统程序可能会对数据进行错误处理，也可能会去处理那些本身就错误的数据；

（2）自动信息系统、数据库及操作系统的相关安全控制如果无效，会增加对数据信息非授权访问的风险；

（3）数据丢失风险或数据无法访问风险，如系统瘫痪；

（4）不适当的人工干预，或人为绕过自动控制。

05 注册会计师在信息化环境下面临的挑战（8 个方面）

（1）对业务流程开展和内部控制运作的理解。

（2）对信息系统相关审计风险的认识。

（3）审计范围的确定。

（4）审计内容的变化。

（5）审计线索的隐性化。

（6）审计技术改进的必要性。

（7）有待优化的知识结构。

（8）与专业团队的充分协作。

第二节　信息技术中的一般控制和应用控制测试

查看本节视频，快速 GET 知识点
使用“会计云课堂”App或“微信”扫码

01 信息技术一般控制

含义	信息技术一般控制：是指为了保证信息系统的安全，对整个信息系统以及外部各种环境要素实施的、对所有的应用或控制模块具有普遍影响的控制措施
相关内容	1. 信息技术一般控制通常会对实现部分或全部财务报表认定作出间接贡献 2. 在有些情况下，信息技术一般控制也可能对实现信息处理目标和财务报表认定作出直接贡献（原因：确保了应用系统控制和依赖计算机处理的自动会计程序得以持续有效运行） 3. 如果注册会计师计划依赖自动应用控制、自动会计程序或依赖系统生成信息的控制，他们就需要对相关的信息技术一般控制进行测试 4. 信息技术一般控制包括：程序开发、程序变更、程序和数据访问以及计算机运行四个方面

例题精讲

【例题 1 · 2018 年单选题】 下列有关信息技术一般控制的说法中，错误的是（　　）。

A. 信息技术一般控制只能对实现部分或全部财务报表认定作出间接贡献

B. 信息技术一般控制对所有应用控制具有普遍影响

C. 信息技术一般控制包括程序开发、程序变更、程序和数据访问以及计算机运行四个方面

D. 信息技术一般控制旨在保证信息系统的安全

【解析】 信息技术一般控制通常会对实现部分或全部财务报表认定作出间接贡献。在有些情况下，信息技术一般控制也可能对实现信息处理目标和财务报表认定作出直接贡献。因此，选项 A 不正确。

【答案】 A

02 信息技术应用控制

（1）信息技术应用控制一般要经过输入、处理及输出等环节。

（2）和人工控制类似，系统自动控制关注的要素包括：完整性（系统处理数据的完整性）、准确性（系统运算逻辑的准确性）、存在和发生（信息系统相关的逻辑校验控制）等。

例题精讲

【例题2·2015年综合题】甲公司是ABC会计师事务所的常年审计客户，A注册会计师负责审计甲公司2014年度财务报表。

资料三：

A注册会计师在审计工作底稿中记录了审计计划，部分内容摘录如下：

（1）2014年，甲公司使用新的存货管理系统，A注册会计师拟信赖与存货相关的自动应用控制，确定信息系统审计的范围为：了解和评估系统环境和信息技术一般控制，测试自动应用控制。

要求：

针对资料三第（1）项，假定不考虑其他条件，指出资料三所列审计计划是否恰当。如不恰当，简要说明理由。

【答案】

事项序号	是否恰当（是/否）	理由
（1）	否	对拟信赖的存货管理系统，注册会计师仅了解了系统的一般控制，没有了解系统的应用控制；仅测试了系统的自动应用控制，没有测试系统的一般控制

03 公司层面信息技术控制（包括但不限于）

（1）信息技术规划的制定；

（2）信息技术年度计划的制定；

（3）信息技术内部审计机制的建立；

（4）信息技术外包管理；

（5）信息技术预算管理；

（6）信息安全和风险管理；

（7）信息技术应急预案的制定；

（8）信息系统架构建设和信息技术复杂性的考虑。

04 信息技术一般控制、应用控制与公司层面控制三者之间的关系

（1）公司层面信息技术控制是公司信息技术整体控制环境，决定了信息技术一般控制和信息技术应用控制的风险基调；（审计顺序：先公司层面，再一般控制和应用控制）

（2）信息技术一般控制是基础，信息技术一般控制的有效与否会直接关系到信息技术应用控制的有效性是否能够信任。

第三节　信息技术对审计过程的影响

查看本节视频，快速GET知识点
使用“会计云课堂”App或“微信”扫码

01 信息技术对审计的影响

（一）总体原则

未改变	信息技术在企业中的应用并不改变注册会计师： 1. 制定审计目标 2. 进行风险评估 3. 了解内部控制的原则性要求 审计准则和财务报表审计目标在所有情况下都适用
改变	系统的设计和运行对下列方面都有着直接的影响： 1. 审计风险的评价 2. 业务流程和控制的了解 3. 审计工作的执行 4. 需要收集的证据的性质

例题精讲

【例题3·2020年单选题】下列各项中，不受被审计单位信息系统的设计和运行直接影响的是（　　）。

A. 审计风险的评估

B. 注册会计师对被审计单位业务流程的了解

C. 需要收集的审计证据的性质

D. 财务报表审计目标的制定

【解析】注册会计师必须更深入了解企业的信息技术应用范围和性质，因为系统的设计和运行对审计风险的评价（选项A）、业务流程和控制的了解（选项B）、审计工作的执行以及需要收集的审计证据的性质（选项C）都有直接的影响。

【答案】D

（二）信息技术对审计过程的影响主要体现在以下五个方面

（1）对审计线索的影响（手工：凭证、账簿、报表；信息技术：数据的存储介质、存取方式以及处理程序等）；

（2）对审计技术手段的影响；

（3）对内部控制的影响（形式和内涵发生了变化，而内部控制的目标没有变化）；

（4）对审计内容的影响（多了两项：①信息化系统的处理和②相关控制功能的审查）；

（5）对注册会计师的影响（复合型人才）。

例题精讲

【例题4·2021年多选题】 下列各项中，受被审计单位信息技术应用情况影响的有（　　）。

A. 审计目标　　B. 审计线索　　C. 审计内容　　D. 审计技术手段

【解析】 信息技术在企业中的应用并不改变注册会计师制定审计目标（选项A错误）、进行风险评估和了解内部控制的原则性要求，审计准则和财务报表审计目标在所有情况下都适用。信息技术对审计过程的影响主要体现在以下几个方面：（1）对审计线索的影响（选项B正确）；（2）对审计技术手段的影响（选项D正确）；（3）对内部控制的影响；（4）对审计内容的影响（选项C正确）；（5）对注册会计师的影响。

【答案】 BCD

02 信息技术审计范围的确定

（1）如果注册会计师计划依赖自动控制或自动信息系统生成的信息，就需要适当扩大信息技术审计的范围。

（2）注册会计师在确定审计策略时，需要结合以下方面对信息技术审计范围进行适当考虑：（5个方面：客观题）

①被审计单位业务流程复杂程度；

②信息系统复杂程度；

③系统生成的交易数量和业务对于系统的依赖程度；

④信息和复杂计算的数量；

⑤信息技术环境规模和复杂程度。

（3）信息技术审计的范围与被审计单位在业务流程及信息系统相关方面的复杂程度成正比，在具体评估复杂程度时，可以从以下三个方面予以考虑：

①评估业务流程的复杂程度（比如销售流程、薪酬流程、采购流程等）。

②评估信息系统的复杂程度。

软件类型	评价复杂程度时应考虑的因素
商业软件	①系统复杂程度 ②系统实施和运行所需的参数设置范围 ③客制化程度
自行研发系统	①系统复杂程度 ②距离上一次系统架构重大变更的时间 ③系统变更对财务系统的影响结果 ④系统变更之后的运行情况及运行期间

③信息技术环境的规模和复杂程度（4 句话）。

a. 信息技术环境复杂并不一定意味着信息系统是复杂的，反之亦然。

b. 如果注册会计师计划依赖系统自动控制，或依赖以自动系统生成信息为基础的人工控制或业务流程审阅结果，那么注册会计师也同样需要对信息技术相关控制进行评估。

c. 在信息技术环境下，审计工作与对系统的依赖程度是直接关联的，注册会计师需要全面考虑其关联关系，从而可以准确定义相关的信息系统审计范围。

d. 无论被审计单位运用信息技术的程度如何，注册会计师均需了解与审计相关的信息技术一般控制和应用控制。

例题精讲

【例题 5 · 2016 年单选题】下列有关注册会计师评估被审计单位信息系统的复杂程度的说法中，错误的是（　　）。

A. 信息技术环境复杂，意味着信息系统也是复杂的

B. 评估信息系统的复杂程度，需要考虑系统生成的交易数量

C. 评估信息系统的复杂程度，需要考虑系统中进行的复杂计算的数量

D. 对信息系统复杂程度的评估，受被审计单位所使用的系统类型的影响

【解析】信息技术环境复杂并不一定意味着信息系统是复杂的，反之亦然，选项 A 错误。

【答案】A

03 信息技术一般控制对控制风险的影响（4 句话）

（1）信息技术一般控制对应用控制的有效性具有普遍性影响。

（2）无效的一般控制增加了应用控制不能防止或发现并纠正认定层次重大错报的可能性，即使这些应用控制本身得到了有效设计。

（3）如果一般控制有效，注册会计师可以更多地信赖应用控制，测试这些控制的运行有效性，并将控制风险评估为低于“最高”水平。

（4）考虑到公司层面信息技术控制是公司的整体控制环境，决定了信息技术的风险基准，因此，注册会计师通常优先评估公司层面信息技术控制和信息技术一般控制的有效性。（先公司层面、再一般控制、最后应用控制）

04 信息技术应用控制对控制风险和实质性程序的影响

如果针对某一具体审计目标，注册会计师能够识别出有效的应用控制，在通过测试确定其运行有效后，注册会计师能够减少实质性程序。

05 不太复杂信息技术环境下的审计——绕过计算机进行审计

需要	了解信息技术一般控制和应用控制
不需要	不测试其运行有效性，即不依赖其降低评估的控制风险水平，更多的审计工作将依赖非信息技术类审计方法

06 较为复杂信息技术环境下的审计——穿过计算机进行审计

注册会计师更可能需要更多运用各项审计技术和审计工具开展具体的审计工作。

第四节　计算机辅助审计技术和电子表格的运用

查看本节视频，快速 GET 知识点

使用“会计云课堂”App或“微信”扫码

01 计算机辅助审计技术

（一）计算机辅助审计技术的概念

含义	是指利用计算机和相关软件，使审计测试工作实现自动化的技术	
分类	面向系统（测试程序/系统）	平行模拟法、测试数据法、嵌入审计模块法、程序编码审查、程序代码比较和跟踪、快照等方法
	面向数据（分析电子数据）	数据查询、账表分析、审计抽样、统计分析、数值分析等方法

（二）计算机辅助审计技术的应用

（1）用于实质性程序（最广泛），特别是在与分析程序相关的方面（用于在交易样本量很大的情况下替代手工测试）。

（2）用于测试控制的有效性（可以对每一笔交易进行测试，从而确定是否存在控制失效的情况）。

（3）用于辅助对舞弊的检查工作（如：审计非正常的日记账）。

（三）计算机辅助审计工具：通用类、数据库类、专业工具类

02 电子表格

定义	电子表格：是指利用计算机作为表格处理工具，以实现制表工具、计算工具以及表格结果保存的综合电子化的软件。目前普遍使用的电子表格通常包括 Excel 等软件

面临的风险	因为电子表格非常容易被修改，并可能缺少控制活动，因此，电子表格往往面临重大的固有风险和错误，比如： （1）输入错误：由错误数据录入、错误引用或其他简单的剪贴功能造成的错误 （2）逻辑错误：创建错误的公式从而生成了错误的结果 （3）接口错误：与其他系统传输数据时产生的错误 （4）其他错误：单元格范围定义不当、单元格参考错误或电子表格链接不当

查看本节视频，快速GET知识点
使用“会计云课堂”App或“微信”扫码

第五节　数据分析

数据分析

含义	数据分析：是注册会计师获取审计证据的一种手段，是指注册会计师在计划和执行审计工作时，通过对内部或外部数据进行分析、建模或可视化处理，以发现其中隐藏的模式、偏差或不一致，从而揭示出对审计有用的信息的方法
作用及其应用	（1）数据分析是通过基础数据结构中的字段来提取数据，而不是通过数据记录的格式 （2）分析质量的提高程度取决于以正确方式提取、分析和连接的基础数据 （3）数据分析工具可用于风险分析、交易和控制测试、分析程序，用于为判断提供支撑并提供见解 （4）一些常规分析工具可以提供审计证据，为会计估计的计算方法是否适当的判断提供支持（如：账龄分析） （5）数据分析工具可以提高审计质量。审计质量不在于工具本身，而是在于分析和相应判断的质量

查看本节视频，快速GET知识点
使用“会计云课堂”App或“微信”扫码

第六节　不同信息技术环境下的信息管理

不同信息技术环境下的信息管理

不同环境	相关问题
1. 网络环境（使用局域网或互联网）	用于处理交易的应用软件和数据文件可能分布于不同位置但互相连接的计算机设备上，由此产生了与内部控制相关的问题
2. 数据库管理系统	数据库管理系统带来了与内部控制相关的问题，包括多重使用者能够访问和修改共享数据的风险。因此，需要实施严格的数据库管理和接触控制，以及数据安全备份制度

不同环境	相关问题
3. 电子商务系统	（1）交易信息在网上传输，容易被拦截、篡改或不当获取，需要采取相应的安全控制 （2）被审计单位的会计信息系统可能与交易对方的系统相连接，产生了相互依赖的风险
4. 外包安排	（1）注册会计师应当实施与服务机构活动相关的下列程序： ①了解服务机构中与内部控制相关的控制以及针对服务机构活动所实施的控制 ②获取相关控制运行有效性的证据 （2）注册会计师可通过以下程序获取相关控制运行有效性的证据，包括： ①了解服务机构注册会计师对服务机构内部控制有效性出具的报告或与控制测试相关的商定程序报告 ②测试被审计单位对服务机构活动的控制 ③对服务机构实施控制测试 （3）如果可以获取服务机构注册会计师对服务机构内部控制有效性出具的报告，注册会计师应当评价该报告是否提供了充分、适当的审计证据，以支持注册会计师的意见 在评价时，注册会计师可能考虑下列因素： ①对控制的测试涵盖的期间及其与管理层评估时间点的关系 ②对控制的测试涵盖的范围、测试的控制及其与企业控制的关联度 ③对控制的测试结果，以及服务机构注册会计师对控制运行有效性发表的意见

前情回顾小剧场

（1）信息技术的概念；
（2）信息技术对企业财务报告和内部控制的影响（好处、风险）；
（3）注册会计师在信息化环境下面临的挑战（8 点）；
（4）公司层面信息技术控制、一般控制、应用控制之间的关系；
（5）计算机辅助审计技术的含义及应用；
（6）数据分析的含义及应用；
（7）不同信息技术环境下的信息管理。

第六章　审计工作底稿

CHAPTER-6

五项须知小剧场

- **近5年考情分析**
  - 平均分值2分/年
  - 2021年考核了多选题
- **教材主要变化** —— 除对部分文字进行了修订，本章内容无实质性变化
- **建议学习时长** —— 2小时
- **学习方法提示** —— 本章属于一般章节，考试中一般以客观题形式为主，也可以简答题形式进行考核
- **本章基本框架**
  - 第一节　审计工作底稿概述
    - 审计工作底稿的概念　考点1
    - 审计工作底稿的编制目的　考点2
    - 审计工作底稿的编制要求　考点3
    - 审计工作底稿的性质　考点4
  - 第二节　审计工作底稿的格式、要素和范围
    - 确定审计工作底稿的格式、要素和范围时考虑的因素　考点1
    - 审计工作底稿的要素　考点2
  - 第三节　审计工作底稿的归档
    - 审计工作底稿归档工作的性质　考点1
    - 审计工作底稿归档的期限　考点2
    - 审计工作底稿归档后的变动　考点3
    - 审计工作底稿的保存期限　考点4

核心考点精讲专场

第一节　审计工作底稿概述

查看本节视频，快速 GET 知识点
使 用“会计云课堂”App或“微信”扫码

01 审计工作底稿的概念

审计工作底稿：是指注册会计师对制定的审计计划、实施的审计程序、获取的相关审计证据，以及得出的审计结论作出的记录。它形成于审计过程，也反映整个审计过程。

02 审计工作底稿的编制目的

主要目的	1. 提供充分、适当的记录，作为出具审计报告的基础（记录） 2. 提供证据，证明注册会计师已按照审计准则和相关法律法规的规定计划和执行了审计工作（自证清白）
其他目的	1. 有助于项目组计划和执行审计工作 2. 有助于负责督导的项目组成员按照审计准则的规定，履行指导、监督与复核审计工作的责任 3. 便于项目组说明其执行审计工作的情况 4. 保留对未来审计工作持续产生重大影响的事项的记录 5. 便于会计师事务所实施项目质量复核与检查 6. 便于监管机构和注册会计师协会根据相关法律法规或其他相关要求，对会计师事务所实施执业质量检查

例题精讲

【例题 1 · 2020 年单选题】 下列各项中，不属于编制审计工作底稿目的的是（　　）。

A. 有助于项目组计划和执行审计工作

B. 有助于为涉及诉讼的被审计单位提供证据

C. 便于监管机构对会计师事务所实施执业质量检查

D. 便于项目组说明执行审计工作的情况

【解析】 编制审计工作底稿还可以实现下列目的：（1）有助于项目组计划和执行审计工作（选项 A）；（2）有助于负责督导的项目组成员按照《中国注册会计师审计准则第 1121 号——对财务报表审计实施的质量管理》的规定，履行指导、监督与复核审计工作的责任；（3）便于项目组说明其执行审计工作的情况（选项 D）；（4）保留对未来审计工作持续产生重大影响的事项的记录；（5）便于会计师事务所实施项目质量复核与检查；（6）便于监管机构和注册会计师协会根据相关法律法规或其他相关要求，对会计师事务所实施执业质量检查（选项 C）。

【答案】 B

03 审计工作底稿的编制要求

总体要求	注册会计师编制的审计工作底稿，应当使未曾接触该项审计工作的有经验的专业人士清楚地了解：（3个方面） 1. 按照审计准则和相关法律法规的规定实施的审计程序的性质、时间安排和范围（做了什么） 2. 实施审计程序的结果和获取的审计证据（得到了什么） 3. 审计中遇到的重大事项和得出的结论，以及在得出结论时作出的重大职业判断
相关说明	有经验的专业人士：是指会计师事务所内部或外部的具有审计实务经验，并且对下列方面有合理了解的人士： 1. 审计过程 2. 审计准则和相关法律法规的规定（如：资本化或费用化） 3. 被审计单位所处的经营环境（小贷） 4. 与被审计单位所处行业相关的会计和审计问题（餐饮业；应收账款）

例题精讲

【例题2·多选题】编制的审计工作底稿应当使未曾接触该项审计工作的有经验的专业人士清楚了解审计程序、审计证据和重大审计结论。下列条件中，有经验的专业人士应当具备的有（　　）。

A. 了解相关法律法规和审计准则的规定

B. 在会计师事务所长期从事审计工作

C. 了解与被审计单位所处行业相关的会计和审计问题

D. 了解注册会计师的审计过程

【解析】有经验的专业人士是对下列方面了解的人士：审计过程、相关法律法规和审计准则的规定、被审计单位所处的经营环境、与被审计单位所处行业相关的会计和审计问题。并没有是否在会计师事务所长期从事审计工作的要求。

【答案】ACD

04 审计工作底稿的性质

（一）审计工作底稿的存在形式

（1）审计工作底稿的存在形式：可以以纸质、电子或其他介质形式存在。（纸质+其他）

（2）针对审计工作底稿设计和实施的控制能实现的目的。（共4点）

①使审计工作底稿清晰地显示其生成、修改及复核的时间和人员；（有轨迹）

②在审计业务的所有阶段，尤其是在项目组成员共享信息或通过互联网将信息传递给其他人员时，保护信息的完整性和安全性；

③防止未经授权改动审计工作底稿；

④允许项目组和其他经授权的人员为适当履行职责而接触审计工作底稿。

例题精讲

【例题3·2020年单选题】会计师事务所应当针对审计工作底稿设计和实施适当的控制。下列各项中，通常不属于控制目的的是（ ）。

A. 使审计工作底稿清晰显示其生成、修改及复核的时间和人员

B. 允许项目组以外的经授权的人员为适当履行职责而接触审计工作底稿

C. 防止在审计工作底稿归档后未经授权删除或增加审计工作底稿

D. 在审计业务的所有阶段保护信息的完整性和安全性

【解析】无论审计工作底稿以哪种形式存在，会计师事务所都应当针对审计工作底稿设计和实施适当的控制，以实现下列目的：（1）使审计工作底稿清晰地显示其生成、修改及复核的时间和人员（选项A）；（2）在审计业务的所有阶段，尤其是在项目组成员共享信息或通过互联网将信息传递给其他人员时，保护信息的完整性和安全性（选项D）；（3）防止未经授权改动审计工作底稿；（4）允许项目组和其他经授权的人员为适当履行职责而接触审计工作底稿（选项B）。

在完成最终审计档案的归整工作后，注册会计师不应在规定的保存期限届满前删除或废弃任何性质的审计工作底稿（选项C错误）。

【答案】C

（3）不同介质底稿的转换和归档要求。

强制要求	为便于会计师事务所内部进行质量管理和外部执业质量检查或调查，以电子或其他介质形式存在的审计工作底稿，应与其他纸质形式的审计工作底稿一并归档，并应能通过打印等方式，转换成纸质形式的审计工作底稿（★★★可以打印、一并保留）
习惯做法	在实务中，为便于复核，注册会计师可以将以电子或其他介质形式存在的审计工作底稿通过打印等方式，转换成纸质形式的审计工作底稿，并与其他纸质形式的审计工作底稿一并归档，同时，单独保存这些以电子或其他介质形式存在的审计工作底稿（★★★一般会打印出来）

例题精讲

【例题4·2016年简答题】ABC会计师事务所的A注册会计师负责审计甲公司2015年度财务报表，与审计工作底稿相关的部分事项如下：

（5）注册会计师采用电子表格记录了对存货实施的审计程序，因页数较多未打印成纸质工作底稿，直接将该电子表格归档。

要求：

针对上述事项，指出A注册会计师的做法是否恰当。如不恰当，简要说明理由。

【答案】

事项序号	是否恰当（恰当/不恰当）	理由
（5）	恰当	—

（二）审计工作底稿的内容（索取+编制）

包括	1. 总体审计策略、具体审计计划 2. 分析表、问题备忘录、重大事项概要、核对表 3. 询证函回函和声明、有关重大事项的往来函件（包括电子邮件） 4. 文件记录的摘要或复印件（如：重大的或特定的合同和协议） 5. 业务约定书、管理建议书 6. 会议记录（项目组内部或项目组与被审计单位举行的会议记录） 7. 与其他人士（如其他注册会计师、律师、专家等）的沟通文件 8. 错报汇总表等 注：审计工作底稿并不能代替被审计单位的会计记录
不包括（不成熟）	1. 已被取代的审计工作底稿的草稿或财务报表的草稿 2. 反映不全面或初步思考的记录 3. 存在印刷错误或其他错误而作废的文本 4. 重复的文件记录等

第二节　审计工作底稿的格式、要素和范围

查看本节视频，快速 GET 知识点
使用“会计云课堂”App或“微信”扫码

01 确定审计工作底稿的格式、要素和范围时考虑的因素（共 7 个：绝非“千篇一律”）

（1）被审计单位的规模和复杂程度。

（2）拟实施审计程序的性质（函证或存货监盘）。

（3）识别出的重大错报风险。

（4）已获取的审计证据的重要程度。

（5）识别出的例外事项的性质和范围。

（6）当从已执行审计工作或获取审计证据的记录中不易确定结论或结论的基础时，记录结论或结论基础的必要性。

（7）审计方法和使用的工具。

例题精讲

【例题 5 · 2020 年单选题】下列各项因素中，注册会计师在确定审计工作底稿的要素和范围时通常无须考虑的是（　　）。

A. 审计程序的范围

B. 已获取的审计证据的重要程度

C. 识别出的例外事项的性质

D. 审计方法

【解析】 审计工作底稿的格式、要素和范围取决于诸多因素，例如：（1）被审计单位的规模和复杂程度；（2）拟实施审计程序的性质；（3）识别出的重大错报风险；（4）已获取的审计证据的重要程度（选项 B）；（5）识别出的例外事项的性质和范围（选项 C）；（6）当从已执行审计工作或获取审计证据的记录中不易确定结论或结论的基础时，记录结论或结论基础的必要性；（7）审计方法（选项 D）和使用的工具。

【答案】 A

02 审计工作底稿的要素

（1）审计工作底稿的标题；
（2）审计过程记录；
（3）审计结论；
（4）审计标识及其说明；
（5）索引号及编号；
（6）编制者姓名及编制日期；
（7）复核者姓名及复核日期；
（8）其他应说明事项。

下面分别对有关要素进行说明。

（一）审计工作底稿的标题

每张审计工作底稿应当包括被审计单位的名称、审计项目的名称以及资产负债表日或审计工作底稿覆盖的会计期间（如果与交易相关）。

（二）审计过程记录

在记录审计过程时，应当特别注意以下3 个方面：

1. 具体项目或事项的识别特征

（1）识别特征：是指被测试的项目或事项表现出的征象或标志。
（2）识别特征因审计程序的性质和测试的项目或事项不同而不同。
（3）对某一个具体项目或事项而言，其识别特征通常具有唯一性。（5 个举例）

审计对象或需要实施的审计程序	识别特征
①订购单	订购单的日期和其唯一编号（注意：编制方式）
②选取或复核既定总体内一定金额以上的所有项目	实施审计程序的范围，并指明总体
③系统化抽样	记录样本的来源、抽样的起点及抽样间隔
④询问	询问的时间、被询问人的姓名及职位

审计对象或需要实施的审计程序	识别特征
⑤观察	观察的对象或观察过程、相关被观察人员及其各自的责任、观察的地点和时间

例题精讲

【例题6·2011年单选题】在对营业收入进行细节测试时，注册会计师对顺序编号的销售发票进行了检查。针对所检查的销售发票，注册会计师记录的识别特征通常是（　　）。

A. 销售发票的开具人

B. 销售发票的编号

C. 销售发票的金额

D. 销售发票的付款人

【解析】识别特征通常具有唯一性。

【答案】B

2. 重大事项及相关重大职业判断

重大事项 （共4点）	（1）引起特别风险的事项 （2）实施审计程序的结果，该结果表明财务信息可能存在重大错报，或需要修正以前对重大错报风险的评估和针对这些风险拟采取的应对措施 （3）导致注册会计师难以实施必要审计程序的情形 （4）导致出具非无保留意见或者带强调事项段、“与持续经营相关的重大不确定性”等段落的审计报告的事项
记录要求	（1）汇总在重大事项概要中（原因：分散在审计工作底稿的不同部分） （2）重大事项概要包括审计过程中识别的重大事项及其如何得到解决，或对其他支持性审计工作底稿的交叉索引

例题精讲

【例题7·多选题】在编制重大事项概要时，下列内容中属于重大事项的有（　　）。

A. 重大关联方交易

B. 异常或超出正常经营过程的重大交易

C. 导致注册会计师难以实施必要审计程序的情形

D. 导致注册会计师出具否定意见的审计报告的事项

【解析】重大事项通常包括：引起特别风险的事项；实施审计程序的结果，该结果表明财务信息可能存在重大错报，或需要修正以前对重大错报风险的评估和针对这些风险拟采取的应对措施；导致注册会计师难以实施必要审计程序的情形；导致出具非无保留意见或者带强调事项段、“与持续经营相关的重大不确定性”等段落的审计报告的事项。选项A、选项B均属于可能引起特别风险的事项，选项C、选项D是教材中明确说明重大事项的类型。

【答案】ABCD

3. 针对重大事项如何处理不一致的情况

处理方法	注册会计师应当记录形成最终结论时如何处理不一致的情况（追加程序）
记录的内容（包括但不限于）	（1）注册会计师针对该信息执行的审计程序 （2）项目组成员对某事项的职业判断不同而向专业技术部门的咨询情况 （3）项目组成员和被咨询人员不同意见（如项目组与专业技术部门的不同意见）的解决情况

（三）审计结论

审计工作的每一部分都应包含与已实施审计程序的结果及其是否实现既定审计目标相关的结论，还应包括审计程序识别出的例外情况和重大事项如何得到解决的结论。

（四）审计标识及其说明：说明其含义，并保持前后一致

（五）索引号及编号

（六）编制人员及日期和复核人员及日期（明确责任：应当记录已实施的程序）

记录的内容	1. 测试的具体项目或事项的识别特征 2. 审计工作的执行人员及完成审计工作的日期 3. 审计工作的复核人员及复核的日期和范围 4. 项目质量复核人员及复核的日期（可能涉及）
记录的要求	1. 通常，需要在每一张审计工作底稿上注明执行审计工作的人员、复核人员、完成该项审计工作的日期以及完成复核的日期 2. 如果若干页的审计工作底稿记录同一性质的具体审计程序或事项，并且编制在同一个索引号中，可以仅在审计工作底稿的第一页上记录审计工作的执行人员和复核人员并注明日期（如：存货监盘核对表）

例题精讲

【例题 8 · 2016 年简答题】 ABC 会计师事务所的 A 注册会计师负责审计甲公司 2015 年度财务报表，与审计工作底稿相关的部分事项如下：

（3）审计工作底稿中包含的一份重大合同复印件共 10 页，A 注册会计师要求审计工作的执行人员和复核人员分别在复印件首页签署姓名和日期。

要求：

针对上述事项，指出 A 注册会计师的做法是否恰当。如不恰当，简要说明理由。

【答案】

事项序号	是否恰当（恰当/不恰当）	理由
（3）	恰当	—

查看本节视频，快速 GET 知识点
使用“会计云课堂”App或“微信”扫码

第三节 审计工作底稿的归档

01 审计工作底稿归档工作的性质

归档的性质	在审计报告日后将审计工作底稿归整为最终审计档案是一项事务性的工作，不涉及实施新的审计程序或得出新的结论（不是“技术性工作”）
归档的内容	如果在归档期间对审计工作底稿作出的变动属于事务性工作，注册会计师可以作出变动，主要包括： 1. 删除或废弃被取代的审计工作底稿 2. 对审计工作底稿进行分类、整理和交叉索引 3. 对审计档案归整工作的完成核对表签字认可 4. 记录在审计报告日前获取的、与审计项目组相关成员进行讨论并达成一致意见的审计证据

例题精讲

【例题9·2019年单选题】下列各项中，不属于在审计工作底稿归档期间的事务性变动的是（ ）。

A. 删除被取代的审计工作底稿

B. 将在审计报告日后获取的管理层书面声明放入审计工作底稿

C. 对审计工作底稿进行分类和整理

D. 将在审计报告日前获取的、与项目组相关成员进行讨论并达成一致意见的审计证据放入审计工作底稿

【解析】选项B错误，管理层书面声明应当在审计报告日前获取。如果在归档期间对审计工作底稿作出的变动属于事务性工作，注册会计师可以作出变动，主要包括：（1）删除或废弃被取代的审计工作底稿（选项A）；（2）对审计工作底稿进行分类、整理和交叉索引（选项C）；（3）对审计档案归整工作的完成核对表签字认可；（4）记录在审计报告日前获取的、与项目组相关成员进行讨论并达成一致意见的审计证据（选项D）。

【答案】B

【例题10·2018年多选题】注册会计师在审计工作底稿归档期间作出的下列变动中，属于事务性变动的有（ ）。

A. 删除管理层书面声明的草稿

B. 对审计档案归整工作的完成核对表签字认可

C. 将审计报告日前已收回的询证函进行编号和交叉索引

D. 获取估值专家的评估报告最终版本并归入审计工作底稿

【解析】注册会计师应在出具审计报告之前获取估值专家的评估报告最终版本并在归档期间归入审计工作底稿，因此不属于在审计工作底稿归档期间作出的事务性变动，选项D错误。

【答案】ABC

02 审计工作底稿归档的期限

审计业务的不同情形	归档期限
（1）完成	审计报告日后 60 天内
（2）未完成	审计业务中止后的 60 天内
（3）同一财务信息执行不同的委托业务	视为不同的业务，分别归档

例题精讲

【例题 11 · 2020 年单选题】 下列有关审计工作底稿归档期限的说法中，正确的是（　　）。

A. 注册会计师应当自财务报表批准日起 60 天内将审计工作底稿归档

B. 如对同一财务信息出具两份日期相近的审计报告，注册会计师应当在较早的审计报告日后 60 天内将审计工作底稿归档

C. 如注册会计师未能完成审计业务，应当自审计业务中止后的 60 天内将审计工作底稿归档

D. 注册会计师应当自财务报表报出日起 60 天内将审计工作底稿归档

【解析】 审计工作底稿的归档期限为审计报告日后 60 天内。如果注册会计师未能完成审计业务，审计工作底稿的归档期限为审计业务中止后的 60 天内（选项 C 正确）。

【答案】 C

03 审计工作底稿归档后的变动

（一）需要变动审计工作底稿的情形

注册会计师发现有必要修改现有审计工作底稿或增加新的审计工作底稿的情形主要有以下两种：

（1）注册会计师已实施了必要的审计程序，取得了充分、适当的审计证据并得出了恰当的审计结论，但审计工作底稿的记录不够充分；

（2）审计报告日后，发现例外情况要求注册会计师实施新的或追加审计程序，或导致注册会计师得出新的结论。（结合“期后事项”）

例外情况：主要是指审计报告日后发现与已审计财务信息相关，且在审计报告日已经存在的事实，该事实如果被注册会计师在审计报告日前获知，可能影响审计报告。

（二）变动审计工作底稿时的记录要求（★★★背下来，可以考简答题或综合题）

在完成最终审计档案的归整工作后，如果发现有必要修改现有审计工作底稿或增加新的审计工作底稿，无论修改或增加的性质如何，注册会计师均应当记录下列事项：

（1）修改或增加审计工作底稿的理由；

（2）修改或增加审计工作底稿的时间和人员，以及复核的时间和人员。

例题精讲

【例题12·2014年多选题】下列有关注册会计师在审计报告日后对审计工作底稿作出变动的做法中，正确的有（　　）。

A. 在归档期间删除或废弃被取代的审计工作底稿

B. 在归档期间记录在审计报告日前获取的、与项目组相关成员进行讨论并达成一致意见的审计证据

C. 以归档期间收到的询证函回函替换审计报告日前已实施的替代程序审计工作底稿

D. 在归档后由于实施追加的审计程序而修改审计工作底稿，并记录修改的理由、时间和人员，以及复核的时间和人员

【解析】选项C，不能替换，这两份底稿均需要保存，能相互印证，保证审计质量。

【答案】ABD

【例题13·2012年单选题】在某些例外情况下，如果在审计报告日后实施了新的或追加的审计程序，或者得出新的结论，应当形成相应的审计工作底稿。下列各项中，无须包括在审计工作底稿中的是（　　）。

A. 有关例外情况的记录

B. 实施的新的或追加的审计程序、获取的审计证据、得出的结论及对审计报告的影响

C. 对审计工作底稿作出相应变动的时间和人员以及复核的时间和人员

D. 审计报告日后，修改后的被审计单位财务报表草稿

【解析】审计工作底稿通常不包括财务报表草稿。

【答案】D

04 审计工作底稿的保存期限

审计业务是否完成	保存期限
（1）完成	自审计报告日起，至少保存10年
（2）未完成	自审计业务中止日起，至少保存10年

富富有提示

在完成最终审计档案的归整工作后，不应在规定的保存期限届满前删除或废弃任何性质的审计工作底稿。（★★★可以修改或增加、但不能删除）

例题精讲

【例题14·2014年单选题】组成部分注册会计师基于集团审计目的出具审计报告的日期为2014年2月15日，集团项目组出具集团审计报告的日期为2014年3月5日。下列有关组成部分注册会计师的审计工作底稿保存期限的说法中，正确的是（　　）。

A. 应当自2014年1月1日起至少保存十年　B. 应当自2014年2月15日起至少保存十年

C. 应当自2014年3月5日起至少保存十年　D. 应当自2014年4月16日起至少保存十年

【解析】如果组成部分审计报告日早于集团审计报告日，会计师事务所应当自集团审计报告日起对组成部分审计工作底稿至少保存十年，所以选项 C 正确。

【答案】C

【例题 15·2017 年简答题】ABC 会计师事务所的 A 注册会计师负责审计多家被审计单位 2016 年度财务报表。与审计工作底稿相关的部分事项如下：

（1）因无法获取充分、适当的审计证据，A 注册会计师在 2017 年 2 月 28 日中止了甲公司 2016 年度财务报表审计业务。考虑到该业务可能重新启动，A 注册会计师未将审计工作底稿归档。

（2）A 注册会计师在出具乙公司 2016 年度审计报告日次日收到一份应收账款询证函回函，确认金额无误后将其归入审计工作底稿，未删除记录替代程序的原审计工作底稿。

（3）在将丙公司 2016 年度财务报表审计工作底稿归档后，A 注册会计师知悉丙公司已于 2017 年 4 月清算并注销，认为无须保留与丙公司相关的审计档案，决定销毁。

（4）A 注册会计师在丁公司 2016 年度审计工作底稿归档后，收到管理层寄回的书面声明原件，与已归档的传真件核对一致后，直接将其归入审计档案。

（5）A 注册会计师获取了丁公司 2016 年年度报告的最终版本，阅读和考虑年度报告中的其他信息后，通过在年度报告封面上注明“已阅读”作为已执行工作的记录。

要求：

针对上述第（1）至（5）项，逐项指出 A 注册会计师的做法是否恰当。如不恰当，简要说明理由。

【答案】

事项序号	是否恰当（恰当/不恰当）	理由
（1）	不恰当	应在业务中止后的60 天内归档/业务中止也应归档
（2）	恰当	—
（3）	不恰当	会计师事务所应当自审计报告日起对审计工作底稿至少保存 10 年/在规定的保存期届满前，不应删除或废弃任何性质的审计工作底稿
（4）	不恰当	注册会计师应当记录对已归档审计工作底稿的修改或增加/应当记录修改或增加审计工作底稿的理由/应当记录修改或增加审计工作底稿的时间和人员/应当记录复核的时间和人员
（5）	不恰当	应当记录实施的具体程序/应当记录阅读和考虑的程序

前情回顾小剧场

（1）审计工作底稿的概念及编制目的；

（2）审计工作底稿的编制要求（有经验的专业人士）；

（3）审计工作底稿的存在形式（强制要求、习惯做法）；

（4）审计工作底稿包括或不包括的内容；

（5）确定审计工作底稿的格式、要素和范围时考虑的因素（7个）；

（6）识别特征（征象或标志、唯一性、5个举例）；

（7）重大事项的内容；

（8）审计工作底稿归档的性质及包括的主要内容（4项）；

（9）审计工作底稿归档的期限；

（10）审计工作底稿归档后的变动（需要变动的2种情形、记录要求）；

（11）审计工作底稿的保存期限。

第二编　审计测试流程

本编内容非常重要，考试时可以以客观题形式进行考核，且分值所占比重较大，同时经常以综合题的形式进行考核；考生应在掌握相关理论的基础上，将风险导向审计的理念和思路与实务融会贯通。

第七章　风险评估

CHAPTER-7

五项须知小剧场

- **近5年考情分析**
  - 平均分值10分/年
  - 2021年考核了单选题和综合题
- **教材主要变化**
  - 1. 修订项目组内部讨论的内容
  - 2. 修改部分文字表述
- **建议学习时长** —— 9小时
- **学习方法提示** —— 本章内容非常重要，各种题型均可以进行考核。考试时客观题的分值较高，同时还可以结合其他章节内容考核相应的简答题；另外近几年均结合业务循环等内容以综合题形式进行考核
- **本章基本框架（一）**
  - 第一节　风险识别和评估概述
    - 风险识别和评估的概念　考点1
    - 风险识别和评估的作用　考点2
  - 第二节　风险评估程序、信息来源以及项目组内部的讨论
    - 风险评估程序和信息来源　考点1
    - 其他审计程序和信息来源　考点2
    - 项目组内部的讨论　考点3
  - 第三节　了解被审计单位及其环境
    - 总体要求　考点1
    - 行业状况、法律环境和监管环境及其他外部因素　考点2
    - 被审计单位的性质　考点3
    - 被审计单位对会计政策的选择和运用　考点4
    - 被审计单位的目标、战略以及相关经营风险　考点5
    - 被审计单位财务业绩的衡量和评价　考点6

- **本章基本框架（二）**
  - 第四节　了解被审计单位的内部控制
    - 内部控制的概念和要素 考点1
    - 与审计相关的控制 考点2
    - 对内部控制了解的深度 考点3
    - 内部控制的人工和自动化成分 考点4
    - 内部控制的局限性 考点5
    - 控制环境 考点6
    - 被审计单位的风险评估过程 考点7
    - 信息系统与沟通 考点8
    - 控制活动 考点9
    - 对控制的监督 考点10
    - 在整体层面和业务流程层面了解内部控制 考点11
  - 第五节　评估重大错报风险
    - 评估财务报表层次和认定层次的重大错报风险 考点1
    - 需要特别考虑的重大错报风险 考点2
    - 仅通过实质性程序无法应对的重大错报风险 考点3
    - 对风险评估的修正 考点4

核心考点精讲专场

第一节　风险识别和评估概述

查看本节视频，快速 GET 知识点
使用"会计云课堂"App或"微信"扫码

01　风险识别和评估的概念

基本原理	1. 在风险导向审计模式下，注册会计师以重大错报风险的识别、评估和应对为审计工作的主线，最终将审计风险控制在可接受的低水平 2. 风险的识别和评估是审计风险控制流程的起点
相关概念	风险识别和评估：是指注册会计师通过实施风险评估程序，识别和评估财务报表层次和认定层次的重大错报风险 其中： 1. 风险识别：是指找出财务报表层次和认定层次的重大错报风险 2. 风险评估：是指对重大错报发生的可能性和后果严重程度进行评估

02 风险识别和评估的作用

作用	了解被审计单位及其环境为注册会计师在下列关键环节作出职业判断提供重要基础：（共 6 点） 1. 确定重要性水平，并随着审计工作的进程评估对重要性水平的判断是否仍然适当 2. 考虑会计政策的选择和运用是否恰当，以及财务报表的列报是否适当 3. 识别与财务报表中金额或披露相关的需要特别考虑的领域，包括关联方交易、管理层运用持续经营假设的合理性，或交易是否具有合理的商业目的等 4. 确定在实施分析程序时所使用的预期值（★） 5. 设计和实施进一步审计程序，以将审计风险降至可接受的低水平 6. 评价所获取审计证据的充分性和适当性
相关说明	1. 了解被审计单位及其环境是必要程序 2. 了解被审计单位及其环境是一个连续和动态地收集、更新与分析信息的过程，贯穿于整个审计过程的始终 3. 注册会计师应当运用职业判断确定需要了解被审计单位及其环境的程度 4. 注册会计师对被审计单位及其环境了解的程度，要低于管理层为经营管理企业而对被审计单位及其环境需要了解的程度

例题精讲

【例题 1 · 2017 年单选题】 下列有关了解被审计单位及其环境的说法中，正确的是（　　）。

A. 注册会计师无须在完成审计阶段了解被审计单位及其环境

B. 注册会计师对被审计单位及其环境了解的程度，低于管理层为经营管理企业而对被审计单位及其环境需要了解的程度

C. 对小型被审计单位，注册会计师可以不了解被审计单位及其环境

D. 注册会计师对被审计单位及其环境了解的程度，取决于会计师事务所的质量管理政策

【解析】 了解被审计单位及其环境是一个连续和动态地收集、更新与分析信息的过程，贯穿于整个审计过程的始终，选项 A 错误；了解被审计单位及其环境是必要程序，选项 C 错误；注册会计师应当运用职业判断确定需要了解被审计单位及其环境的程度，选项 D 错误。

【答案】 B

第二节 风险评估程序、信息来源以及项目组内部的讨论

01 风险评估程序和信息来源

（一）风险评估程序的含义和目的

含义	风险评估程序：是指注册会计师为了解被审计单位及其环境，以识别和评估财务报表重大错报风险而实施的程序

目的	注册会计师实施风险评估程序，其目的是为了识别和评估财务报表重大错报风险，包括两种： 1. 财务报表层次的重大错报风险 2. 认定层次（各类交易、账户余额和披露）的重大错报风险

（二）风险评估程序的内容

内容	注册会计师应当实施下列风险评估程序，以了解被审计单位及其环境：（掌握） 1. 询问被审计单位管理层和内部其他相关人员 2. 分析程序 3. 观察和检查
相关说明	1. 在了解被审计单位及其环境过程中，往往将上述程序结合在一起使用 2. 不是在了解被审计单位及其环境的每个方面均实施上述所有风险评估程序（了解内控不用分析程序，属于定性分析）

例题精讲

【例题2·2016年多选题】下列各项程序中，通常用作风险评估程序的有（　　）。

A. 检查　　B. 分析程序　　C. 重新执行　　D. 观察

【解析】重新执行用于控制测试。

【答案】ABD

详细内容说明：（理解为主）

1. 询问被审计单位管理层和内部其他相关人员（六类人员）

询问对象	获取信息
管理层和财务负责人	（1）管理层所关注的主要问题。如新的竞争对手、主要客户和供应商的流失、新的税收法规的实施以及经营目标或战略的变化等 （2）被审计单位最近的财务状况、经营成果和现金流量 （3）可能影响财务报告的交易和事项，或者目前发生的重大会计处理问题。如重大的购并事宜等 （4）被审计单位发生的其他重要变化。如所有权结构、组织结构的变化，以及内部控制的变化等
治理层	了解财务报表编制的环境
内部审计人员	了解本年度针对被审计单位内部控制设计和运行有效性而实施的内部审计程序，以及管理层对内部审计发现的问题是否采取适当的应对措施
参与生成、处理或记录复杂或异常交易的员工	评价被审计单位选择和运用某项会计政策的恰当性
内部法律顾问	了解有关诉讼、遵守法律法规的情况、影响被审计单位的舞弊或舞弊嫌疑、产品保证、售后责任、与业务合作伙伴（如合营企业）的安排、合同条款的含义等
营销或销售人员	了解被审计单位的营销策略的变化、销售趋势或与客户的合同安排

2. 实施分析程序（如：4S 店）

3. 观察和检查（5 个方面）

相关内容	注册会计师应当实施下列观察和检查程序： （1）观察被审计单位的经营活动 （2）检查文件、记录和内部控制手册 （3）阅读由管理层和治理层编制的报告 （4）实地察看被审计单位的生产经营场所和厂房设备 （5）追踪交易在财务报告信息系统中的处理过程（穿行测试）。这是注册会计师了解被审计单位业务流程及其相关控制时经常使用的审计程序

02 其他审计程序和信息来源

其他审计程序	1. 一般从被审计单位外部获取信息 2. 例如：询问被审计单位聘请的外部法律顾问、专业评估师、投资顾问和财务顾问等
其他信息来源	——应从多方面获取（共 4 点） 1. 注册会计师应当考虑在评价客户关系和审计业务的接受或保持过程中获取的信息是否与识别重大错报风险相关 2. 注册会计师还应当考虑向被审计单位提供其他服务（如执行中期财务报表审阅业务）所获得的经验是否有助于识别重大错报风险 3. 对于连续审计业务，如果拟利用以往与被审计单位交往的经验和以前审计中实施审计程序获取的信息，注册会计师应当确定被审计单位及其环境自以前审计后是否已发生变化，进而可能影响这些信息对本期审计的相关性 4. 被审计单位或其环境的变化可能导致此类信息在本期审计中已不具有相关性 在这种情况下，注册会计师需要实施询问和其他适当的审计程序（如：穿行测试），以确定该变化是否可能影响此类信息在本期审计中的相关性

03 项目组内部的讨论——内容多、有分工、各自掌握后再汇总和综合

讨论的目的	——交流信息、分享见解 项目组内部就财务报表发生重大错报的可能性进行的讨论可以达到下列目的： 1. 使经验较丰富的项目组成员（包括项目合伙人）有机会分享其根据对被审计单位的了解形成的见解 2. 使项目组成员可以交流与被审计单位面临的经营风险、财务报表容易发生错报的领域以及发生错报的方式相关的信息 3. 帮助项目组成员更好地了解在各自负责的领域中，由于舞弊或错误导致财务报表重大错报的可能性，并了解各自实施审计程序的结果如何影响审计的其他方面，包括对确定进一步审计程序的性质、时间安排和范围的影响 4. 为项目组成员交流和分享在审计过程中获取的新信息提供基础，这些信息可能影响重大错报风险的评估或应对这些风险的审计程序

讨论的内容	讨论的内容和范围受项目组成员的职位、经验和所需要的信息的影响（教材表7-1）
参与讨论的人员	1. 项目组的关键成员应当参与讨论 2. 如果项目组需要拥有信息技术或其他特殊技能的专家，这些专家也可根据需要参与讨论 3. 不要求所有成员每次都参与项目组的讨论 4. 项目合伙人应当确定向未参与讨论的项目组成员通报哪些事项
讨论的时间和方式	项目组应当根据审计的具体情况，在整个审计过程中持续交换有关财务报表发生重大错报可能性的信息（论坛、电话沟通等）（★★在整个审计过程中保持职业怀疑）

第三节　了解被审计单位及其环境

查看本节视频，快速 GET 知识点
使用“会计云课堂”App或“微信”扫码

01 总体要求

了解内容	注册会计师应当从下列方面了解被审计单位及其环境：（共6点） 1. 相关行业状况、法律环境和监管环境及其他外部因素（★外部环境） 2. 被审计单位的性质 3. 被审计单位对会计政策的选择和运用 4. 被审计单位的目标、战略以及可能导致重大错报风险的相关经营风险 5. 对被审计单位财务业绩的衡量和评价（★外部因素+内部因素） 6. 被审计单位的内部控制（第四节讲解）
相关说明	1. 上述第1项是被审计单位的外部因素，第2、3、4、6项是被审计单位的内部因素，第5项则既有外部因素也有内部因素 2. 各方面的情况可能会互相影响，注册会计师在了解各方面情况时，应当考虑各因素之间的相互关系(必要时进行项目组讨论)

02 行业状况、法律环境和监管环境及其他外部因素（宏观、总体的评估）（1/6）

（一）了解的内容（3个方面）

方面	内容
行业状况（共5点）	基本思路：行业地位、企业具体情况、判断是否有重大错报风险 1. 所处行业的市场与竞争，包括市场需求、生产能力和价格竞争 2. 生产经营的季节性和周期性 3. 与被审计单位产品相关的生产技术 4. 能源供应与成本 5. 行业的关键指标和统计数据

方面	内容
法律环境和监管环境（共 6 点）	1. 会计原则和行业特定惯例 2. 受管制行业的法规框架，包括披露要求 3. 对被审计单位经营活动产生重大影响的法律法规，包括直接的监管活动 4. 税收政策（关于企业所得税和其他税种的政策） 5. 目前对被审计单位开展经营活动产生影响的政府政策，如货币政策（包括外汇管制）、财政政策、财政刺激措施（如政府援助项目）、关税或贸易限制政策等 6. 影响行业和被审计单位经营活动的环保要求
其他外部因素（共 4 点）	1. 总体经济情况 2. 利率 3. 融资的可获得性 4. 通货膨胀水平或币值变动等

（二）了解的重点和程度（了解）

了解的范围和程度因被审计单位所处行业、规模和其他因素（如在市场中的地位）的不同而不同。例如：

行业	注册会计师应关注的重点
计算机硬件制造企业	市场和竞争、技术进步的情况
金融企业	宏观经济走势、货币、财政等方面的宏观经济政策
化工等产生污染的行业	相关环保法规
建筑行业	长期合同涉及收入和成本的重大估计，可能导致重大错报风险
商业银行	银行监管机构对其资本充足率有专门规定，不能满足这一监管要求的商业银行可能有操纵财务报表的动机和压力

03 被审计单位的性质（3 个结构、3 个活动、1 个报告）（2/6）

方面	具体内容
所有权结构	可能注意到关联方（如：控股母公司）和决策过程（民营？国有？）
治理结构	①一般与财务报表层次重大错报风险有关（税务随便查，一股独大） ②良好的治理结构可以对被审计单位的经营和财务运作实施有效的监督，从而降低财务报表发生重大错报的风险
组织结构	——哪些是子公司？持股比例？与治理层哪些下设组织沟通？ 复杂的组织结构可能导致某些特定的重大错报风险。包括财务报表合并、商誉减值、长期股权投资核算等问题

方面	具体内容
经营活动	——主要考虑经营风险：医药公司从事房地产（柯达公司） 了解被审计单位经营活动有助于注册会计师识别预期在财务报表中反映的主要交易类别、重要账户余额和列报
投资活动	了解被审计单位投资活动有助于注册会计师关注被审计单位在经营策略和方向上的重大变化 注册会计师应当了解被审计单位的投资活动。主要包括：（共 4 点） ①近期拟实施或已实施的并购活动与资产处置情况，包括业务重组或某些业务的终止 ②证券投资、委托贷款的发生与处置 ③资本性投资活动，包括固定资产和无形资产投资，近期或计划发生的变动，以及重大的资本承诺等 ④不纳入合并范围的投资。例如，联营、合营或其他投资，包括近期计划的投资项目
筹资活动	——有无高利贷？有无融资压力？持续经营？ 注册会计师应当了解被审计单位的筹资活动。主要包括：（共 4 点） ①债务结构和相关条款，包括资产负债表外融资和租赁安排 ②主要子公司和联营企业（无论是否处于合并范围内）的重要融资安排 ③实际受益方及关联方 ④衍生金融工具的使用
财务报告	了解影响财务报告的重要政策、交易或事项，例如： ①会计政策和行业特定惯例，包括特定行业的各类重要的交易、账户余额及财务报表相关披露（如银行业的贷款和投资、医药行业的研究与开发活动） ②收入确认惯例 ③公允价值会计核算 ④外币资产、负债与交易 ⑤异常或复杂交易（包括在有争议的或新兴领域的交易）的会计处理（如对股份支付的会计处理）

例题精讲

【例题 3·2021 年单选题】 下列有关注册会计师了解被审计单位性质的说法中，错误的是（　　）。

A. 了解被审计单位筹资活动，有助于注册会计师评估被审计单位在融资方面的压力，并进一步考虑被审计单位在可预见未来的持续经营能力

B. 了解被审计单位所有权结构，有助于注册会计师识别关联方关系并了解被审计单位的决策过程

C. 了解被审计单位治理结构，有助于注册会计师关注被审计单位在经营策略和方向上的重大变化

D. 了解被审计单位经营活动，有助于注册会计师识别预期在财务报表中反映的主要交易类别、重要账户余额和列报

【解析】 选项 C 错误，了解被审计单位投资活动有助于注册会计师关注被审计单位在经营策略和方向上的重大变化。

【答案】 C

04 被审计单位对会计政策的选择和运用（3/6）

（1）重大和异常交易的会计处理方法。

如：证券公司的对外投资、医药企业的研发活动等。

（2）在缺乏权威性标准或共识、有争议的或新兴领域采用重要会计政策产生的影响。

在缺乏权威性标准或共识的领域，注册会计师应当关注被审计单位选用了哪些会计政策、为什么选用这些会计政策以及选用这些会计政策产生的影响。

（3）会计政策的变更：法定变更和自愿变更。

如：发出存货——先进先出法改为加权平均法，应当说明理由。

如果被审计单位变更了重要的会计政策，注册会计师应当考虑变更的原因及其适当性，即考虑：

①会计政策变更是否是法律、行政法规或者适用的会计准则和相关会计制度要求的变更；

②会计政策变更是否能够提供更可靠、更相关的会计信息。除此之外，注册会计师还应当关注会计政策的变更是否得到恰当处理和充分披露。

（4）新颁布的财务报告准则、法律法规，以及被审计单位何时采用、如何采用这些规定。

例如，当新的企业会计准则颁布施行时，注册会计师应考虑被审计单位是否应采用新颁布的会计准则，如果采用，是否已按照新会计准则的要求做好衔接调整工作，并收集执行新会计准则需要的信息资料。

（5）除上述与会计政策的选择和运用相关的事项外，注册会计师还应对被审计单位下列与会计政策运用相关的情况予以关注：

①是否采用激进的会计政策、方法、估计和判断；

②财会人员是否拥有足够的运用会计准则的知识、经验和能力；

③是否拥有足够的资源支持会计政策的运用，如人力资源及培训、信息技术的采用、数据和信息的采集等。（投资性房地产：公允价值模式）

例题精讲

【例题4·2019年单选题】下列有关注册会计师了解被审计单位对会计政策的选择和运用的说法中，错误的是（　　）。

A. 如果被审计单位变更了重要的会计政策，注册会计师应当考虑会计政策的变更是否能够提供更可靠、更相关的会计信息

B. 当新的会计准则颁布施行时，注册会计师应当考虑被审计单位是否应采用新的会计准则

C. 在缺乏权威性标准或共识的领域，注册会计师应当协助被审计单位选用适当的会计政策

D. 注册会计师应当关注被审计单位是否采用激进的会计政策

【解析】在缺乏权威性标准或共识的领域，注册会计师应当关注被审计单位选用了哪些会计政策、为什么选用这些会计政策以及选用这些会计政策产生的影响（选项C错误）。

【答案】C

05 被审计单位的目标、战略以及相关经营风险（4/6）

（一）目标、战略与经营风险（目标太高，完不成导致作假，并导致经营风险，如：跨行业经营，可能占用资金等）

注册会计师应当了解被审计单位是否存在与下列方面有关的目标和战略，并考虑相应的经营风险：（共8点）

导致风险的因素	潜在的相关经营风险及举例
行业发展	被审计单位不具备足以应对行业变化的人力资源和业务专长（寻呼机、手机）、（微信、语音输入→转为汉字）
开发新产品或提供新服务	被审计单位产品责任增加
业务扩张	被审计单位对市场需求的估计不准确
新的会计要求	被审计单位不当执行相关会计要求或会计处理成本增加
监管要求	被审计单位法律责任增加
本期及未来的融资条件	被审计单位由于无法满足融资条件而失去融资机会
信息技术的运用	被审计单位信息系统与业务流程难以融合
实施战略的影响，特别是由此产生的需要运用新的会计要求的影响	被审计单位执行新要求不当或不完整

富富有提示

不能随环境的变化而作出相应的调整固然可能产生经营风险。但是，调整的过程中也可能导致经营风险。

（二）经营风险对重大错报风险的影响（4句话）

（1）经营风险与财务报表重大错报风险是既有联系又相互区别的两个概念。前者比后者范围更广。

（2）注册会计师了解被审计单位的经营风险有助于其识别财务报表重大错报风险。但并非所有的经营风险都与财务报表相关，注册会计师没有责任识别或评估对财务报表没有重大影响的经营风险。（★★）

（3）多数（★★并非全部）经营风险最终都会产生财务后果，从而影响财务报表。

（4）经营风险可能对某类交易、账户余额和披露的认定层次重大错报风险或财务报表层次重大错报风险产生直接影响。（2个层次）

例题精讲

【例题5·2017年单选题】下列有关经营风险对重大错报风险的影响的说法中，错误的是（　　）。

A. 多数经营风险最终都会产生财务后果，从而可能导致重大错报风险

B. 注册会计师在评估重大错报风险时，没有责任识别或评估对财务报表没有重大影响的经营风险

C. 经营风险通常不会对财务报表层次重大错报风险产生直接影响

D. 经营风险可能对认定层次重大错报风险产生直接影响

【解析】选项 C 错误，经营风险可能对某类交易、账户余额和披露的认定层次重大错报风险或财务报表层次重大错报风险产生直接影响。

【答案】C

（三）被审计单位的风险评估过程——被审计单位内部控制的组成部分（应当了解）

06 被审计单位财务业绩的衡量和评价（与利益挂钩否？）（5/6）

（一）了解的主要方面

在了解被审计单位财务业绩衡量和评价情况时，注册会计师应当关注下列信息：（共 5 方面）

（1）关键业绩指标（财务的或非财务的）、关键比率、趋势和经营统计数据；

（2）同期财务业绩比较分析；

（3）预算、预测、差异分析，分部信息与分部、部门或其他不同层次的业绩报告；

（4）员工业绩考核与激励性报酬政策；

（5）被审计单位与竞争对手的业绩比较。

（二）关注内部财务业绩衡量的结果（名烟、名酒销量走低、促销人员工资下降）

（三）考虑财务业绩衡量指标的可靠性（所用数据的可靠性）

如果计划利用财务业绩指标，应考虑相关信息是否可靠，以及在实施审计程序时利用这些信息是否足以发现重大错报。

例题精讲

【例题 6 · 2021 年综合题】上市公司甲公司是 ABC 会计师事务所的常年审计客户，主要从事医疗器械的生产和销售。A 注册会计师负责审计甲公司 2020 年度财务报表，确定财务报表整体的重要性为 1000 万元。

资料一：

A 注册会计师在审计工作底稿中记录了所了解的甲公司情况及其环境，部分内容摘录如下：

（1）为占领市场，甲公司 2020 年对 a 设备采取新的销售模式：将设备售价减半为每台 50 万元，设备销售合同约定客户必须向甲公司购买 a 设备使用的试剂，试剂采购合同根据需求另行签订。甲公司预期试剂销售的利润可以弥补设备降价的损失。2020 年 a 设备销量增长 20%。

（2）2020 年 6 月，甲公司受乙公司委托为其生产 1000 台专用设备 b，每台售价 6 万元。乙公司指定了 b 设备主要部件的供应商，并与该供应商确定了主要部件的规格和价格。

（3）甲公司采用经销模式销售 2020 年 10 月推出的新产品 c 设备，每台售价 50 万元。合同约定：经销商在实现终端销售后向甲公司支付设备款，在采购设备半年内未实现终端销售的可以退货。截至 2020 年末，甲公司累计销售 c 设备 100 台，与经销商对账显示这些设备均未实

现终端销售。

（4）2020 年 5 月，甲公司与丁大学合作研发一项新技术，预付研发经费 3000 万元。2020 年末，该研发项目进入开发阶段。

（5）2020 年 7 月，甲公司收到当地政府支付的新冠肺炎疫情停工损失补助 2000 万元。

资料二：

A 注册会计师在审计工作底稿中记录了甲公司的财务数据，部分内容摘录如下：

金额单位：万元

项目	2020 年	2019 年
	未审数	已审数
营业收入——a 设备	30000	50000
营业成本——a 设备	36500	30000
营业收入——b 设备	6000	0
营业成本——b 设备	5500	0
营业收入——c 设备	5000	0
营业成本——c 设备	2800	0
其他收益——停工损失补助	2000	0
预付款项——丁大学	3000	0
存货——a 设备	10000	8000
存货——a 设备存货跌价准备	100	100
合同资产——c 设备经销商	5000	0

要求：

针对资料一第（1）至（5）项，结合资料二，假定不考虑其他条件，逐项指出资料一所列事项是否可能表明存在重大错报风险。如果认为可能表明存在重大错报风险，简要说明理由，并说明该风险主要与哪些财务报表项目的哪些认定相关（不考虑税务影响）。

【答案】

事项序号	是否可能表明存在重大错报风险（是/否）	理由	财务报表项目名称及认定
（1）	是	新业务模式导致设备销售毛利出现负数，未来试剂销售情况存在不确定性，可能存在少计存货跌价准备的风险	资产减值损失（完整性/准确性） 存货（准确性、计价和分摊）
（2）	是	b 设备的毛利率较低，主要部件的供应商及其价格由乙公司指定，可能是受托加工业务/可能需要按净额确认收入，可能存在多计收入和成本的风险	营业收入（准确性/发生） 营业成本（准确性/发生）

事项序号	是否可能表明存在重大错报风险（是/否）	理由	财务报表项目名称及认定
（3）	是	经销商在未实现终端销售前没有付款义务，且可以退货，该业务可能是委托代销/c设备的控制权可能没有转移给经销商，可能存在多计收入、少计存货的风险	营业收入（发生） 合同资产（存在） 营业成本（发生） 存货（完整性）
（4）	是	未确认研究阶段发生的费用/应根据研发进展情况确认已发生的研发费用，可能存在少计研发费用的风险	研发费用（完整性） 预付款项（准确性、计价和分摊/存在）
（5）	是	疫情导致的停工损失为非常损失/收到的补助与日常活动无关，可能存在多计其他收益的风险	其他收益（分类/发生） 营业外收入（分类/完整性）

【例题7·2020年综合题】甲公司是ABC会计师事务所的常年审计客户，主要从事家电产品的生产、批发和零售。A注册会计师负责审计甲公司2019年度财务报表，确定财务报表整体的重要性为800万元，明显微小错报的临界值为40万元。

资料一：

A注册会计师在审计工作底稿中记录了所了解的甲公司情况及其环境，部分内容摘录如下：

（1）2019年6月，甲公司推出了应用AI技术的新款洗衣机，新产品迅速占领市场并持续热销。甲公司自2019年末起以成本价清理旧款洗衣机库存。

（2）为使空调产品在激烈竞争中保持市场占有率，甲公司自2019年3月起推出30天保价和赠送5次空调免费清洗服务的促销措施。

（3）2018年12月31日，甲公司取得常年合作电商平台乙公司20%股权，对其具有重大影响。乙公司2019年接受委托对甲公司自有电子商务平台进行升级改造。乙公司2019年度净利润为3亿元。

（4）2019年，甲公司获得节能产品价格补贴5000万元和智能家电研发补助6000万元。

（5）2019年1月起，甲公司将智能家电产品的质保期由一年延长至两年，产品销量因此有所增长。

资料二：

A注册会计师在审计工作底稿中记录了甲公司的财务数据，部分内容摘录如下：

金额单位：万元

项目	未审数	已审数
	2019年	2018年
营业收入——洗衣机（旧款）	130000	220000
营业成本——洗衣机（旧款）	120000	170000
营业收入——空调	300000	290000

项目	未审数	已审数
	2019年	2018年
营业成本——空调	220000	200000
其他收益——节能产品价格补贴	5000	0
其他收益——研发补助	6000	3000
研发费用	24000	25000
存货——洗衣机（旧款）	20000	40000
存货——洗衣机（旧款）存货跌价准备	800	1600
长期股权投资——乙公司	56000	50000
固定资产——电子商务平台系统	15000	5000
预计负债——空调产品售后清洗服务	6000	0
预计负债——智能家电产品质量保证	7200	6000

要求：

针对资料一第（1）至（5）项，结合资料二，假定不考虑其他条件，逐项指出资料一所列事项是否可能表明存在重大错报风险。如果认为可能表明存在重大错报风险，简要说明理由，并说明该风险主要与哪些财务报表项目的哪些认定相关（不考虑税务影响）。

【答案】

事项序号	是否可能表明存在重大错报风险（是/否）	理由	财务报表项目名称及认定
（1）	是	旧款产品价格调整至成本价，考虑销售费用和相关税费后可变现净值将低于存货账面价值，而存货跌价准备计提比例与上年一致，可能存在少计存货跌价准备的风险	资产减值损失（完整性/准确性） 存货（准确性、计价和分摊）
（2）	是	免费赠送的清洗服务属于公司承诺的履约义务，应当递延到未来履约时确认收入，可能存在多计营业收入和预计负债的风险	营业收入（发生） 合同负债（完整性） 预计负债（存在） 销售费用（发生）
（3）	是	甲公司在对乙公司投资采用权益法核算时，直接用乙公司净利润计算，未抵销与联营企业乙公司之间发生的未实现内部交易损益，可能存在多计投资收益的风险	投资收益（准确性） 长期股权投资（准确性、计价和分摊）

事项序号	是否可能表明存在重大错报风险（是/否）	理由	财务报表项目名称及认定
（4）	是	节能产品价格补贴很可能构成产品价格的组成部分，可能存在少计营业收入的风险。2019年度研发费用未见增长，而计入损益的研发补助大幅增长，相关补助可能与资产相关，可能存在少计递延收益的风险	其他收益（发生） 营业收入（完整性/准确性） 递延收益（完整性）
（5）	是	质保期延长一倍，产品质量保证预计负债仅增长20%，可能存在少计预计负债的风险	销售费用（准确性） 预计负债（准确性、计价和分摊）

【例题8·2019年综合题】 甲公司是ABC会计师事务所的常年审计客户，主要从事轨道交通车辆配套产品的生产和销售。A注册会计师负责审计甲公司2018年度财务报表，确定财务报表整体的重要性为1000万元，实际执行的重要性为500万元。

资料一：

A注册会计师在审计工作底稿中记录了所了解的甲公司情况及其环境，部分内容摘录如下：

（4）2018年，由于竞争对手改进生产工艺，大幅提高了产品质量，甲公司d产品的订单量锐减。

（5）2018年9月，甲公司委托丁公司研发一项新技术，甲公司承担研发过程中的风险并享有研发成果。委托合同总价款5000万元，合同生效日预付40%，成果交付日支付剩余款项。该研发项目2018年末的完工进度约为30%。

资料二：

A注册会计师在审计工作底稿中记录了甲公司的财务数据，部分内容摘录如下：

金额单位：万元

项目	未审数	已审数
	2018年	2017年
营业收入——d产品	2200	8000
营业成本——d产品	2000	5500
预付款项——丁公司研发费	2000	0
存货——d产品	200	1000
无形资产——d产品专有技术	2500	3000

要求：

针对资料一第（4）项和第（5）项，结合资料二，假定不考虑其他条件，逐项指出资料一所列事项是否可能表明存在重大错报风险。如果认为可能表明存在重大错报风险，简要说明理由，并说明该风险主要与哪些财务报表项目的哪些认定相关（不考虑税务影响）。

【答案】

事项序号	是否可能表明存在重大错报风险（是/否）	理由	财务报表项目名称及认定
（4）	是	产品订单锐减，可能导致相关的无形资产/专有技术出现减值，可能存在少计无形资产减值的风险	资产减值损失（完整性/准确性） 无形资产（准确性、计价和分摊）
（5）	是	由于甲公司承担研发过程中的风险并享有研发成果，该项研发实质上是甲公司的自主研发，可能存在少计开发支出或研发费用，多计预付款项的风险	开发支出/研发费用（完整性） 预付款项（存在）

【例题9·2017年综合题】 ABC会计师事务所首次接受委托，审计上市公司甲公司2016年度财务报表，委派A注册会计师担任项目合伙人。A注册会计师确定财务报表整体的重要性为1200万元。甲公司主要提供快递物流服务。

资料一：

A注册会计师在审计工作底稿中记录了所了解的甲公司情况及其环境，部分内容摘录如下：

（1）2016年3月，甲公司股东大会批准一项利润分享计划。如2016年度实现净利润较上年度增长20%以上，按净利润增长部分的10%给予管理层奖励。

（3）2016年4月，甲公司推出加盟营运模式。一次性收取加盟费50万元，提供五年加盟期间的培训和网络服务。2016年度甲公司共收到加盟费3000万元。

资料二：

A注册会计师在审计工作底稿中记录了甲公司的财务数据，部分内容摘录如下：

金额单位：万元

项目	未审数	已审数
	2016年	2015年
净利润	19500	16000
应付职工薪酬——管理层利润分享	350	0
营业收入——加盟费收入	3000	0

要求：

针对资料一第（1）项和第（3）项，结合资料二，假定不考虑其他条件，逐项指出资料一所列事项是否可能表明存在重大错报风险，如果认为可能表明存在重大错报风险，简要说明理由。如果认为该风险为认定层次重大错报风险，说明该风险主要与哪些财务报表项目（仅限于应付职工薪酬、合同负债、营业收入）的哪些认定相关（不考虑税务影响）。

【答案】

事项序号	是否可能表明存在重大错报风险（是/否）	理由	财务报表项目名称及认定
(1)	是	甲公司管理层为获得利润增长奖励，具有实施舞弊的动机和压力/2016年度的净利润勉强达到利润分享条件[净利润增长率 = (19500 - 16000) /16000 = 21.88%]，可能表明财务报表存在舞弊导致的重大错报风险	—
(3)	是	加盟费应当在整个加盟期间确认/不能一次性计入收入	合同负债（完整性） 营业收入（发生）

【例题10·2016年综合题】甲公司是ABC会计师事务所的常年审计客户，主要从事肉制品的加工和销售。A注册会计师负责审计甲公司2015年度财务报表，确定财务报表整体的重要性为100万元。审计报告日为2016年4月30日。

资料一：

2015年3月15日，媒体曝光甲公司的某批次产品存在严重的食品安全问题。在计划审计阶段，A注册会计师就此事项及相关影响与管理层进行了沟通，部分内容摘录如下：

（2）甲公司每年向母公司支付商标使用费300万元，2015年母公司豁免了该项费用。

注：应计入资本公积。

借：管理费用

　贷：其他应付款

借：其他应付款

　贷：资本公积

（3）2015年，甲公司多名关键员工离职。管理层正在考虑一项员工激励计划，向服务至2018年末的员工发放特别奖金。因计划未确定，管理层未在2015年度财务报表中确认。

注：不应该确认。

（4）为增收节支，甲公司董事会决定将管理人员迁至厂区办公，并自2015年12月1日起将二号办公楼出租给乙公司，租期10年。管理层在起租日将该办公楼转为投资性房地产，采用公允价值模式进行计量。

注：到年底只有一个月的时间，成本10000万元。

借：投资性房地产——公允价值变动　　4000

　贷：公允价值变动损益　　4000

资料二：

A注册会计师在审计工作底稿中记录了甲公司的财务数据，部分内容摘录如下：

金额单位：万元

项目	未审数	已审数
	2015年	2014年
管理费用——商标使用费	300	300
营业外收入——母公司豁免商标使用费	300	0

项目	未审数	已审数
	2015 年	2014 年
公允价值变动收益——投资性房地产（二号办公楼）	4000	0
投资性房地产——成本（二号办公楼）	10000	0

要求：

针对资料一第（2）至（4）项，结合资料二，假定不考虑其他条件，逐项指出资料一所列事项是否可能表明存在重大错报风险。如果认为可能表明存在重大错报风险，简要说明理由，并说明该风险主要与哪些财务报表项目（仅限于应收账款、存货、投资性房地产、资本公积、营业收入、营业成本、公允价值变动收益、营业外收入）的哪些认定相关（不考虑税务影响）。

【答案】

事项序号	是否可能表明存在重大错报风险（是/否）	理由	财务报表项目名称及认定
（2）	是	母公司豁免商标使用费应该计入资本公积，而不是营业外收入，所以存在多计营业外收入、少计资本公积的重大错报风险	营业外收入（发生） 资本公积（完整性）
（3）	否	—	—
（4）	是	该项投资性房地产的公允价值在一个月内上涨 40%，可能存在多计公允价值变动收益的风险	公允价值变动收益（准确性） 投资性房地产（准确性、计价和分摊）

【例题 11·2013 年多选题】在了解被审计单位财务业绩的衡量和评价时，下列各项中，注册会计师可以考虑的信息有（　　）。

A. 经营统计数据　　B. 信用评级机构报告

C. 证券研究机构的分析报告　　D. 员工业绩考核与激励性报酬政策

【答案】ABCD

【例题 12·根据历年试题改编综合题】甲公司主要从事小型电子消费品的生产和销售。A 注册会计师负责审计甲公司 20×8 年度财务报表。

资料一：

A 注册会计师在审计工作底稿中记录了所了解的甲公司情况及其环境，部分内容摘录如下：

（1）甲公司于 20×8 年初完成了部分主要产品的更新换代。由于利用现有主要产品（T 产品）生产线生产的换代产品（S 产品）的市场销售情况良好，甲公司自 20×8 年 2 月起大幅减少了 T 产品的产量，并于 20×8 年 3 月终止了 T 产品的生产和销售。S 产品和 T 产品生产所需原材料基本相同，原材料平均价格相比上年上涨了约 2%，由于 S 产品的功能更加齐全且设计新颖，其平均售价比 T 产品高约 10%。

（2）为加快新产品研发进度以应对激烈的市场竞争，甲公司于 20×8 年 6 月支付 500 万元购入一项非专利技术的永久使用权，并将其确认为使用寿命不确定的无形资产。最新行业分析报告显示，甲公司竞争对手乙公司已于20×8年初推出类似新产品，市场销售良好。同时，乙公司宣布将于20×9年12月推出更新一代的换代产品。

（3）甲公司生产过程中产生的噪音和排放的气体对环境造成一定影响。尽管周围居民要求给予补偿，但甲公司考虑到现行法律并没有相关规定，以前并未对此作出回应。为改善与周围居民的关系，甲公司董事会于20×8年12月26日决定对居民给予总额为100万元的一次性补偿，并制定了具体的补偿方案。20×9年1月15日，甲公司向居民公布了上述补偿决定和具体补偿方案。

（4）20×8年初，甲公司董事会决定将每月薪酬发放日由当月最后1日推迟到次月5日，同时将员工薪酬水平平均上调10%。甲公司20×8年员工队伍基本稳定。

（5）甲公司除了于20×6年12月借入的2年期、年利率6%的银行借款5000万元外，甲公司没有其他借款。上述长期借款专门用于扩建现有的一条生产线，以满足D产品的生产需要。该生产线总投资6500万元，20×6年12月初开工，20×8年7月底完工投入使用。（假设不考虑利息收入）

（6）甲公司财务总监已为甲公司工作超过6年，于20×8年9月劳动合同到期后被甲公司的竞争对手高薪聘请。由于工作压力大，甲公司会计部门人员流动频繁，除会计主管服务期超过4年外，其余人员的平均服务期少于2年。

资料二：

A注册会计师在审计工作底稿中记录了所获取的甲公司财务数据，部分内容摘录如下：

金额单位：万元

项目	未审数			已审数		
	20×8年			20×7年		
	S产品	T产品	其他产品	S产品	T产品	其他产品
营业收入	32340	3000	20440	0	28500	18000
营业成本	27500	2920	19800	0	27200	15300
存货	S产品	T产品	其他产品	S产品	T产品	其他产品
账面余额	2340	180	4440	0	2030	4130
减：存货跌价准备	0	0	0	0	0	0
账面价值	2340	180	4440	0	2030	4130
无形资产——非专利技术	500			0		
预计负债——居民环境污染补偿	100			—		
应付职工薪酬	6			5		
利息支出	300			300		
减：利息资本化	250			300		
净利息支出	50			0		

要求：

针对资料一第（1）至（6）项，结合资料二，假定不考虑其他条件，请逐项指出资料一所列事项是否可能表明存在重大错报风险。

如果认为存在，请简要说明理由，并分别说明该风险是属于财务报表层次还是认定层次的重大错报风险。

如果认为属于认定层次，请指出相关事项与何种交易或账户的何种认定相关（仅限于营业收入、营业成本、存货、应收账款、无形资产、应付职工薪酬、预计负债、销售费用、财务费用、固定资产）。

答题思路：有重大错报风险？什么层次？哪个认定？

答题技巧：

①读题（2遍）：阅读量大。

②要有结论，影响了什么？

③理由要充分。

【答案】

事项序号	是否可能表明存在重大错报风险	理由	重大错报风险（财务报表/认定层次）	财务报表项目名称及认定
（1）	是	①20×7年T产品的销售毛利率4.56%，20×8年S产品的销售毛利率14.97%，两者比较，S产品销售毛利率高于T产品的销售毛利率10.41%。但了解甲公司情况及其环境时，发现S产品与T产品的原材料基本相同，材料价格上涨2%，同时S产品销售价格比T产品提高了10%，所以S产品的毛利率高于T产品的毛利率不应超过10%，可能存在高估收入或低估成本的重大错报风险	认定层次	营业收入（发生） 应收账款（存在） 营业成本（完整性） 存货（存在）
		②T产品已经被S产品所替代，且甲公司已经停止生产T产品，但20×8年末还有库存，所以T产品已经发生了跌价，但甲公司未计提存货跌价准备，存在少计存货跌价准备的重大错报风险		存货（准确性、计价和分摊）
（2）	是	竞争对手新产品的上市以及更新一代产品的即将推出，购入的非专利技术可能存在少提减值准备而高估无形资产账面价值的重大错报风险	认定层次	无形资产（准确性、计价和分摊）
（3）	是	甲公司在20×9年1月才对相关支付承担义务，但甲公司已在20×8年预计负债项目下进行核算，因此在20×8年末可能存在多计预计负债的风险	认定层次	预计负债（存在）
（4）	是	甲公司董事会决定将每月薪酬发放日由当月最后1日推迟到次月5日，同时将员工薪酬水平平均上调10%。甲公司20×8年员工队伍基本稳定。考虑到应付职工薪酬在资产负债表日要比年初数多出一个月的金额，且工薪上涨达10%，总体应付职工薪酬年末数应当远远大于年初数。而被审计单位账面仅有少量余额，与上年年末余额很接近，存在少计应付职工薪酬和成本费用的重大错报风险	认定层次	应付职工薪酬（完整性） 营业成本（完整性） 销售费用（完整性）

事项序号	是否可能表明存在重大错报风险	理由	重大错报风险（财务报表/认定层次）	财务报表项目名称及认定
（5）	是	工程在7月份已经完工，但是资本化了10个月［250/（300/12）］的利息，很有可能高估了固定资产的成本、低估了20×8年的财务费用	认定层次	固定资产（准确性、计价和分摊） 财务费用（完整性）
（6）	是	甲公司关键人员的变动，以及由于会计人员频繁变动，缺乏具有胜任能力的会计人员，均可能存在重大错报风险	财务报表层次	—

第四节 了解被审计单位的内部控制

查看本节视频，快速 GET 知识点

使用“会计云课堂”App或“微信”扫码

01 内部控制的概念和要素

概念		内部控制：是被审计单位为了合理保证财务报告的可靠性、经营的效率和效果以及对法律法规的遵守，由治理层、管理层和其他人员设计与执行的政策及程序
对概念的理解（3方面）	目标	内部控制的目标是合理保证（3个方面） （1）财务报告的可靠性 （2）经营的效率和效果 （3）遵守适用的法律法规的要求
	责任主体	设计和实施内部控制的责任主体：治理层、管理层和其他人员，组织中的每一个人都对内部控制负有责任（全员参与）
	实现手段	实现内部控制目标的手段是设计和执行控制政策及程序
内部控制的要素		内部控制包括下列要素：（防止钱被盗） （1）控制环境（与财务报表层次的重大错报风险有关） （2）风险评估过程（先假设没有控制，会导致哪些风险，还是识别、评估、应对）（赊销：评估客户的信用等级） （3）与财务报告相关的信息系统和沟通 （4）控制活动 （5）对控制的监督

例题精讲

【例题13·2017年多选题】下列各项中，属于被审计单位设计和实施内部控制的责任主体的有（　　）。

A. 被审计单位的管理层

B. 被审计单位的普通员工

C. 负责被审计单位内部控制审计的注册会计师

D. 被审计单位的治理层

【解析】设计和实施内部控制的责任主体是治理层、管理层和其他人员，组织中的每一个人都对内部控制负有责任。选项ABD正确。

【答案】ABD

02 与审计相关的控制

（一）注册会计师不需要了解和评价被审计单位所有的内部控制

（1）注册会计师需要了解和评价的内部控制只是与财务报表审计相关的内部控制，并非被审计单位所有的内部控制。（★★原因：注册会计师并非对内部控制的有效性发表意见）

（2）被审计单位的目标与为实现目标提供合理保证的控制之间存在直接关系。

（3）被审计单位的目标和控制，与财务报告、经营及合规有关。但这些目标和控制并非都与注册会计师的风险评估相关。

（二）判断一项控制单独或连同其他控制是否与审计相关时可能考虑的因素

注册会计师在判断一项控制单独或连同其他控制是否与审计相关时可能考虑下列事项：（共9项，简单了解）

（1）重要性；

（2）相关风险的重要程度；

（3）被审计单位的规模；

（4）被审计单位业务的性质，包括组织结构和所有权特征；

（5）被审计单位经营的多样性和复杂性；

（6）适用的法律法规；

（7）内部控制的情况和适用的要素；

（8）作为内部控制组成部分的系统（包括使用服务机构）的性质和复杂性；

（9）一项特定控制（单独或连同其他控制）是否以及如何防止或发现并纠正重大错报。

（三）内部生成信息的控制和经营目标、合规目标的控制

（1）如果在设计和实施进一步审计程序时拟利用被审计单位内部生成的信息，针对该信息完整性和准确性的控制可能与审计相关。（函证：应收账款）

（2）如果与经营和合规目标相关的控制与注册会计师实施审计程序时评价或使用的数据相关，则这些控制也可能与审计相关。（★★★）

（四）仅限于与财务报告可靠性相关的控制

用以防止未经授权购买、使用或处置资产的内部控制，可能包括与财务报告和经营目标相关的控制。注册会计师对这些控制的考虑通常仅限于与财务报告可靠性相关的控制。

（五）与审计无关的控制

被审计单位通常有一些与目标相关但与审计无关的控制，注册会计师无须对其加以考虑。

例如，被审计单位可能依靠某一复杂的自动化控制提高经营活动的效率和效果（如航空公司用于维护航班时间表的自动化控制系统），但这些控制通常与审计无关。

进一步讲，虽然内部控制应用于整个被审计单位或所有经营部门或业务流程，但是了解与每个经营部门和业务流程相关的内部控制，可能与审计无关。

例题精讲

【例题 14 · 2019 年单选题】下列有关注册会计师了解内部控制的说法中，错误的是（　　）。

A. 注册会计师应当了解与特别风险相关的控制

B. 注册会计师应当了解与超出被审计单位正常经营过程的重大关联方交易相关的控制

C. 注册会计师应当了解与会计估计相关的控制

D. 注册会计师应当了解与会计差错更正相关的控制

【解析】注册会计师需要了解的内部控制是与财务报表审计相关的内部控制，选项 D 错误。

【答案】D

【例题 15 · 2019 年综合题】甲公司是 ABC 会计师事务所的常年审计客户，主要从事轨道交通车辆配套产品的生产和销售。A 注册会计师负责审计甲公司2018 年度财务报表，确定财务报表整体的重要性为 1000 万元，实际执行的重要性为 500 万元。

资料三：

A 注册会计师在审计工作底稿中记录了审计计划，部分内容摘录如下：

（1）甲公司利用生产管理系统中的自动化控制进行生产工人的排班调度，以提高生产效率。A 注册会计师认为该控制与审计无关，拟不纳入了解内部控制的范围。

要求：

针对资料三第（1）项，假定不考虑其他条件，指出 A 注册会计师的做法是否恰当。如不恰当，简要说明理由。

【答案】

事项序号	是否恰当（是/否）	理由
（1）	是	—

【例题 16 · 2014 年单选题】下列有关与审计相关的内部控制的说法中，正确的是（　　）。

A. 与财务报告相关的内部控制均与审计相关

B. 与审计相关的内部控制并非均与财务报告相关

C. 与经营目标相关的内部控制与审计无关

D. 与合规目标相关的内部控制与审计无关

【解析】与财务报告相关的内部控制并非均与审计相关，注册会计师通常仅了解与财务报告可靠性相关的控制，故选项 B 正确、选项 A 错误。如果与经营和合规目标相关的控制与注册会计师实施审计程序时评价或使用的数据相关，则这些控制也可能与审计相关，故选项 CD 错误。

【答案】B

03 对内部控制了解的深度

（一）基本概述

概念	对内部控制了解的深度，是指在了解被审计单位及其环境时对内部控制了解的程度	
包括	1. 评价控制的设计	是指考虑一项控制单独或连同其他控制是否能够有效防止或发现并纠正重大错报
	2. 确定其是否得到执行	是指某项控制存在且被审计单位正在使用
不包括	对控制是否得到一贯执行的测试	

富富有提示

（1）评估一项无效控制的运行没有什么意义，因此，需要首先考虑控制的设计。

（2）设计不当的控制可能表明存在值得关注的内部控制缺陷。

富富有图示

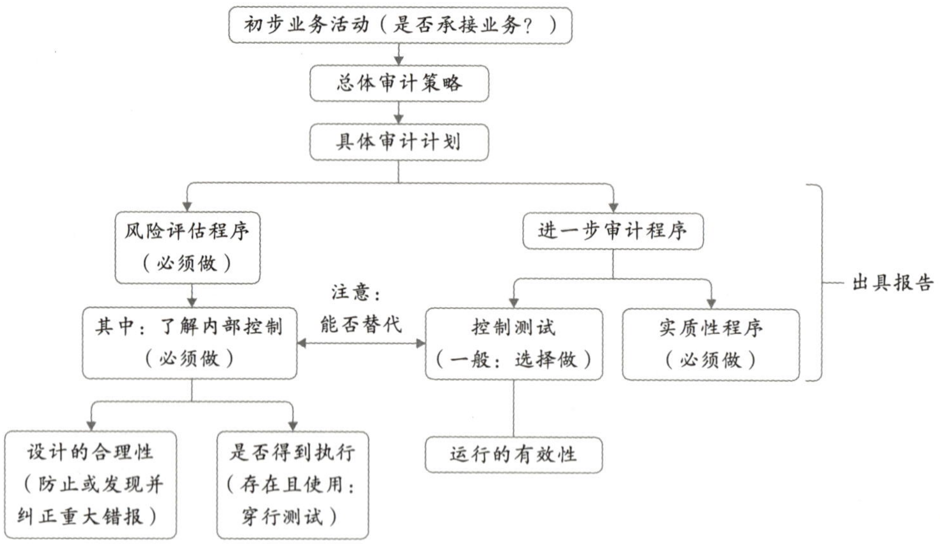

（二）获取控制设计和执行的审计证据

注册会计师通常实施下列风险评估程序，以获取有关控制设计和执行的审计证据：

（1）询问被审计单位的人员；（证明力较弱）

（2）观察特定控制的运用；（内控正在执行？）

（3）检查文件和报告；（有哪些内部控制？）

（4）追踪交易在财务报告信息系统中的处理过程（穿行测试）。（即使设计有缺陷，也应该做，防止误判）

富富有图示

风险评估程序	了解内部控制	控制测试
询问	询问	询问
观察	观察	观察
检查	检查	检查
分析程序	穿行测试	重新执行

富富有提示

了解内部控制通常不涉及分析程序和重新执行。（定性、控制测试）

例题精讲

【例题 17 · 2012 年单选题】下列审计程序中，注册会计师在了解被审计单位内部控制时通常不采用的是（　　）。

A. 询问　　B. 观察　　C. 分析程序　　D. 检查

【解析】注册会计师通常实施下列风险评估程序，以获取有关控制设计和执行的审计证据：（1）询问被审计单位人员；（2）观察特定控制的运用；（3）检查文件和报告；（4）追踪交易在财务报告信息系统中的处理过程（穿行测试），所以选项 C 不恰当。

【答案】C

（三）了解内部控制与测试控制运行有效性的关系

（1）除非存在某些可以使控制得到一贯运行的自动化控制，否则注册会计师对控制的了解并不足以测试控制运行的有效性。（★★★★必须掌握）

（2）由于信息技术处理流程的内在一贯性，实施审计程序确定某项自动控制是否得到执行，也可能实现对控制运行有效性测试的目标，这取决于注册会计师对控制（如针对程序变更的控制）的评估和测试。（人工控制：稳定性差）

例题精讲

【例题 18 · 2017 年多选题】下列有关注册会计师了解内部控制的说法中，正确的有（　　）。

A. 注册会计师在了解被审计单位内部控制时，应当确定其是否得到一贯执行

B. 注册会计师不需要了解被审计单位所有的内部控制

C. 注册会计师对内部控制的了解通常不足以测试控制运行的有效性

D. 注册会计师询问被审计单位人员不足以评价内部控制设计的有效性

【解析】“了解内部控制”包含两层含义：一是评价控制的设计；二是确定控制是否得到执行。不包括对控制是否得到一贯执行的测试（选项 A 不正确）；注册会计师需要了解和评价的内部控制只是与财务报表审计相关的内部控制，并非被审计单位所有的内部控制（选项 B

正确）；除非存在某些可以使控制得到一贯运行的自动化控制，否则注册会计师对控制的了解并不足以测试控制运行的有效性（选项C正确）；询问本身并不足以评价控制的设计以及确定其是否得到执行，注册会计师应当将询问与其他风险评估程序结合使用（选项D正确）。

【答案】BCD

04 内部控制的人工和自动化成分

（一）考虑内部控制的人工和自动化特征及其影响（人工控制+自动化控制、组合的比例不同）

（二）信息技术的优势及相关内部控制风险

1. 信息技术的优势

通常表现在提高被审计单位内部控制的效率和效果：（6点，简单了解）

（1）在处理大量的交易或数据时，一贯运用事先确定的业务规则，并进行复杂运算；

（2）提高信息的及时性、可获得性及准确性；

（3）促进对信息的深入分析；

（4）提高对被审计单位的经营业绩及其政策和程序执行情况进行监督的能力；

（5）降低控制被规避的风险；

（6）通过对应用程序系统、数据库系统和操作系统执行安全控制，提高不兼容职务分离的有效性。

2. 信息技术可能对内部控制产生的特定风险（共8点，第5章讲过一部分）

（1）所依赖的系统或程序不能正确处理数据，或处理了不正确的数据，或两种情况并存；（数据有误）

（2）未经授权访问数据，可能导致数据的毁损或对数据不恰当的修改，包括记录未经授权或不存在的交易，或不正确地记录了交易；多个用户同时访问同一数据库可能会造成特定风险；（越权访问）

（3）信息技术人员可能获得超越其职责范围的数据访问权限，破坏了系统应有的职责分工；

（4）未经授权改变主文档的数据；

（5）未经授权改变系统或程序；

（6）未能对系统或程序作出必要的修改；

（7）不恰当的人为干预；

（8）可能丢失数据或不能访问所需要的数据。

（三）人工控制的适用范围及相关内部控制风险

内部控制的人工成分在处理下列需要主观判断或酌情处理的情形时可能更为适当：

（1）存在大额、异常或偶发的交易；

（2）存在难以界定、预计或预测的错误的情况；

（3）针对变化的情况，需要对现有的自动化控制进行人工干预；

（4）监督自动化控制的有效性。

（四）人工控制的特定风险

注册会计师应当从下列方面了解人工控制产生的特定风险：

（1）人工控制可能更容易被规避、忽视或凌驾；

（2）人工控制可能不具有一贯性；

（3）人工控制可能更容易产生简单错误或失误。

（五）不适合采用人工控制的情形

注册会计师应当考虑人工控制在下列情形中可能是不适当的：

（1）存在大量或重复发生的交易；

（2）事先可预计或预测的错误能够通过自动化控制参数得以防止或发现并纠正；

（3）用特定方法实施控制的控制活动可得到适当设计和自动化处理。

例题精讲

【例题 19·2010 年多选题】 下列情形中，注册会计师认为通常适合采用信息技术控制的有（　　）。

A. 存在大量、重复发生的交易　　　B. 存在大额、异常的交易

C. 存在难以定义、防范的错误　　　D. 存在事先确定并一贯运用的业务规则

【解析】 信息技术的优势包括在处理大量的交易或数据时，一贯运用事先确定的业务规则，并进行复杂运算。

【答案】 AD

05 内部控制的局限性

基本观点	内部控制存在固有局限性，无论如何设计和执行，只能对财务报告的可靠性提供合理保证
固有局限性	内部控制存在的固有局限性包括：（共 2 点） 1. 在决策时人为判断可能出现错误和因人为失误而导致内部控制失效 2. 控制可能由于两个或更多的人员串通或管理层不当地凌驾于内部控制之上而被规避
其他因素	影响内部控制的其他因素： 1. 如果被审计单位内部行使控制职能的人员素质不适应岗位要求，也会影响内部控制功能的正常发挥 2. 被审计单位实施内部控制的成本效益问题也会影响其效能，当实施某项控制成本大于控制效果而发生损失时，就没有必要设置该控制环节或控制措施 3. 内部控制一般都是针对经常而重复发生的业务设置的，如果出现不经常发生或未预计到的业务，原有控制就可能不适用

06 控制环境（1/5）

（一）控制环境的概念（如：学习环境、对税务机关检查的态度）

控制环境包括治理职能和管理职能，以及治理层和管理层对内部控制及其重要性的态度、认识和措施。

（二）了解控制环境的要求

（1）防止或发现并纠正舞弊和错误是被审计单位治理层和管理层的责任。

（2）注册会计师应当了解管理层在治理层的监督下，是否营造并保持了诚实守信和合乎道德的文化，以及是否建立了防止或发现并纠正舞弊和错误的恰当控制。

（3）在审计业务承接阶段，注册会计师就需要对控制环境作出初步了解和评价。（★★）

例题精讲

【例题 20·单选题】在了解控制环境时，注册会计师通常考虑的因素是（　　）。

A. 内部控制的人工成分

B. 内部控制的自动化成分

C. 被审计单位董事会对内部控制重要性的态度和认识

D. 会计信息系统

【解析】控制环境包括治理职能和管理职能，以及治理层和管理层对内部控制及其重要性的态度、认识和措施。

【答案】C

（三）了解控制环境的要素

在评价控制环境的设计时，注册会计师应当考虑构成控制环境的下列要素，以及这些要素如何被纳入被审计单位业务流程：（6 个方面）

（1）对诚信和道德价值观念的沟通与落实；（如：山西假酒、明胶）

（2）对胜任能力的重视；（赊销审批：不具有对客户的信用评价的能力）

（3）治理层的参与程度；（是否全员参与管理？一股独大）

（4）管理层的理念和经营风格；（对内部控制重视程度的重要标准，是管理层收到有关内部控制缺陷及违规事件的报告时是否作出适当反应）

（5）组织结构及职权与责任的分配；

（6）人力资源政策与实务。

例题精讲

【例题 21·2013 年、2016 年单选题】下列各项中，不属于控制环境要素的是（　　）。

A. 被审计单位的人力资源政策与实务

B. 被审计单位的组织结构

C. 被审计单位管理层的理念

D. 被审计单位的信息系统

【解析】控制环境包括以下要素：

（1）对诚信和道德价值观念的沟通与落实；

（2）对胜任能力的重视；

（3）治理层的参与程度；

（4）管理层的理念和经营风格；

（5）组织结构及职权与责任的分配；

（6）人力资源政策与实务。

选项 D 不属于控制环境要素。

【答案】D

（四）控制环境具有广泛影响

1. 控制环境设定了被审计单位的内部控制基调

控制环境设定了被审计单位的内部控制基调，影响员工对内部控制的意识。良好的控制环境是实施有效内部控制的基础。

2. 评价控制环境各要素应当考虑的事项及获取审计证据时应当实施的程序

（1）注册会计师应当对控制环境的构成要素获取足够的了解，并考虑内部控制的实质及其综合效果，以了解管理层和治理层对内部控制及其重要性的态度、认识以及所采取的措施。

（2）在评价控制环境各个要素时，注册会计师应当考虑控制环境的各个要素是否得到执行。

（3）在确定构成控制环境的要素是否得到执行时，注册会计师应当考虑将询问与其他风险评估程序相结合以获取审计证据。

3. 控制环境为其他要素提供了适当的基础

控制环境对重大错报风险的评估具有广泛影响，注册会计师应当考虑控制环境的总体优势是否为内部控制的其他要素提供了适当的基础，并且未被控制环境中存在的缺陷所削弱。

4. 有助于降低发生舞弊的风险

（1）虽然令人满意的控制环境并不能绝对防止舞弊，但却有助于降低发生舞弊的风险。

（2）有效的控制环境还能为注册会计师相信在以前年度和期中所测试的控制将继续有效运行提供一定基础。相反，控制环境中存在的弱点可能削弱控制的有效性。

（3）注册会计师在进行风险评估时，如果认为被审计单位控制环境薄弱，则很难认定某一流程的控制是有效的。

5. 控制环境本身并不能防止或发现并纠正认定层次的重大错报

控制环境本身并不能防止或发现并纠正各类交易、账户余额和披露认定层次的重大错报，注册会计师在评估重大错报风险时，应当将控制环境连同其他内部控制要素产生的影响一并考虑。

例题精讲

【例题 22 · 2014 年单选题】下列有关控制环境的说法中，错误的是（　　）。

A. 控制环境对重大错报风险的评估具有广泛影响

B. 财务报表层次重大错报风险很可能源于控制环境存在的缺陷

C. 有效的控制环境本身可以防止、发现并纠正各类交易、账户余额和披露认定层次的重大错报

D. 有效的控制环境可以降低舞弊发生的风险

【解析】控制环境本身并不能防止或发现并纠正各类交易、账户余额和披露认定层次的重大错报，注册会计师在评估重大错报风险时，应当将控制环境连同其他内部控制要素产生的影响一并考虑，选项 C 错误。

【答案】C

【例题23·2013年单选题】下列有关控制环境的说法中，错误的是（　　）。

A. 在审计业务承接阶段，注册会计师无须了解和评价控制环境

B. 在实施风险评估程序时，注册会计师需要对控制环境的构成要素获取足够了解，并考虑内部控制的实质及其综合效果

C. 在进行风险评估时，如果注册会计师认为被审计单位的控制环境薄弱，则很难认定某一流程的控制是有效的

D. 在评估重大错报风险时，注册会计师应当将控制环境连同其他内部控制要素产生的影响一并考虑

【解析】在审计业务承接阶段，注册会计师就需要对控制环境作出初步了解和评价，所以选项A不正确。

【答案】A

07 被审计单位的风险评估过程（2/5）

（一）被审计单位风险评估过程的概念

1. 风险评估过程包括【总体思路：识别→评估→应对（应对措施与风险：具有针对性）】

（1）识别与财务报告相关的经营风险；

（2）评估风险的重大性和发生的可能性；

（3）针对这些风险所采取的措施。

2. 可能产生风险的事项和情形包括（共9条）（体现的核心是“变化”）

（1）监管及经营环境的变化。（压力大）（雾霾）

（2）新员工的加入。

（3）新信息系统的使用或对原系统进行升级。

（4）业务快速发展。快速的业务扩张可能会使内部控制难以应对，从而增加内部控制失效的可能性。

（5）新技术。

（6）新生产型号、产品和业务活动。

（7）企业重组。重组可能带来裁员以及管理职责的重新划分，将影响与内部控制相关的风险。

（8）发展海外经营。（如：外币交易的风险）

（9）新的会计准则。

（二）对风险评估过程的了解

（1）在评价被审计单位风险评估过程的设计和执行时，注册会计师应当确定管理层如何识别与财务报告相关的经营风险，如何估计该风险的重要性，如何评估风险发生的可能性，以及如何采取措施管理这些风险。

（2）如果被审计单位的风险评估过程符合其具体情况，了解被审计单位的风险评估过程和结果有助于注册会计师识别财务报表的重大错报风险。

（3）注册会计师可以通过了解被审计单位及其环境的其他方面信息，评价被审计单位风

险评估过程的有效性。

（4）如果注册会计师发现了与财务报表有关的风险因素，可通过询问管理层和检查有关文件确定被审计单位的风险评估过程是否也发现了该风险。

（5）如果识别出管理层未能识别的重大错报风险，应当考虑：（2 个方面）

①被审计单位的风险评估过程为何没有识别出这些风险，以及评估过程是否适合于具体环境；

②确定与风险评估过程相关的内部控制是否存在值得关注的内部控制缺陷。

例题精讲

【例题 24 · 2019 年多选题】下列有关注册会计师了解被审计单位的风险评估过程的说法中，正确的有（　　）。

A. 如果被审计单位的风险评估过程符合其具体情况，了解风险评估过程有助于注册会计师识别财务报表重大错报风险

B. 在评价被审计单位的风险评估过程的设计和执行时，注册会计师应当了解管理层如何估计风险的重要性

C. 注册会计师可以通过了解被审计单位及其环境的其他方面获取的信息，评价被审计单位风险评估过程的有效性

D. 如果注册会计师识别出管理层未能识别出的重大错报风险，应当将与风险评估过程相关的内部控制评估为存在值得关注的内部控制缺陷

【解析】选项 D 错误，如果识别出管理层未能识别的重大错报风险，注册会计师应当考虑被审计单位的风险评估过程为何没有识别出这些风险，以及评估过程是否适合于具体环境，或者确定与风险评估过程相关的内部控制是否存在值得关注的内部控制缺陷。

【答案】ABC

08 信息系统与沟通（3/5）

（一）与财务报告相关的信息系统的概念

（1）与财务报告相关的信息系统包括：用以生成、记录、处理和报告交易、事项和情况，对相关资产、负债和所有者权益履行经营管理责任的程序和记录。

（2）与财务报告相关的信息系统应当与业务流程相适应。

业务流程，是指被审计单位开发、采购、生产、销售、发送产品和提供服务、保证遵守法律法规、记录信息等一系列活动。

（3）与财务报告相关的信息系统所生成信息的质量，对管理层能否作出恰当的经营管理决策以及编制可靠的财务报告具有重大影响。

（4）与财务报告相关的信息系统的职能（5 个职能）。

①识别与记录所有的有效交易；

②及时、详细地描述交易，以便在财务报告中对交易作出恰当分类；

③恰当计量交易，以便在财务报告中对交易的金额作出准确记录；

④恰当确定交易生成的会计期间；
⑤在财务报表中恰当列报交易。

（二）对与财务报告相关的信息系统的了解

（1）了解与财务报告相关的信息系统应当包括了解信息系统中与财务报表所披露信息相关的方面，无论这些信息是从总账和明细账中获取，还是从总账和明细账之外的其他途径获取。

（2）自动化程序和控制可能降低了发生无意错误的风险，但是并没有消除个人凌驾于控制之上的风险。（地铁刷卡逃票）

（三）与财务报告相关的沟通的概念

与财务报告相关的沟通包括使员工了解：（3方面）
（1）各自在与财务报告有关的内部控制方面的角色和职责；
（2）员工之间的工作联系；
（3）向适当级别的管理层报告例外事项的方式。

（四）对与财务报告相关的沟通的了解

注册会计师应当了解：（3方面）
（1）被审计单位内部如何对财务报告的岗位职责以及与财务报告相关的重大事项进行沟通；
（2）管理层与治理层（特别是审计委员会）之间的沟通；
（3）被审计单位与外部（包括与监管部门）的沟通。

09 控制活动（一般与认定层次的重大错报风险相关）（4/5）

（一）与审计相关的控制活动的概念

控制活动是指有助于确保管理层的指令得以执行的政策和程序。（共5项）

<table>
<tr><th>控制活动</th><th colspan="2">相关内容</th></tr>
<tr><td rowspan="3">授权</td><td>相关认定</td><td>用途广泛（如：报销发票）：真实、金额的正确性（存在/发生/准确性、计价和分摊）</td></tr>
<tr><td rowspan="2">分类</td><td>①一般授权：是指管理层制定的要求组织内部遵守的普遍适用于某类交易或活动的政策</td></tr>
<tr><td>②特别授权：是指管理层针对特定类别的交易或活动逐一设置的授权，如：重大资本支出和股票发行等
特别授权也可能用于超过一般授权限制的常规交易</td></tr>
</table>

控制活动	相关内容	
业绩评价	相关认定	业绩的真实性、完整性、金额的正确性（存在/发生/完整性/准确性、计价和分摊）
	主要内容	与业绩评价有关的控制活动主要包括：（5方面） ①被审计单位分析评价实际业绩与预算（或预测、前期业绩）的差异 ②综合分析财务数据与经营数据的内在关系 ③将内部数据与外部信息来源相比较 ④评价职能部门、分支机构或项目活动的业绩（如银行客户信贷经理复核各分行、地区和各种贷款类型的审批和收回） ⑤对发现的异常差异或关系采取必要的调查与纠正措施
信息处理	相关认定	真实性、完整性（如：凭证连续编号）和金额的正确性（审核无误的原始凭证？如何传递？比如：销售产品）（存在/发生/完整性/准确性、计价和分摊）
	分类	①信息技术一般控制：是指与多个应用系统有关的政策和程序（可能导致财务报表层次的重大错报风险） ②信息技术应用控制：是指主要在业务流程层面运行的人工或自动化程序，与用于生成、记录、处理、报告交易或其他财务数据的程序相关（可能导致认定层次的重大错报风险）
实物控制	相关认定	保证资产的安全完整（存在、完整性），例如，现金、有价证券和存货的定期盘点控制（★★★财务重地，闲人免进）
职责分离	相关认定	存在、发生、完整性、金额的准确性相关
	控制要点	授权、记录、执行、保管、稽核必须分开（五点）
	其他事项	当信息技术运用于信息系统时，职责分离可以通过设置安全控制来实现（如：银行存款余额调节表不能让出纳编制，可能私自挪用款项，或出借账户）

例题精讲

【例题27·2010年多选题】下列活动中，注册会计师认为属于控制活动的有（　　）。

A. 授权　　B. 业绩评价

C. 风险评估　　D. 职责分离

【解析】控制活动包括与授权、业绩评价、信息处理、实物控制和职责分离等相关的活动。

【答案】ABD

（二）对控制活动的了解（2句话）

（1）在了解控制活动时，注册会计师应当重点考虑一项控制活动单独或连同其他控制活动，是否能够以及如何防止或发现并纠正各类交易、账户余额和披露存在的重大错报。

（2）如果多项控制活动能够实现同一目标，注册会计师不必了解与该目标相关的每项控制活动。（★★★★）

10 对控制的监督（5/5）

（一）对控制的监督的概念

概念	对控制的监督：是指被审计单位评价内部控制在一段时间内运行有效性的过程，涉及及时评估控制的有效性，并采取必要的补救措施（及时评估+采取措施）
方式	通常管理层通过持续的监督活动、单独的评价活动或两者相结合，实现对控制的监督。其中： ①持续的监督活动通常贯穿于被审计单位日常重复的活动中，包括常规管理和监督工作（如：付款时审查发票） ②被审计单位可能使用内部审计人员或具有类似职能的人员对内部控制的设计和执行进行专门的评价，以找出内部控制的优点和不足，并提出改进建议

例题精讲

【例题 26 · 2017 年单选题】下列各项中，属于对控制的监督的是（　　）。

A. 授权与批准　　B. 职权与责任的分配

C. 业绩评价　　D. 内审部门定期评估控制的有效性

【解析】选项 AC 属于控制活动的内容，选项 B 属于控制环境的内容。

【答案】D

【例题 27 · 单选题】持续的监督活动通常贯穿于日常经营活动与常规管理工作。下列活动中，属于持续的监督活动的是（　　）。

A. 审计委员会定期了解财务数据

B. 相应级别的员工复核采购业务流程中控制的执行情况

C. 注册会计师对年度财务报表进行审计

D. 内部审计人员对控制实施风险评估

【解析】持续的监督活动通常贯穿于被审计单位日常重复的活动中，包括常规管理和监督工作。例如，管理层在履行其日常管理活动时，取得内部控制持续发挥功能的信息，所以选项 B 的表述属于持续的监督活动。

【答案】B

（二）了解对内部控制的监督

注册会计师在对被审计单位整体层面的监督进行了解和评估时，考虑的主要因素可能包括：（共 7 点，简单了解）

（1）被审计单位是否定期对内部控制进行评价。

（2）被审计单位人员在履行正常职责时，能够在多大程度上获得内部控制是否有效运行的证据。

（3）与外部的沟通能够在多大程度上证实内部产生的信息或者指出存在的问题。

（4）管理层是否采纳内部审计和注册会计师有关内部控制的建议。

（5）管理层是否及时纠正控制运行中的偏差。

（6）管理层根据监管机构的报告及建议是否及时采取纠正措施。

（7）是否存在协助管理层监督内部控制的职能部门（如内部审计部门）。

11 在整体层面和业务流程层面了解内部控制

分两个方面阐述：

（1）在整体层面了解内部控制（主要与报表层次相关）。

财务报表层次的重大错报风险很可能源于薄弱的控制环境。

（2）在业务流程层面了解和评价内部控制（主要与认定层次相关）。

富富有提示

内部控制的某些要素（如：控制环境）更多地对被审计单位整体层面产生影响，而其他要素（如：信息系统与沟通、控制活动）则可能更多地与特定业务流程相关。

整体层面控制和业务流程层面控制的关系

两种层面控制	相关内容
整体层面控制	（1）整体层面的控制（★★包括对管理层凌驾于内部控制之上的控制）和信息技术一般控制通常在所有业务活动中普遍存在 （2）包括：控制环境、风险评估、对控制的监督、信息技术一般控制（4 个方面） （3）整体层面的控制也包括对下列事项的控制： ①管理层凌驾于内部控制之上 ②集中处理 ③期末财务报告流程 ④针对关键经营风险的政策
业务流程层面控制	（1）业务流程层面控制主要是针对工薪、销售和采购等交易的控制 （2）包括：控制活动、信息系统与沟通、信息技术应用控制（3 个方面）
两种层面控制的关系	整体层面的控制对内部控制在所有业务流程中得到严格的设计和执行具有重要影响。整体层面的控制较差甚至可能使最好的业务流程层面控制失效。如：有效的采购系统，可能因为会计人员不胜任，导致发生大量错误，且其中一些错误可能导致财务报表发生重大错报

例题精讲

【例题 28 · 2014 年单选题】下列各项中，属于业务流程层面控制的是（　　）。

A. 应对管理层凌驾于控制之上的控制　　B. 信息技术的一般控制

C. 对期末财务报告流程的控制　　D. 信息技术应用控制

【解析】选项 D 信息技术应用控制属于业务流程层面的控制，所以选项 D 正确。

【答案】D

（一）了解和评价业务流程层面的内部控制的步骤（6个步骤）

步骤	注意事项及相关内容
1. 确定被审计单位的重要业务流程和重要交易类别	①仅了解重要的 ②如：采购、生产、投资、担保等 ③企业不同，业务循环可能有所不同
2. 了解重要交易流程，并记录获得的了解	①只记录“变化的部分” ②无论业务流程是否有变化，每年都需要重新考虑和了解
3. 确定可能发生错报的环节	①注册会计师具有专业胜任能力 ②业务流程实现的目标有哪些？与哪些认定相关？常用的控制有哪些？
4. 识别和了解相关控制	【见下述标题（二）】
5. 执行穿行测试，证实对交易流程和相关控制的了解	【见下述标题（三）】
6. 进行初步评价和风险评估	【见下述标题（四）】
在实务中，上述步骤可能同时进行，例如，在询问相关人员的过程中，同时了解重要交易的流程和相关控制	

（二）识别和了解相关控制（重点掌握：步骤4）

1. 基本规定（3句话）

（1）在某些情况下，注册会计师之前的了解可能表明被审计单位在业务流程层面针对某些重要交易流程所设计的控制是无效的，或者注册会计师并不打算信赖控制，这时注册会计师没有必要进一步了解在业务流程层面的控制。（★★不是必须了解业务流程层面，无效或不打算依赖可以不了解）

（2）如果注册会计师计划对业务流程层面的有关控制进行进一步的了解和评价，那么针对业务流程中容易发生错报的环节，注册会计师应当确定：（3个问题）

①被审计单位是否建立了有效的控制，以防止或发现并纠正这些错报；

②被审计单位是否遗漏了必要的控制；

③是否识别了可以最有效测试的控制。

2. 业务流程中的控制的类型：分为预防性控制和检查性控制

（1）预防性控制。（★★人工或自动化：防患于未然）

预防性控制通常用于正常业务流程的每一项交易中，以防止错报的发生。（★★★★如：授权、审批、背景调查、职责分离等）

教材表7-3 预防性控制示例（掌握）

对控制的描述	控制用来防止的错报
①计算机程序自动生成收货报告，同时也更新采购档案	防止出现购货漏记账的情况
②在更新采购档案之前要有收货报告	防止记录了未收到购货的情况
③销货发票上的价格根据价格清单上的信息确定	防止销货计价错误
④系统将各凭证上的账户号码与会计科目表对比，然后进行一系列的逻辑测试	防止出现分类错报

例题精讲

【例题 29 · 2017 年单选题】下列各项中，属于预防性控制的是（　　）。

A. 财务主管定期盘点现金和有价证券

B. 管理层分析评价实际业绩与预算的差异，并针对超过规定金额的差异调查原因

C. 董事会复核并批准由管理层编制的财务报表

D. 由不同的员工负责职工薪酬档案的维护和职工薪酬的计算

【解析】选项 ABC 属于检查性控制。

【答案】D

（2）检查性控制。（★★人工执行或信息系统自动执行：事后诸葛亮）

教材表 7-4　检查性控制示例

对控制的描述	控制预期查出的错报
①定期编制银行存款余额调节表，跟踪调查挂账的项目	在对其他项目进行审核的同时，查找存入银行但没有记入日记账的现金收入，未记录的银行现金支付或虚构入账的不真实的银行现金收入或支付，未及时入账或未正确汇总分类的银行现金收入或支付
②将预算与实际费用间的差异列入计算机编制的报告中并由部门经理复核。记录所有超过预算 2% 的差异情况和解决措施	在对其他项目进行审核的同时，查找本月发生的重大分类错报或没有记录及没有发生的大笔收入、支出以及相关联的资产和负债项目
③系统每天比较运出货物的数量和开票数量。如果发现差异，产生报告，由开票主管复核和追查	查找没有开票和记录的出库货物，以及与真实发货无关的发票
④每季度复核应收账款贷方余额并找出原因	查找未予入账的发票和销售与现金收入中的分类错误

①目的：发现流程中可能发生的错报。【★★★★如：复核（对账）、定期编制、定期盘点等】

②如果确信存在以下情况，那么就可以将检查性控制作为一个主要的手段，来合理保证某特定认定发生重大错报的可能性较小：（情况良好、饭后餐盘送至收餐台）

a. 控制所检查的数据是完整、可靠的；

b. 控制对于发现重大错报足够敏感；

c. 发现的所有重大错报都将被纠正。

例题精讲

【例题 30 · 2018 年单选题】下列各项控制中，属于检查性控制的是（　　）。

A. 出纳不能兼任收入或支出的记账工作

B. 财务总监复核并批准财务经理提出的撤销银行账号的申请

C. 财务经理根据其权限复核并批准相关付款

D. 财务经理复核会计编制的银行存款余额调节表

【解析】选项 ABC 均属于事前控制，属于预防性控制；财务经理复核会计编制的银行存款余额调节表，属于事后控制，因此是检查性控制。

【答案】D

【例题 31 · 2014 年单选题】下列控制活动中，属于检查性控制的是（ ）。

A. 信息技术部根据人事部提供的员工岗位职责表在系统中设定用户权限

B. 仓库管理员根据经批准的发货单办理出库

C. 财务人员每月末与客户进行对账，并调查差异

D. 采购部对新增供应商执行背景调查

【解析】选项 ABD 属于预防性控制，选项 C 属于检查性控制。

【答案】C

（三）执行穿行测试，证实对交易流程和相关控制的了解（重点掌握：步骤 5）

基本要求	为了解各类重要交易在业务流程中发生、处理和记录的过程，注册会计师通常会执行穿行测试
作用	执行穿行测试的作用（共 6 点，少量事实：熟悉+验证） 1. 确认对业务流程的了解 2. 确认对重要交易的了解是完整的，即在交易流程中所有与财务报表认定相关的可能发生错报的环节都已识别 3. 确认所获取的有关流程中的预防性控制和检查性控制信息的准确性 4. 评估控制设计的有效性 5. 确认控制是否得到执行 6. 确认之前所做的书面记录的准确性
必要性	如果不打算信赖控制，注册会计师仍需要执行适当的审计程序以确认以前对业务流程及可能发生错报环节了解的准确性和完整性（必须做：验证以前）

例题精讲

【例题 32 · 2019 年多选题】下列各项中，属于注册会计师通过实施穿行测试可以实现的目的的有（ ）。

A. 确认对业务流程的了解

B. 评价控制设计的有效性

C. 确认控制是否得到执行

D. 确认对重要交易的了解是否完整

【解析】执行穿行测试可获得下列方面的证据：（1）确认对业务流程的了解（选项 A）；（2）确认对重要交易的了解是完整的（选项 D），即在交易流程中所有与财务报表认定相关的可能发生错报的环节都已识别；（3）确认所获取的有关流程中的预防性控制和检查性控制信息的准确性；（4）评估控制设计的有效性（选项 B）；（5）确认控制是否得到执行（选项 C）；（6）确认之前所做的书面记录的准确性。

【答案】ABCD

（四）进行初步评价和风险评估（重点掌握：步骤 6）

初步评价	原因	因为是在执行穿行测试后但在控制运行有效性的测试前进行的，仍有可能发生变化
	结论	注册会计师对控制的评价结论可能是：（共 3 点）（掌握） 1. 所设计的内部控制单独或连同其他控制能够防止或发现并纠正重大错报，并得到执行 2. 控制本身的设计是合理的，但没有得到执行 3. 控制本身的设计就是无效的或缺乏必要的控制
考虑因素	注册会计师对控制的评价，进而对重大错报风险的评估，需考虑以下因素：（共 2 点） 1. 账户特征及已识别的重大错报风险（总原则：重大错报风险越高，要求控制越敏感，两者呈反向关系） 2. 对被审计单位整体层面控制的评价	
相关说明	除非存在某些可以使控制得到一贯运行的自动化控制，注册会计师对控制的了解和评价并不能够代替对控制运行有效性的测试	

第五节 评估重大错报风险

查看本节视频，快速 GET 知识点
使用"会计云课堂"App或"微信"扫码

01 评估财务报表层次和认定层次的重大错报风险

（一）评估重大错报风险时考虑的部分风险因素

教材表 7-5 风险评估时考虑的部分风险因素

1. 已识别的风险是什么？	
财务报表层次	（1）源于薄弱的被审计单位整体层面内部控制或信息技术一般控制 （2）与财务报表整体广泛相关的特别风险 （3）与管理层凌驾和舞弊相关的风险因素 （4）管理层愿意接受的风险，例如小企业因缺乏职责分离导致的风险
认定层次	（1）与完整性、准确性、存在或计价相关的特定风险 ①收入、费用和其他交易 ②账户余额 ③财务报表披露 （2）可能产生多重错报的风险
相关内部控制程序	（1）特别风险 （2）用于预防、发现或减轻已识别风险的恰当设计并执行的内部控制程序 （3）仅通过执行控制测试应对的风险
2. 错报（金额影响）可能发生的规模有多大？	
财务报表层次	什么事项可能导致财务报表重大错报？考虑管理层凌驾、舞弊、未预期事件和以往经验

续表

认定层次	考虑： （1）交易、账户余额或披露的固有性质 （2）日常和例外事件 （3）以往经验
3. 事件（风险）发生的可能性有多大？	
财务报表层次	考虑： （1）来自高层的基调 （2）管理层风险管理的方法 （3）采用的政策和程序 （4）以往经验
认定层次	考虑： （1）相关的内部控制活动 （2）以往经验
相关内部控制程序	识别对于降低事件发生可能性非常关键的管理层风险应对要素

（二）评估重大错报风险的审计程序（掌握，会描述）

在评估重大错报风险时，注册会计师应当实施下列审计程序：（共 4 点）

（1）在了解被审计单位及其环境（包括与风险相关的控制）的整个过程中（6 个方面），结合对财务报表中各类交易、账户余额和披露（包括定量披露和定性披露）的考虑，识别风险。（了解并识别风险）

（2）结合对拟测试的相关控制的考虑，将识别出的风险与认定层次可能发生错报的领域相联系。（将风险与错报领域相联系）

（3）评估识别出的风险，并评价其是否更广泛地与财务报表整体相关，进而潜在地影响多项认定。（评价风险的广泛性）

（4）考虑发生错报的可能性（包括发生多项错报的可能性），以及潜在错报的重大程度是否足以导致重大错报。（评价发生错报的可能性？严重程度？）

富富有提示

①“重大”的两层含义：

a. 一旦出问题给报表带来的影响是严重的；

b. 出错的概率是高的。

②注册会计师应当利用实施风险评估程序获取的信息，包括在评价控制设计和确定其是否得到执行时获取的审计证据，作为支持风险评估结果的审计证据。

③ 注册会计师应当根据风险评估结果，确定实施进一步审计程序的性质、时间安排和范围。

例题精讲

【例题 33 · 多选题】在识别和评估重大错报风险时，注册会计师应当实施的审计程序有（　　）。

A. 识别被审计单位的所有经营风险

B. 考虑识别的错报风险导致财务报表发生重大错报的可能性

C. 考虑识别的错报风险是否重大

D. 将识别的错报风险与认定层次可能发生错报的领域相联系

【解析】 在识别和评估重大错报风险时，注册会计师应当实施的审计程序包括：在了解被审计单位及其环境的整个过程中识别风险、并考虑各类交易、账户余额、披露；将识别的风险与认定层次可能发生错报的领域相联系；考虑识别的风险是否广泛；考虑识别的风险导致财务报表发生重大错报的可能性。选项 A 错误是因为注册会计师应当识别与财务报表有关的经营风险，并不是对所有经营风险均识别。

【答案】 BCD

（三）识别两个层次的重大错报风险

认定层次	某些重大错报风险可能与特定的某类交易、账户余额和披露的认定相关 如联营或并购：影响长期股权投资的账面价值
财务报表层次	某些重大错报风险可能与财务报表整体广泛相关，进而影响多项认定 下列风险与财务报表整体有关：（2 个举例） 1. 可能导致注册会计师对被审计单位持续经营能力产生重大疑虑的情形： （1）在经济不稳定的国家和地区开展业务 （2）资产的流动性出现问题 （3）重要客户流失 （4）融资能力受到限制等 2. 管理层缺乏诚信或承受异常的压力可能引发舞弊风险

例题精讲

【例题 34 · 2019 年多选题】 下列情形中，通常表明可能存在财务报表层次重大错报风险的有（　　）。

A. 被审计单位财务人员不熟悉会计准则

B. 被审计单位频繁更换财务负责人

C. 被审计单位内部控制环境薄弱

D. 被审计单位投资了多家联营企业

【解析】 选项 ABC 均与财务报表整体存在广泛联系，选项 D 表明长期股权投资账户的认定可能存在重大错报风险。

【答案】 ABC

（四）控制环境对评估财务报表层次重大错报风险的影响

财务报表层次的重大错报风险很可能源于薄弱的控制环境。（总体应对措施）

（五）控制对评估认定层次重大错报风险的影响（共 2 点：简单了解）

（1）注册会计师应当将所了解的控制与特定认定相联系，以评估认定层次的重大错报风险。

控制可能与某一认定直接相关，也可能与某一认定间接相关。关系越间接，控制在防止或发现并纠正认定中错报的作用越小。

（2）注册会计师可能识别出有助于防止或发现并纠正特定认定发生重大错报的控制。在确定这些控制是否能够实现上述目标时，注册会计师应当将控制活动和其他要素综合考虑。

因为单个的控制活动（如将发货单与销售发票相核对）本身并不足以控制重大错报风险。只有多种控制活动和内部控制的其他要素综合作用才足以控制重大错报风险。

例题精讲

【例题35·2020年单选题】下列有关控制对评估重大错报风险的影响的说法中，错误的是（　　）。

A. 控制是否得到执行不会影响注册会计师对重大错报风险的评估结果

B. 控制运行有效性的测试结果会影响注册会计师对重大错报风险的评估结果

C. 控制在所审计期间内是否发生变化会影响注册会计师对重大错报风险的评估结果

D. 上年度审计中是否发现控制缺陷会影响注册会计师对重大错报风险的评估结果

【解析】风险评估程序中，了解内控时应确定控制是否得到执行，所以控制是否得到执行会影响注册会计师对重大错报风险的评估结果（选项A错误）。

【答案】A

（六）考虑财务报表的可审计性

（1）注册会计师在了解被审计单位内部控制后，可能对被审计单位财务报表的可审计性产生怀疑。

（2）如果通过对内部控制的了解发现下列情况，并对财务报表局部或整体的可审计性产生疑问，注册会计师应当考虑出具保留意见或无法表示意见的审计报告：（共2点）

①被审计单位会计记录的状况和可靠性存在重大问题，不能获取充分、适当的审计证据以发表无保留意见；

②对管理层的诚信存在严重疑虑。必要时，注册会计师应当考虑解除业务约定。

例题精讲

【例题36·2019年单选题】下列情形中，通常可能导致注册会计师对财务报表整体的可审计性产生疑问的是（　　）。

A. 注册会计师对管理层的诚信存在重大疑虑

B. 注册会计师对被审计单位的持续经营能力产生重大疑虑

C. 注册会计师识别出与员工侵占资产相关的舞弊风险

D. 注册会计师识别出被审计单位严重违反税收法规的行为

【解析】如果通过对内部控制的了解发现下列情况，并对财务报表局部或整体的可审计性产生疑问，注册会计师应当考虑出具保留意见或无法表示意见的审计报告：（1）被审计单位会计记录的状况和可靠性存在重大问题，不能获取充分、适当的审计证据以发表无保留意见；（2）对管理层的诚信存在严重疑虑（选项A正确）。必要时，注册会计师应当考虑解除业务约定。

【答案】A

02 需要特别考虑的重大错报风险

（一）特别风险的概念

概念	特别风险：是指注册会计师识别和评估的、根据判断认为需要特别考虑的重大错报风险
说明	应当将下列事项评估为特别风险： 1. 舞弊导致的重大错报风险 2. 管理层凌驾于控制之上的风险 3. 超出被审计单位正常经营过程的重大关联方交易导致的重大错报风险

（二）确定特别风险时应考虑的事项

考虑事项	在判断哪些风险是特别风险时，注册会计师应当至少考虑下列事项： 1. 风险是否属于舞弊风险 2. 风险是否与近期经济环境、会计处理方法或其他方面的重大变化相关，因而需要特别关注 3. 交易的复杂程度 4. 风险是否涉及重大的关联方交易 5. 财务信息计量的主观程度，特别是计量结果是否具有高度不确定性（履约进度、非洲） 6. 风险是否涉及异常或超出正常经营过程的重大交易
相关说明	在判断哪些风险是特别风险时，注册会计师不应考虑识别出的控制对相关风险的抵销效果

例题精讲

【例题 37 · 2021 年单选题】 下列各项重大错报风险中，注册会计师应当评估为特别风险的是（　　）。

A. 与关联方交易相关的重大错报风险

B. 与具有高度估计不确定性的会计估计相关的重大错报风险

C. 与管理层挪用货币资金相关的重大错报风险

D. 与重大资产余额相关的重大错报风险

【解析】 选项 C 正确，管理层挪用货币资金属于舞弊行为，舞弊导致的重大错报风险属于需要注册会计师特别考虑的重大错报风险，即特别风险。

【答案】 C

【例题 38 · 2019 年单选题】 下列有关注册会计师评估特别风险的说法中，正确的是（　　）。

A. 注册会计师应当将具有高度估计不确定性的会计估计评估为存在特别风险

B. 注册会计师应当将涉及重大管理层判断和重大审计判断的事项评估为存在特别风险

C. 注册会计师应当将管理层凌驾于控制之上的风险作为特别风险

D. 注册会计师应当将重大非常规交易评估为存在特别风险

【解析】 选项 C 正确，应当直接评估为特别风险的事项只有三个：（1）舞弊导致的重大错报风险；（2）管理层凌驾于控制之上的风险；（3）超出被审计单位正常经营过程的重大关联方交易导致的重大错报风险。其余的事项都需要进一步评估才能确定是否存在特别风险。

【答案】 C

【例题39·2018年单选题】 下列各项中，注册会计师在确定某项重大错报风险是否为特别风险时，通常无须考虑的是（　　）。

A. 交易的复杂程度

B. 风险是否涉及重大的关联方交易

C. 被审计单位财务人员的胜任能力

D. 财务信息计量的主观程度

【解析】 被审计单位财务人员的胜任能力在确定一项重大错报风险是否为特别风险时，通常无须考虑，选项C错误。

【答案】 C

【例题40·2017年多选题】 下列各项中，注册会计师在评估特别风险时应当考虑的有（　　）。

A. 风险是否涉及重大的关联方交易

B. 交易的复杂程度

C. 与交易相关的控制对风险的抵销效果

D. 风险是否属于舞弊风险

【解析】 在判断哪些风险是特别风险时，注册会计师应当至少考虑：（1）风险是否属于舞弊风险（选项D）；（2）风险是否与近期经济环境、会计处理方法和其他方面的重大变化相关，因而需要特别关注；（3）交易的复杂程度（选项B）；（4）风险是否涉及重大的关联方交易（选项A）；（5）财务信息计量的主观程度，特别是计量结果是否具有高度不确定性；（6）风险是否涉及异常或超出正常经营过程的重大交易。在判断哪些风险是特别风险时，注册会计师不应考虑识别出的控制对相关风险的抵销效果（选项C不正确）。

【答案】 ABD

（三）非常规交易和判断事项导致的特别风险

非常规交易	概念	是指由于金额或性质异常而不经常发生的交易
	导致特别风险的原因	由于非常规交易具有下列特征，与重大非常规交易相关的特别风险可能导致更高的重大错报风险： 1. 管理层更多地干预会计处理 2. 数据收集和处理进行更多的人工干预 3. 复杂的计算或会计处理方法 4. 非常规交易的性质可能使被审计单位难以对由此产生的特别风险实施有效控制
判断事项	概念	通常包括作出的会计估计（具有计量的重大不确定性）。如：资产减值准备金额的估计、需要运用复杂估值技术确定的公允价值计量等
	导致特别风险的原因	由于下列原因，与重大判断事项相关的特别风险可能导致更高的重大错报风险： 1. 对涉及会计估计、收入确认等方面的会计原则存在不同的理解 2. 所要求的判断可能是主观和复杂的，或需要对未来事项作出假设

富富有提示

特别风险通常与重大的非常规交易和判断事项有关。（日常的、不复杂的、经正规处理的交易不太可能产生特别风险）

（四）考虑与特别风险相关的控制（4句话）

（1）了解与特别风险相关的控制，有助于注册会计师制定有效的审计方案予以应对。

（2）对特别风险，注册会计师应当评价相关控制的设计情况，并确定其是否已经得到执行。（设计+执行）

（3）由于与重大非常规交易或判断事项相关的风险很少受到日常控制的约束，注册会计师应当了解被审计单位是否针对该特别风险设计和实施了控制。

（4）如果管理层未能实施控制以恰当应对特别风险，注册会计师应当认为内部控制存在值得关注的内部控制缺陷，并考虑其对风险评估的影响。在此情况下，注册会计师应当就此类事项与治理层沟通。

例题精讲

【例题41·2015年单选题】 下列有关特别风险的说法中，正确的是（　　）。

A. 注册会计师应当将管理层凌驾于控制之上的风险评估为特别风险

B. 注册会计师应当了解并测试与特别风险相关的控制

C. 注册会计师应当对特别风险实施细节测试

D. 注册会计师在判断重大错报风险是否为特别风险时，应当考虑识别出的控制对于相关风险的抵销效果

【解析】 如果对与特别风险相关的控制的评估结论为：控制本身的设计是合理的，但没有得到执行；控制本身的设计就是无效的或缺乏必要的控制，那么不需要进行控制测试，所以选项B错误；注册会计师应当对特别风险实施实质性程序，所以选项C错误；注册会计师在判断重大错报风险是否为特别风险时，不应考虑识别出的控制对于相关风险的抵销效果，所以选项D错误。

【答案】 A

03 仅通过实质性程序无法应对的重大错报风险（必须掌握：3句话）

（1）作为风险评估的一部分，如果认为仅通过实质性程序获取的审计证据无法应对认定层次的重大错报风险，注册会计师应当评价被审计单位针对这些风险设计的控制，并确定其执行情况。（★★了解内部控制）

（2）在被审计单位对日常交易采用高度自动化处理的情况下，审计证据可能仅以电子形式存在，其充分性和适当性通常取决于自动化信息系统相关控制的有效性，注册会计师应当考虑仅通过实施实质性程序不能获取充分、适当审计证据的可能性。

（3）如果认为仅通过实施实质性程序不能获取充分、适当的审计证据，注册会计师应当考虑依赖的相关控制的有效性，并对其进行了解、评估和测试。（★★★背下来，可以考简答题或综合题）

04 对风险评估的修正（3 句话）

（1）注册会计师对认定层次重大错报风险的评估，可能随着审计过程中不断获取审计证据而作出相应的变化。

（2）如果通过实施进一步审计程序获取的审计证据与初始评估获取的审计证据相矛盾，注册会计师应当修正风险评估结果，并相应修改原计划实施的进一步审计程序。

（3）评估重大错报风险与了解被审计单位及其环境一样，也是一个连续和动态地收集、更新与分析信息的过程，贯穿于整个审计过程的始终。

前情回顾小剧场

（1）风险识别和风险评估的概念和作用；

（2）风险评估程序包括的内容（询问、观察、检查、分析程序）；

（3）项目组内部讨论（目的、内容、参与人员、时间和方式）；

（4）了解被审计单位及其环境（6 方面：内部因素、外部因素、内部因素+外部因素）；

（5）内部控制的概念和五要素；

（6）与审计相关的控制；（报告、合规、经营）；

（7）对内部控制了解的深度（设计、执行）；

（8）了解内部控制与测试控制有效性的关系；

（9）内部控制人工和自动化控制的适用范围；

（10）内部控制的局限性；

（11）控制环境的含义和六要素（①对诚信和道德价值观念的沟通与落实；②对胜任能力的重视；③治理层的参与程度；④管理层的理念和经营风格；⑤组织结构及职权与责任的分配；⑥人力资源政策与实务）；

（12）控制活动的内容（授权、业绩评价、信息处理、实物控制、职责分离）；

（13）对控制的监督（持续的监督活动、单独的评价活动）；

（14）预防性控制和检查性控制的含义及适用范围；

（15）执行穿行测试（获取 6 方面证据——熟悉+验证、必须做）；

（16）评估重大错报风险的审计程序（4 个方面）；

（17）特别风险的概念及考虑因素（注意：不考虑抵销效果）。

第八章　风险应对

CHAPTER-8

五项须知小剧场

- **近5年考情分析**
  - 平均分值5分/年
  - 2021年考核了单选题和多选题
- **教材主要变化**——本章内容无实质性变化
- **建议学习时长**——5小时
- **学习方法提示**——本章属于比较重要的章节，经常以客观题形式进行考核，也可以考核简答题，同时可以结合风险评估、认定等内容在综合题中进行考核
- **本章基本框架**
  - 第一节　针对财务报表层次重大错报风险的总体应对措施
    - 财务报表层次重大错报风险与总体应对措施　考点1
    - 增加审计程序不可预见性的方法　考点2
    - 总体应对措施对拟实施进一步审计程序的总体审计方案的影响　考点3
  - 第二节　针对认定层次重大错报风险的进一步审计程序
    - 进一步审计程序的概念和要求　考点1
    - 进一步审计程序的性质　考点2
    - 进一步审计程序的时间　考点3
    - 进一步审计程序的范围　考点4
  - 第三节　控制测试
    - 控制测试的概念和要求　考点1
    - 控制测试的性质　考点2
    - 控制测试的时间　考点3
    - 控制测试的范围　考点4
  - 第四节　实质性程序
    - 实质性程序的概念和要求　考点1
    - 实质性程序的性质　考点2
    - 实质性程序的时间　考点3
    - 实质性程序的范围　考点4

核心考点精讲专场

第一节　针对财务报表层次重大错报风险的总体应对措施

查看本节视频，快速 GET 知识点
使用“会计云课堂”App或“微信”扫码

富富有图示

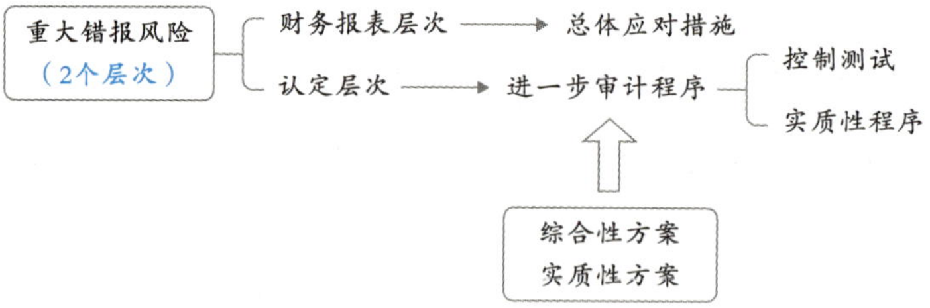

01 财务报表层次重大错报风险与总体应对措施

（一）总体应对措施

总体 应对措施（共5点）	1. 向项目组强调保持职业怀疑的必要性 2. 指派更有经验或具有特殊技能的审计人员，或利用专家的工作 3. 提供更多的督导（如：“加强项目质量复核”） 4. 在选择拟实施的进一步审计程序时融入更多的不可预见的因素 5. 对拟实施审计程序的性质、时间安排或范围作出总体修改
相关说明	财务报表层次的重大错报风险很可能源于薄弱的控制环境

（二）控制环境存在缺陷时的应对

如果控制环境存在缺陷，注册会计师在对拟实施审计程序的性质、时间安排和范围作出总体修改时应当考虑：

方面	具体应对措施
时间	在期末而非期中实施更多的审计程序
性质	通过实施实质性程序获取更广泛的审计证据
范围	增加拟纳入审计范围的经营地点的数量

例题精讲

【例题1·2016年单选题】下列各项措施中，不能应对财务报表层次重大错报风险的是（　　）。

A. 在期末而非期中实施更多的审计程序　　B. 扩大控制测试的范围
C. 增加拟纳入审计范围的经营地点的数量　　D. 增加审计程序的不可预见性

【解析】选项B，控制测试是为了获取关于控制防止或发现并纠正认定层次的重大错报的有效性而实施的测试，不能应对财务报表层次的重大错报风险。

【答案】B

02 增加审计程序不可预见性的方法

（一）增加审计程序不可预见性的思路和实施要点（★★）

思路	注册会计师可以通过以下方法，提高审计程序的不可预见性：（共4点） 1. 对某些以前未测试的低于设定的重要性水平或风险较小的账户余额和认定实施实质性程序 2. 调整实施审计程序的时间，使其超出被审计单位的预期 3. 采取不同的审计抽样方法，使当年抽取的测试样本与以前有所不同 4. 选取不同的地点实施审计程序，或预先不告知被审计单位所选定的测试地点（存货监盘，换仓库）
实施要点	1. 注册会计师需要与被审计单位的管理层事先沟通，要求实施具有不可预见性的审计程序，但不能告知其具体内容 注册会计师可以（★★★注意：不是必须）在签订审计业务约定书时明确提出这一要求 2. 虽然对于不可预见性程度没有量化的规定，但审计项目组可根据对舞弊风险的评估等确定具有不可预见性的审计程序。审计项目组可以汇总那些具有不可预见性的审计程序，并记录在审计工作底稿中（如，截止：延长时间） 3. 项目合伙人需要安排项目组成员有效地实施具有不可预见性的审计程序，但同时要避免使项目组成员处于困难境地（要求实施的人员经验要足够）

例题精讲

【例题2·2019年单选题】下列有关审计程序不可预见性的说法中，错误的是（　　）。

A. 增加审计程序的不可预见性是为了避免管理层对审计效果的人为干预

B. 注册会计师无须量化审计程序的不可预见性程度

C. 增加审计程序的不可预见性会导致注册会计师实施更多的审计程序

D. 注册会计师在设计拟实施审计程序的性质、时间安排和范围时，都可以增加不可预见性

【解析】增加审计程序的不可预见性“可能”会导致注册会计师实施更多的审计程序。

【答案】C

【例题3·2015年多选题】下列有关审计程序不可预见性的说法中，正确的有（　　）。

A. 注册会计师需要与被审计单位管理层事先沟通拟实施具有不可预见性的审计程序的要求，但不能告知其具体内容

B. 注册会计师应当在签订审计业务约定书时明确提出拟在审计过程中实施具有不可预见性的审计程序，但不能明确其具体内容

C. 注册会计师通过调整实施审计程序的时间，可以增加审计程序的不可预见性

D. 注册会计师采用不同的抽样方法使当年抽取的测试样本与以前有所不同，可以增加审计程序的不可预见性

【解析】注册会计师可以（没有强制要求）在签订审计业务约定书时明确提出拟在审计过程中实施具有不可预见性的审计程序。

【答案】ACD

（二）增加审计程序不可预见性的示例（一定要看）

教材表 8-1　审计程序的不可预见性示例

审计领域	一些可能适用的具有不可预见性的审计程序
1. 存货	（1）向以前审计过程中接触不多的被审计单位员工询问，例如采购、销售、生产人员等 （2）在不事先通知被审计单位的情况下，选择一些以前未曾到过的盘点地点进行存货监盘
2. 销售和应收账款	（1）向以前审计过程中接触不多或未曾接触过的被审计单位员工询问，例如负责处理大客户账户的销售部人员 （2）改变实施实质性分析程序的对象，例如对收入按细类进行分析 （3）针对销售和销售退回延长截止测试期间 （4）实施以前未曾考虑过的审计程序，例如： ①函证确认销售条款或者选定销售额较不重要、以前未曾关注的销售交易，例如对出口销售实施实质性程序（★★） ②实施更细致的分析程序，例如使用计算机辅助审计技术复核销售及客户账户 ③测试以前未曾函证过的账户余额，例如，金额为负或是零的账户，或者余额低于以前设定的重要性水平的账户 ④改变函证日期，即把所函证账户的截止日期提前或者推迟 ⑤对关联公司销售和相关账户余额，除了进行函证外，再实施其他审计程序进行验证
3. 采购和应付账款	（1）如果以前未曾对应付账款余额普遍进行函证，可考虑直接向供应商函证确认余额。如果经常采用函证方式，可考虑改变函证的范围或者时间 （2）对以前由于低于设定的重要性水平而未曾测试过的采购项目，进行细节测试 （3）使用计算机辅助审计技术审阅采购和付款账户，以发现一些特殊项目，例如是否有不同的供应商使用相同的银行账户
4. 现金和银行存款	（1）多选几个月的银行存款余额调节表进行测试 （2）对有大量银行账户的，考虑改变抽样方法
5. 固定资产	对以前由于低于设定的重要性水平而未曾测试过的固定资产进行测试，例如考虑实地盘查一些价值较低的固定资产，如汽车和其他设备等
6. 集团审计项目	修改组成部分审计工作的范围或者区域（如增加某些不重要的组成部分的审计工作量，或实地去组成部分开展审计工作）

例题精讲

【例题 4·2012年多选题】下列做法中，可以提高审计程序的不可预见性的有（　　）。

A. 针对销售收入和销售退回延长截止测试期间

B. 向以前没有询问过的被审计单位员工询问

C. 对以前通常不测试的金额较小的项目实施实质性程序

D. 对被审计单位银行存款年末余额实施函证

【解析】 对被审计单位银行存款年末余额实施函证，如无特殊情况必须进行，所以不属于提高审计程序的不可预见性，选项 D 不正确。

【答案】 ABC

03 总体应对措施对拟实施进一步审计程序的总体审计方案的影响（3 句话）

（1）注册会计师评估的财务报表层次重大错报风险以及采取的总体应对措施，对拟实施进一步审计程序的总体审计方案具有重大影响。（★★★）

（2）拟实施进一步审计程序的总体审计方案包括综合性方案和实质性方案。

（3）当评估的财务报表层次重大错报风险属于高风险水平时，拟实施进一步审计程序的总体方案往往更倾向于实质性方案。

例题精讲

【例题 5 · 2013 年多选题】 下列有关采用总体审计方案的说法中，错误的有（　　）。

A. 注册会计师可以针对不同认定采用不同的审计方案

B. 注册会计师可以采用综合性方案或实质性方案应对重大错报风险

C. 注册会计师应当采用实质性方案应对特别风险

D. 注册会计师应当采用与前期审计一致的审计方案，除非评估的重大错报风险发生重大变化

【解析】 针对特别风险的控制预期有效时，注册会计师应当实施控制测试，因此，应对特别风险也可以采用综合性方案，选项 C 错误；注册会计师应当通过实施风险评估程序了解被审计单位及其环境，评估重大错报风险，针对本期风险评估的结果制定总体审计方案，选项 D 错误。

【答案】 CD

第二节 针对认定层次重大错报风险的进一步审计程序

01 进一步审计程序的概念和要求

（一）进一步审计程序的概念

概念	进一步审计程序相对于风险评估程序而言，是指注册会计师针对评估的各类交易、账户余额和披露认定层次重大错报风险实施的审计程序
类型	包括控制测试和实质性程序

相关说明	1. 注册会计师设计和实施的控制测试和实质性程序的性质、时间安排和范围，应当与评估的认定层次重大错报风险具备明确的对应关系（程序应具备："目的性"和"针对性"） 2. 在应对评估的认定层次重大错报风险时，拟实施的进一步审计程序的性质、时间安排和范围都应当确保其具有针对性，但其中进一步审计程序的性质是最重要的（"性质"最重要）

（二）设计进一步审计程序时的考虑因素（共 5 条）

（1）风险的重要性。（后果越严重，越精心设计）

（2）重大错报发生的可能性。（可能性越大，越精心设计）

（3）涉及的各类交易、账户余额和披露的特征。（时点？时期？）

（4）被审计单位采用的特定控制的性质。（自动化控制或人工控制？）

（5）注册会计师是否拟获取审计证据，以确定内部控制在防止或发现并纠正重大错报方面的有效性。（做不做控制测试？）

例题精讲

【例题 6·2021 年多选题】在设计进一步审计程序时，下列各项因素中，注册会计师应当考虑的有（　　）。

A. 涉及的各类交易、账户余额和披露的特征

B. 重大错报发生的可能性

C. 被审计单位采用的特定控制的性质

D. 风险的重要性

【解析】在设计进一步审计程序时，注册会计师应当考虑下列因素：（1）风险的重要性（选项 D 正确）；（2）重大错报发生的可能性（选项 B 正确）；（3）涉及的各类交易、账户余额和披露的特征（选项 A 正确）；（4）被审计单位采用的特定控制的性质（选项 C 正确）；（5）注册会计师是否拟获取审计证据，以确定内部控制在防止或发现并纠正重大错报方面的有效性。

【答案】ABCD

（三）不同审计方案的考虑（共 4 点）

考虑因素	具体审计方案
出于成本的考虑	通常情况下，注册会计师出于成本效益的考虑可以采用综合性方案设计进一步审计程序，即将测试控制运行的有效性与实质性程序结合使用
出于质量的考虑	在某些情况下（如仅通过实质性程序无法应对重大错报风险），注册会计师必须通过实施控制测试，才可能有效应对评估出的某一认定的重大错报风险（必须做"控测+实测"）
特殊情况的考虑	在另一些情况下（如注册会计师的风险评估程序未能识别出与认定相关的任何控制，或注册会计师认为控制测试很可能不符合成本效益原则），注册会计师可能认为仅实施实质性程序就是适当的（只进行"实测"）（如：小型单位）
无论选择何种方案，注册会计师都应当对所有重大类别的交易、账户余额和披露设计和实施实质性程序（★★★"实测"必须做）	

例题精讲

【例题 7 · 2020 年综合题】 甲公司是 ABC 会计师事务所的常年审计客户，主要从事家电产品的生产、批发和零售。A 注册会计师负责审计甲公司 2019 年度财务报表，确定财务报表整体的重要性为 800 万元，明显微小错报的临界值为 40 万元。

资料四：

A 注册会计师在审计工作底稿中记录了实施进一步审计程序的情况，部分内容摘录如下：

（1）A 注册会计师在期中审计时针对 2019 年 1 月至 9 月与采购相关的内部控制实施测试，发现存在控制缺陷，因此，未测试 2019 年 10 月至 12 月的相关控制，通过细节测试获取了与 2019 年度采购交易相关的审计证据。

要求：

针对资料四第（1）项，假定不考虑其他条件，指出 A 注册会计师的做法是否恰当。如不恰当，简要说明理由。

【答案】

事项序号	是否恰当（是/否）	理由
（1）	是	—

【例题 8 · 2020 年综合题】 上市公司甲公司是 ABC 会计师事务所首次接受委托的审计客户，主要从事房地产开发、销售和物业管理业务。A 注册会计师负责审计甲公司 2019 年度财务报表，确定财务报表整体的重要性为 2000 万元。

资料三：

A 注册会计师在审计工作底稿中记录了审计计划，部分内容摘录如下：

（2）少数业主以现金方式向甲公司缴纳物业费。A 注册会计师了解了与现金收款相关的内部控制后，认为控制设计合理并得到执行。因涉及的收入金额较小，A 注册会计师拟不测试相关控制的运行有效性，直接实施细节测试。

要求：

针对资料三第（2）项，假定不考虑其他条件，指出 A 注册会计师的做法是否恰当。如不恰当，简要说明理由。

【答案】

事项序号	是否恰当（是/否）	理由
（2）	是	—

【例题 9 · 2018 年简答题】 ABC 会计师事务所的 A 注册会计师负责审计多家被审计单位 2017 年度财务报表。与存货审计相关的部分事项如下：

（1）甲公司为制造型企业，采用信息系统进行成本核算。A 注册会计师对信息系统一般控制和相关的自动化应用控制进行测试后结果满意，不再对成本核算实施实质性程序。

要求：

针对上述第（1）项，指出 A 注册会计师的做法是否恰当。如不恰当，简要说明理由。

【答案】

事项序号	是否恰当（恰当/不恰当）	理由
（1）	不恰当	制造业企业的成本核算涉及重大类别的交易、账户余额和披露，应当实施实质性程序

【例题10·2018年综合题】上市公司甲公司是ABC会计师事务所的常年审计客户，主要从事汽车的生产和销售。A注册会计师负责审计甲公司2017年度财务报表，确定财务报表整体的重要性为1000万元，明显微小错报的临界值为30万元。

资料三：

A注册会计师在审计工作底稿中记录了审计计划，部分内容摘录如下：

（2）A注册会计师认为仅实施实质性程序不能获取与成本核算相关的充分、适当的审计证据，因此，拟实施综合性方案，测试相关内部控制在2017年1月至10月期间的运行有效性，并对2017年11月至12月的成本核算实施细节测试。

要求：

针对资料三第（2）项，假定不考虑其他条件，指出审计计划的内容是否恰当。如不恰当，简要说明理由。

【答案】

事项序号	是否恰当（是/否）	理由
（2）	否	还应当对内部控制在剩余期间的运行有效性获取审计证据。细节测试的总体应当是全年的成本核算/还应当对1月至10月的成本核算实施细节测试

【例题11·2017年简答题】ABC会计师事务所的A注册会计师负责审计甲公司2016年度财务报表。与货币资金审计相关的部分事项如下：

（4）甲公司有一笔2015年10月存入的期限两年的大额定期存款。A注册会计师在2015年度财务报表审计中检查了开户证实书原件并实施了函证，结果满意，因此，未在2016年度审计中实施审计程序。

要求：

针对上述第（4）项，指出A注册会计师的做法是否恰当。如不恰当，简要说明理由。

【答案】

事项序号	是否恰当（恰当/不恰当）	理由
（4）	不恰当	应当对重大账户余额实施实质性程序

【例题12·2017年综合题】ABC会计师事务所首次接受委托，审计上市公司甲公司2016年度财务报表，委派A注册会计师担任项目合伙人。A注册会计师确定财务报表整体的重要性为1200万元。甲公司主要提供快递物流服务。

资料三：

A 注册会计师在审计工作底稿中记录了审计计划，部分内容摘录如下：

（3）甲公司应收账款会计每月末向排名前 10 位的企业客户寄送对账单，并调查回函差异。因该控制仅涉及一小部分应收账款余额，A 注册会计师拟不测试该控制，直接实施实质性程序。

（4）甲公司的个人快递业务交易量巨大，单笔金额较小。因无法通过实施细节测试获取充分、适当的审计证据，也无法有效实施实质性分析程序，A 注册会计师拟在审计该类收入时全部依赖控制测试。

要求：

针对资料三第（3）至（4）项，假定不考虑其他条件，逐项指出审计计划的内容是否恰当。如不恰当，简要说明理由。

【答案】

事项序号	是否恰当（是/否）	理由
（3）	是	—
（4）	否	个人快递业务收入重大，注册会计师应当实施实质性程序

02 进一步审计程序的性质

（一）进一步审计程序的性质的概念

进一步审计程序的性质：是指进一步审计程序的目的和类型。

性质	目的	类型
控制测试	确定内部控制运行的有效性	询问、观察、检查和重新执行（★★）
实质性程序	发现认定层次的重大错报	询问、观察、检查、函证、重新计算和分析程序（★★）

富富有图示

风险评估程序（了解）
1. 询问
2. 观察
3. 检查
4. 分析程序

了解内部控制
1. 询问
2. 观察
3. 检查
4. 穿行测试

控制测试（一贯）
1. 询问
2. 观察
3. 检查
4. 重新执行

例题精讲

【例题 13 · 2017 年单选题】下列各项审计程序中，注册会计师在实施控制测试和实质性程序时均可以采用的是（　　）。

A. 分析程序　　B. 函证

C. 重新执行　　D. 检查

【解析】控制测试采用的审计程序有询问、观察、检查和重新执行。实质性程序采用的审计程序有询问、观察、检查、函证、重新计算和分析程序。因此在实施控制测试和实质性程序时均可以采用的是询问、观察和检查程序。

【答案】D

（二）进一步审计程序的性质的选择（2个因素）

考虑因素	相关说明
1. 认定层次重大错报风险的评估结果	风险越高，越趋向于实质性方案
2. 认定层次重大错报风险产生的原因，包括考虑各类交易、账户余额和披露的具体特征以及内部控制	

03 进一步审计程序的时间

（一）进一步审计程序的时间的概念

概念	进一步审计程序的时间：是指注册会计师何时实施进一步审计程序，或者审计证据适用的期间或时点

（二）进一步审计程序的时间的选择

1. 两个层面

两个层面	含义
第一个层面	注册会计师选择在何时实施进一步审计程序的问题（何时做）
第二个层面	选择获取什么期间或时点的审计证据的问题

2. 选择实施审计程序的时间的考虑因素

基本因素	注册会计师评估的重大错报风险
具体说明	当评估的重大错报风险较高时： （1）注册会计师应当考虑在期末或接近期末实施实质性程序 （2）采用不通知的方式 （3）在管理层不能预见的时间实施审计程序

3. 在期中实施进一步审计程序的优点、局限性及注意事项

优点	（1）可能有助于注册会计师在审计工作初期识别重大事项，并在管理层的协助下及时解决这些事项 （2）针对这些事项制定有效的实质性方案或综合性方案

局限性	(1) 注册会计师往往难以仅凭在期中实施的进一步审计程序获取有关期中以前的充分、适当的审计证据（例如，某些期中以前发生的交易或事项在期中审计结束时尚未完结） (2) 即使注册会计师在期中实施的进一步审计程序能够获取有关期中以前的充分、适当的审计证据，但从期中到期末这段剩余期间还往往会发生重大的交易或事项（包括期中以前发生的交易、事项的延续，以及期中以后发生的新的交易、事项），从而对所审计期间的财务报表认定产生重大影响 (3) 被审计单位管理层也完全有可能在注册会计师于期中实施了进一步审计程序之后对期中以前的相关会计记录作出调整甚至篡改，注册会计师在期中实施了进一步审计程序所获取的审计证据已经发生了变化
注意事项	如果在期中实施了进一步审计程序，注册会计师还应当针对剩余期间获取审计证据

4. 影响注册会计师考虑在何时实施审计程序的其他相关因素包括（5 个因素）

(1) 控制环境。（一般情况下，控制环境好，期中可以多做一些程序）

(2) 何时能得到相关信息。（如：截止测试、电子化的交易和账户文档未及时取得，可能被覆盖）

(3) 错报风险的性质。（错误？舞弊？期末更易伪造收入）

(4) 审计证据适用的期间或时点。（如：获取存货余额的证据）

(5) 编制财务报表的时间，尤其是编制某些披露的时间，这些披露为资产负债表、利润表、所有者权益变动表或现金流量表中记录的金额提供了进一步解释。

富富有提示

某些审计程序只能在期末或期末以后实施，包括将财务报表中的信息与其所依据会计记录相核对或调节，检查财务报表编制过程中所作的会计调整等。（业务循环销售产品）

例题精讲

【例题 14 · 2020 年多选题】 下列各项因素中，注册会计师在确定实施审计程序的时间时需要考虑的有（　　）。

A. 审计证据适用的期间

B. 错报风险的性质

C. 被审计单位的控制环境

D. 何时能得到相关信息

【解析】 影响注册会计师考虑在何时实施审计程序的其他相关因素包括：

(1) 控制环境（选项 C）。

(2) 何时能得到相关信息（选项 D）。

(3) 错报风险的性质（选项 B）。

(4) 审计证据适用的期间或时点（选项 A）。

(5) 编制财务报表的时间，尤其是编制某些披露的时间，这些披露为资产负债表、利润表、所有者权益变动表或现金流量表中记录的金额提供了进一步解释。

【答案】 ABCD

04 进一步审计程序的范围

（一）进一步审计程序的范围的概念

进一步审计程序的范围：是指实施进一步审计程序所涉及的数量多少，包括抽取的样本量，对某项控制活动的观察次数等。

（二）确定进一步审计程序的范围时考虑的因素（共 3 点，结合审计抽样学习）

考虑因素	相关说明
1. 确定的重要性水平	越低，范围越广
2. 评估的重大错报风险	越高，范围越广
3. 计划获取的保证程度	越高，范围越广

富富有提示

随着重大错报风险的增加，注册会计师应当考虑扩大审计程序的范围。但是，只有当审计程序本身与特定风险相关时，扩大审计程序的范围才是有效的。（不能“盲目的扩大范围”，只有相关才可以）

例题精讲

【例题 15 · 多选题】在确定进一步审计程序的范围时，注册会计师应当考虑的因素有（　　）。

A. 审计程序与特定风险的相关性　　B. 评估的认定层次重大错报风险

C. 计划获取的保证程度　　D. 可容忍的错报或偏差率

【解析】在确定进一步审计程序的范围时，注册会计师应当考虑下列因素：

（1）确定的重要性水平（可容忍错报/偏差率）（选项 D）；

（2）评估的重大错报风险（选项 B）；

（3）计划获取的保证程度（选项 C）。

随着重大错报风险的增加，注册会计师应当考虑扩大审计程序的范围。但是，只有当审计程序本身与特定风险相关时，扩大审计程序的范围才是有效的（选项 A）。

【答案】ABCD

第三节　控制测试

01 控制测试的概念和要求

（一）控制测试的概念

概念	控制测试：是指用于评价内部控制在防止或发现并纠正认定层次重大错报方面的运行有效性的审计程序

相关说明	在测试控制运行的有效性时，注册会计师应当从下列方面获取关于控制是否有效运行的审计证据： 1. 控制在所审计期间的相关时点是如何运行的 2. 控制是否得到一贯执行 3. 控制由谁执行或以何种方式执行

（二）控制测试的要求

作为进一步审计程序的类型之一，控制测试并非在任何情况下都需要实施。当存在下列情形之一时，注册会计师应当实施控制测试：（2 种情形）

考虑因素	应当实施控制测试的情形
出于成本的考虑	在评估认定层次重大错报风险时，预期控制的运行是有效的（了解内部控制好）
出于质量的考虑	仅实施实质性程序并不能够提供认定层次充分、适当的审计证据

富富有提示

被审计单位在所审计期间内可能由于技术更新或组织管理变更而更换了信息系统，从而导致在不同时期使用了不同的控制，注册会计师应当考虑不同时期控制运行的有效性。（不同时期要单独测试）

富富有总结

了解内部控制与控制测试的区别

项目	了解内部控制	控制测试
1. 目标不同	①评价控制的设计是否合理 ②确定控制是否得到执行	测试控制运行的有效性
2. 阶段不同	实施风险评估程序时	实施进一步审计程序时
3. 证据数量不同	少量	足够数量
4. 性质不同	①询问 ②观察 ③检查 ④穿行测试	①询问 ②观察 ③检查 ④重新执行
5. 要求不同	必要程序	当存在下列情形之一时，注册会计师应当实施控制测试： ①在评估认定层次重大错报风险时，预期控制的运行是有效的 ②仅实施实质性程序并不能够提供认定层次充分、适当的审计证据

例题精讲

【例题 16 · 2018 年综合题】上市公司甲公司是 ABC 会计师事务所的常年审计客户，主要从事汽车的生产和销售。A 注册会计师负责审计甲公司2017 年度财务报表，确定财务报表整体的重要性为 1000 万元，明显微小错报的临界值为 30 万元。

资料三：

A 注册会计师在审计工作底稿中记录了审计计划，部分内容摘录如下：

（3）A 注册会计师在询问管理层、阅读内控手册并执行穿行测试后，尽管认为甲公司与关联方交易相关的内部控制设计合理，但不拟信赖，拟直接实施细节测试。

要求：

针对资料三第（3）项，假定不考虑其他条件，指出审计计划的内容是否恰当。如不恰当，简要说明理由。

【答案】

事项序号	是否恰当（是/否）	理由
（3）	是	—

02 控制测试的性质

（一）概念

控制测试的性质：是指控制测试所使用的审计程序的类型及其组合。

性质	相关内容
1. 询问	询问本身并不足以测试控制运行的有效性，注册会计师应将询问与其他审计程序结合使用，以获取有关控制运行有效性的审计证据（★★★背下来：综合题经常考）
2. 观察	观察提供的证据仅限于观察发生的时点，本身也不足以测试控制运行的有效性
3. 检查	对运行情况留有书面证据的控制才适用
4. 重新执行	如果需要进行大量的重新执行，注册会计师就要考虑通过实施控制测试以缩小实质性程序的范围是否有效率（了解内控：穿行测试）

例题精讲

【例题 17 · 2020 年综合题】甲公司是 ABC 会计师事务所的常年审计客户，主要从事家电产品的生产、批发和零售。A 注册会计师负责审计甲公司2019 年度财务报表，确定财务报表整体的重要性为 800 万元，明显微小错报的临界值为 40 万元。

资料四：

A 注册会计师在审计工作底稿中记录了实施进一步审计程序的情况，部分内容摘录如下：

（2）甲公司销售经理每月将销售费用实际发生额与预算数进行比较分析，并编制分析报告，交副总经理审核。A 注册会计师选取了 4 个月的分析报告，检查了报告上副总经理的签字，据此认为该控制运行有效。

要求：

针对资料四第（2）项，假定不考虑其他条件，指出A注册会计师的做法是否恰当。如不恰当，简要说明理由。

【答案】

事项序号	是否恰当（是/否）	理由
（2）	否	仅检查签字不足以证明控制运行有效/还应了解副总经理是否确实复核了报告内容

【例题18·2012年简答题】在2011年度财务报表审计中，A注册会计师了解的相关情况、实施的部分审计程序及相关结论摘录如下：

（2）甲公司与现金销售相关的内部控制设计合理并得到执行。A注册会计师对与现金销售相关的内部控制实施控制测试。经询问财务经理，了解到2011年度相关控制运行有效，未发现例外事项。A注册会计师认为2011年度与现金销售相关的内部控制运行有效。

要求：

针对资料（2）中所述的审计程序及相关结论，假定不考虑其他条件，指出其是否恰当，并简要说明理由。

【答案】

事项序号	是否恰当（恰当/不恰当）	理由
（2）	不恰当	仅通过询问程序不能获取控制运行有效性的证据，还应实施观察、检查或重新执行程序

（二）确定控制测试的性质时的要求（总体要求：要有针对性，共3点）

（1）考虑特定控制的性质。（有轨迹吗？检查？）

（2）考虑测试与认定直接相关和间接相关的控制。（感冒：风寒还是风热？感冒药的适用症状？）

被审计单位针对超出信用额度的例外赊销交易：

是否与认定相关	内部控制	测试该项控制的运行有效性
直接相关	设置报告和审核制度	应当考虑审核的有效性
间接相关	与例外赊销报告中信息准确性有关的控制	还应当考虑与例外赊销报告中信息准确性有关的控制是否有效运行

（3）如何对一项自动化的应用控制实施控制测试。

对于一项自动化的应用控制，由于信息技术处理过程的内在一贯性，注册会计师可以利用该项控制得以执行的审计证据和信息技术一般控制（特别是对系统变动的控制）运行有效性的审计证据，作为支持该项控制在相关期间运行有效性的重要审计证据。

例题精讲

【例题19·2017年综合题】 ABC会计师事务所首次接受委托，审计上市公司甲公司2016年度财务报表，委派A注册会计师担任项目合伙人。A注册会计师确定财务报表整体的重要性为1200万元。甲公司主要提供快递物流服务。

资料四：

A注册会计师在审计工作底稿中记录了实施的进一步审计程序，部分内容摘录如下：

（2）甲公司收入交易高度依赖信息系统。ABC会计师事务所的信息技术专家对甲公司信息技术一般控制和与收入相关的信息技术应用控制进行了测试，结果满意。

要求：

针对资料四第（2）项，假定不考虑其他条件，指出A注册会计师的做法是否恰当。如不恰当，简要说明理由。

【答案】

事项序号	是否恰当（是/否）	理由
（2）	是	—

（三）实施控制测试时对双重目的的实现（如：抽查发票）

程序	目的
控制测试	评价控制是否有效运行
细节测试	发现认定层次的重大错报
尽管两者目的不同，但注册会计师可以考虑针对同一交易同时实施控制测试和细节测试，以实现双重目的	

（四）实施实质性程序的结果对控制测试结果的影响（“实测”对“控测”有何影响？）

实质性程序的结果	相关结论
未发现错报	本身并不能说明与该认定有关的控制是有效运行的
发现错报	1. 注册会计师应当在评价相关控制的运行有效性时予以考虑 2. 应当考虑： （1）降低对相关控制的信赖程度 （2）调整实质性程序的性质 （3）扩大实质性程序的范围等

富富有提示

如果实施实质性程序发现被审计单位没有识别出的重大错报，通常表明内部控制存在值得关注的缺陷，注册会计师应当就这些缺陷与管理层和治理层进行沟通。

例题精讲

【例题 20 · 2019 年综合题】甲公司是 ABC 会计师事务所的常年审计客户，主要从事轨道交通车辆配套产品的生产和销售。A 注册会计师负责审计甲公司2018 年度财务报表，确定财务报表整体的重要性为 1000 万元，实际执行的重要性为 500 万元。

资料四：

A 注册会计师在审计工作底稿中记录了实施进一步审计程序的情况，部分内容摘录如下：

（1）A 注册会计师抽样测试了与职工薪酬相关的控制，发现一个偏差。因针对职工薪酬实施实质性程序未发现错报，A 注册会计师认为该偏差不构成缺陷，相关控制运行有效。

要求：

针对资料四第（1）项，假定不考虑其他条件，指出 A 注册会计师的做法是否恰当。如不恰当，简要说明理由。

【答案】

事项序号	是否恰当（是/否）	理由
（1）	否	实施实质性程序未发现错报，并不能说明相关的控制运行有效

03 控制测试的时间

（一）控制测试的时间的概念（何时实施？证据是时点还是期间？）

富富有图示

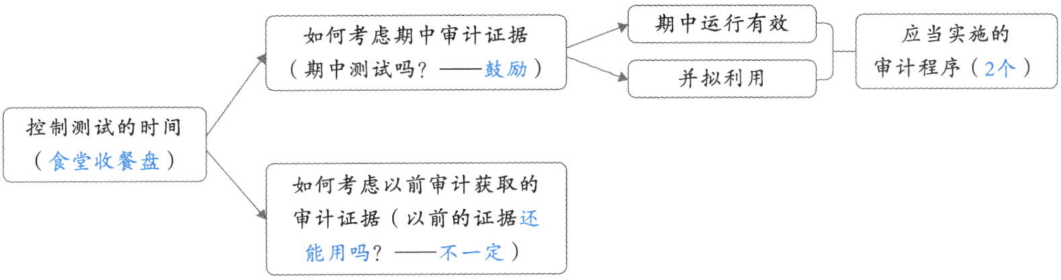

（二）如何考虑期中审计证据（解决的问题：期中测试吗？）

（1）对于控制测试，注册会计师在期中实施此类程序具有更积极的作用。（鼓励）

富富有图示

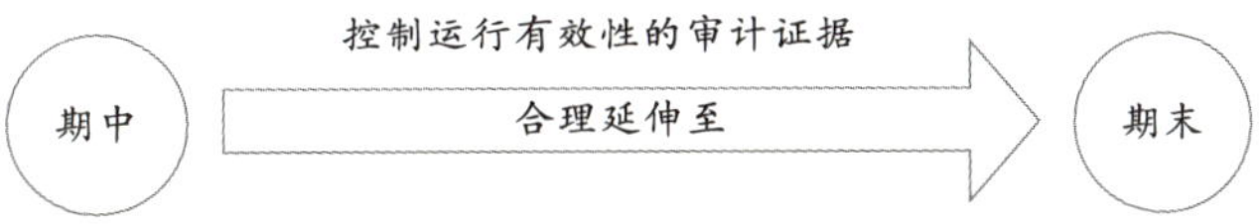

（2）如果已获取有关控制在期中运行有效性的审计证据，并拟利用该证据，注册会计师应当实施下列审计程序（重点掌握：共 2 条）：

程序	相关内容
获取这些控制在剩余期间发生重大变化的审计证据	①如果这些控制在剩余期间没有发生变化，注册会计师可能决定信赖期中获取的审计证据 ②如果这些控制在剩余期间发生了变化（如信息系统、业务流程或人事管理等），注册会计师需要了解并测试控制的变化对期中审计证据的影响
确定针对剩余期间还需获取的补充审计证据	针对剩余期间还需获取的补充审计证据，应当考虑下列因素：（共6点） ①评估的认定层次重大错报风险的重要程度（影响越大，需要证据越多） ②在期中测试的特定控制，以及自期中测试后发生的重大变动 ③在期中对有关控制运行有效性获取的审计证据的程度（期中证据越充分，剩余期间可适当减少） ④剩余期间的长度（剩余期间越长，需要证据越多） ⑤在信赖控制的基础上拟缩小实质性程序的范围（越信赖，需要证据越多） ⑥控制环境（越薄弱，需要证据越多）

富富有提示

除了上述的测试剩余期间控制的运行有效性，测试被审计单位对控制的监督也能够作为一项有益的补充证据，以便更有把握地将控制在期中运行有效性的审计证据延伸至期末。

例题精讲

【例题21·2018年单选题】如果注册会计师已获取有关控制在期中运行有效的审计证据，下列有关剩余期间补充证据的说法中，错误的是（　　）。

A. 注册会计师可以通过测试被审计单位对控制的监督，将控制在期中运行有效的审计证据合理延伸至期末

B. 被审计单位的控制环境越有效，注册会计师需要获取的剩余期间的补充证据越少

C. 如果控制在剩余期间发生了变化，注册会计师可以通过实施穿行测试，将期中获取的审计证据合理延伸至期末

D. 注册会计师在信赖控制的基础上拟减少的实质性程序的范围越大，注册会计师需要获取的剩余期间的补充证据越多

【解析】如果控制在剩余期间发生了变化，注册会计师不能通过实施穿行测试，将期中获取的审计证据合理延伸至期末，选项C错误。

【答案】C

（三）如何考虑以前审计获取的审计证据（解决问题：以前的证据还能用吗？）

1. 基本思路：考虑拟信赖的以前审计中测试的控制在本期是否发生变化（★★★询问+观察或检查）

富富有图示

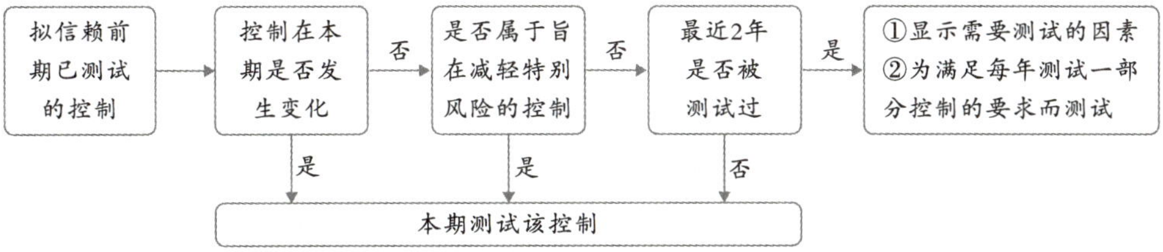

2. 分情况描述

<table>
<tr><th>控制在本期是否发生变化</th><th colspan="2">处理原则</th></tr>
<tr><td>发生变化</td><td colspan="2">(1) 如果控制在本期发生变化，注册会计师应当考虑以前审计获取的有关控制运行有效性的审计证据是否与本期审计相关
(2) 如果拟信赖的控制自上次测试后已发生实质性变化，以致影响以前审计所获取证据的相关性，注册会计师应当在本期审计中测试这些控制的运行有效性</td></tr>
<tr><td rowspan="2">未发生变化</td><td>基本原则</td><td>如果拟信赖的控制自上次测试后未发生变化，且不属于旨在减轻特别风险的控制，注册会计师应当运用职业判断确定：
(1) 是否在本期审计中测试其运行有效性
(2) 本次测试与上次测试的时间间隔，但每 3 年至少对控制测试一次(每隔 2 年)</td></tr>
<tr><td>具体做法</td><td>(1) 注册会计师应当在每次审计时从中选取足够数量的控制，测试其运行有效性
(2) 不应将所有拟信赖控制的测试集中于某一次审计，而在之后的两次审计中不进行任何测试(不能太集中)
(3) 当被审计单位控制环境薄弱或对控制的监督薄弱时，注册会计师应当缩短再次测试控制的时间间隔或完全不信赖以前审计获取的审计证据</td></tr>
<tr><td>特殊情况</td><td colspan="2">鉴于特别风险的特殊性，对于旨在减轻特别风险的控制，不论该控制在本期是否发生变化，注册会计师都不应依赖以前审计获取的证据（★★★每次审计中必须测试）</td></tr>
</table>

3. 相关说明

在确定利用以前审计获取的有关控制运行有效性的审计证据是否适当以及再次测试控制的时间间隔时，注册会计师应当考虑的因素或情况包括：(共 6 点)

(1) 内部控制其他要素的有效性，包括：控制环境、对控制的监督以及被审计单位的风险评估过程。(其他要素有效，间隔期适当延长)

(2) 控制特征（是人工控制还是自动化控制）产生的风险。(人工控制：稳定性较差)

(3) 信息技术一般控制的有效性。(一般控制薄弱，可能更少依赖以前获取的审计证据)

(4) 影响内部控制的重大人事变动。(重大人事变动，减少依赖)

(5) 由于环境发生变化而特定控制缺乏相应变化导致的风险。(不应依赖以前证据)

(6) 重大错报的风险和对控制的信赖程度。(风险较大或拟信赖程度较高，应当缩短时间间隔或完全不信赖以前审计获取的审计证据)

例题精讲

【例题22·2019年单选题】对于财务报表审计业务，在决定是否信赖以前审计获取的有关控制运行有效性的审计证据时，下列各项中，注册会计师通常无需考虑的是（　　）。

A. 控制发生的频率　　B. 控制是否是复杂的人工控制

C. 控制是否是自动化控制　　D. 控制在本年是否发生变化

【解析】关于如何考虑以前审计获取的有关控制运行有效性的审计证据，基本思路是考虑拟信赖的以前审计中测试的控制在本期是否发生变化（选项D）。在确定利用以前审计获取的有关控制运行有效性的审计证据是否适当以及再次测试控制的时间间隔时，注册会计师应当考虑的因素或情况包括：（1）内部控制其他要素的有效性，包括控制环境、对控制的监督以及被审计单位的风险评估过程。（2）控制特征（是人工控制还是自动化控制）产生的风险（选项B、C）。（3）信息技术一般控制的有效性。（4）影响内部控制的重大人事变动。（5）由于环境发生变化而特定控制缺乏相应变化导致的风险。（6）重大错报的风险和对控制的信赖程度。

【答案】A

【例题23·2017年多选题】下列情形中，注册会计师不应利用以前年度获取的有关控制运行有效的审计证据的有（　　）。

A. 注册会计师拟信赖旨在减轻特别风险的控制

B. 控制在过去两年审计中未经测试

C. 控制在本年发生重大变化

D. 被审计单位的控制环境薄弱

【解析】鉴于特别风险的特殊性，对于旨在减轻特别风险的控制，不论该控制在本期是否发生变化，注册会计师都不应依赖以前审计获取的证据，选项A正确；每三年至少对控制测试一次，选项B正确；关于如何考虑以前审计获取的有关控制运行有效性的审计证据，基本思路是考虑拟信赖的以前审计中测试的控制在本期是否发生变化，如果控制在本年发生重大变化，则不应利用以前年度获取的有关控制运行有效性的审计证据，选项C正确；当被审计单位控制环境薄弱或对控制的监督薄弱时，注册会计师应当缩短再次测试控制的时间间隔或完全不信赖以前审计获取的审计证据，也就是还可能利用以前年度获取的有关控制运行有效性的审计证据，选项D不正确。

【答案】ABC

04 控制测试的范围

控制测试的范围：主要是指某项控制活动的测试次数。

（一）确定控制测试范围的考虑因素（6个因素）

考虑因素	对控制测试范围的影响
1. 对控制的信赖程度	正向影响
2. 在拟信赖的期间，被审计单位执行控制的频率（积少成多）	正向影响

考虑因素	对控制测试范围的影响
3. 在所审计期间，注册会计师拟信赖控制运行有效性的时间长度	正向影响
4. 控制的预期偏差（也可称作预期偏差率）	正向影响
5. 通过测试与认定相关的其他控制获取的审计证据的范围（其他控制获取审计证据的充分性和适当性）	反向影响
6. 拟获取的有关认定层次控制运行有效性的审计证据的相关性和可靠性	反向影响

富富有提示

如果控制的预期偏差率过高，注册会计师应当考虑控制可能不足以将认定层次的重大错报风险降至可接受的低水平，从而针对某一认定实施的控制测试可能是无效的。

（二）对自动化控制的测试范围的特别考虑

（1）除非系统（包括系统使用的表格、文档或其他永久性数据）发生变动，注册会计师通常不需要增加自动化控制的测试范围。

（2）对于一项自动化应用控制，一旦确定被审计单位正在执行该控制，注册会计师通常无须扩大控制测试的范围，但需要考虑执行下列测试以确定该控制持续有效运行：（共 3 点）

①测试与该应用控制有关的一般控制的运行有效性；

②确定系统是否发生变动，如果发生变动，是否存在适当的系统变动控制；

③确定对交易的处理是否使用授权批准的软件版本。

（三）测试两个层次控制时注意的问题（整体层次、业务流程层次）（一般了解）

（1）整体层次控制测试通常更加主观（如：管理层对胜任能力的重视）。

（2）对整体层次控制进行测试，通常比业务流程层次控制（如：检查付款是否得到授权）更难以记录。

（3）整体层次控制和信息技术一般控制的评价通常记录的是文件备忘录和支持性证据。

（4）注册会计师最好在审计的早期测试整体层次控制。原因在于对这些控制测试的结果会影响其他计划审计程序的性质和范围。

例题精讲

【例题 24 · 2015 年简答题】 ABC 会计师事务所负责审计甲公司 2014 年度财务报表，审计工作底稿中与内部控制相关的部分内容摘录如下：

（1）甲公司营业收入的发生认定存在特别风险。相关控制在 2013 年度审计中经测试运行有效。因这些控制本年未发生变化，审计项目组拟继续予以信赖，并依赖了上年审计获取的有关这些控制运行有效的审计证据。

（2）考虑到甲公司 2014 年固定资产的采购主要发生在下半年，审计项目组从下半年固定资产采购中选取样本实施控制测试。

（3）甲公司与原材料采购批准相关的控制每日运行数次，审计项目组确定样本规模为 25

个。考虑到该控制自 2014 年 7 月 1 日起发生重大变化，审计项目组从上半年和下半年的交易中分别选取 12 个和 13 个样本实施控制测试。

（4）审计项目组对银行存款实施了实质性程序，未发现错报，因此认为甲公司与银行存款相关的内部控制运行有效。

（5）甲公司内部控制制度规定，财务经理每月应复核销售返利计算表，检查销售收入金额和返利比例是否准确，如有异常进行调查并处理，复核完成后签字存档。审计项目组选取了 3 个月的销售返利计算表，检查了财务经理的签字，认为该控制运行有效。

（6）审计项目组拟信赖与固定资产折旧计提相关的自动化应用控制。因该控制在 2013 年度审计中测试结果满意，且在 2014 年未发生变化，审计项目组仅对信息技术一般控制实施测试。

要求：

针对上述第（1）至（6）项，逐项指出审计项目组的做法是否恰当。如不恰当，简要说明理由。

【答案】

事项序号	是否恰当（恰当/不恰当）	理由
（1）	不恰当	因相关控制是应对特别风险的，应当在当年测试相关控制的运行有效性/不能利用以前审计中获取的审计证据
（2）	不恰当	控制测试的样本应当涵盖整个期间
（3）	不恰当	因为控制发生重大变化，应当分别测试/2014 年上半年和下半年与原材料采购批准相关的内部控制活动不同，应当分别测试25 个
（4）	不恰当	通过实质性程序未发现错报，并不能证明与所测试认定相关的内部控制是有效的/注册会计师不能以实质性测试的结果推断内部控制的有效性
（5）	不恰当	只检查财务经理的签字不足够/应当检查财务经理是否按规定完整实施了该控制
（6）	恰当	—

第四节　实质性程序

查看本节视频，快速 GET 知识点

使用“会计云课堂”App或“微信”扫码

01　实质性程序的概念和要求

（一）实质性程序的概念

概念	实质性程序：是指用于发现认定层次重大错报的审计程序，包括对各类交易、账户余额和披露的细节测试以及实质性分析程序
基本原则	无论评估的重大错报风险结果如何，注册会计师都应当针对所有重大类别的交易、账户余额和披露实施实质性程序（原因：内部控制的固有局限性）

（二）针对特别风险实施的实质性程序（★★★不排斥控制测试）

（1）如果认为评估的认定层次重大错报风险是特别风险，注册会计师应当专门针对该风险实施实质性程序。

（2）如果针对特别风险仅实施实质性程序，注册会计师应当使用细节测试，或将细节测试和实质性分析程序结合使用，以获取充分、适当的审计证据。（仅实施实质性程序时，至少有“细节测试”）

（3）仅实施实质性分析程序不足以获取有关特别风险的充分、适当的审计证据。

例题精讲

【例题 25 · 2021 年单选题】下列有关控制测试和实质性程序的说法中，错误的是（　　）。

A. 注册会计师应当针对特别风险同时实施控制测试和实质性程序

B. 无论是否实施控制测试，注册会计师均应对所有重大类别的交易、账户余额和披露实施实质性程序

C. 注册会计师可以针对同一交易同时实施控制测试和实质性程序，以实现双重目的

D. 如果认为仅通过实施实质性程序无法获取认定层次的充分、适当的审计证据，注册会计师应当实施控制测试

【解析】选项 A 错误，作为进一步审计程序的类型之一，控制测试并非在任何情况下都需要实施。当存在下列情形之一时，注册会计师应当实施控制测试：（1）在评估认定层次重大错报风险时，预期控制的运行是有效的；（2）仅实施实质性程序并不能够提供认定层次充分、适当的审计证据。针对特别风险，并不满足应当实施控制测试的情形，所以可以仅实施实质性程序，不实施控制测试。

【答案】A

【例题 26 · 2018 年简答题】ABC 会计师事务所的 A 注册会计师负责审计甲公司 2017 年度财务报表。与会计估计审计相关的部分事项如下：

（5）A 注册会计师认为应收账款坏账准备的计提存在特别风险，在了解相关内部控制后，对应收账款坏账准备实施了实质性分析程序，结果满意，据此认可了管理层计提的金额。

要求：

针对上述第（5）项，指出 A 注册会计师的做法是否恰当。如不恰当，简要说明理由。

【答案】

事项序号	是否恰当（恰当/不恰当）	理由
（5）	不恰当	对特别风险的应对程序仅为实质性程序时，应当包括细节测试

【例题 27 · 2017 年简答题】ABC 会计师事务所的 A 注册会计师负责审计甲公司 2016 年度财务报表，与存货审计相关的部分事项如下：

（1）甲公司的存货存在特别风险。A 注册会计师在了解相关内部控制后，未测试控制运行的有效性，直接实施了细节测试。

要求：

针对上述第（1）项，指出 A 注册会计师的做法是否恰当。如不恰当，简要说明理由。

【答案】

事项序号	是否恰当（恰当/不恰当）	理由
（1）	恰当	—

02 实质性程序的性质

（一）实质性程序的性质的概念

含义	实质性程序的性质：是指实质性程序的类型及其组合	
类型	细节测试	是对各类交易、账户余额和披露的具体细节进行测试，目的在于直接识别财务报表认定是否存在错报（"重新执行"仅适用于控制测试）
	实质性分析程序	从技术特征上仍然是分析程序（通常更适用于在一段时间内存在可预期关系的大量交易）

（二）细节测试和实质性分析程序的适用性

程序	适用性
细节测试	适用于对各类交易、账户余额和披露认定的测试，尤其是对存在或发生、计价认定的测试
实质性分析程序	适用于在一段时期内存在可预期关系的大量交易

（三）细节测试的方向

对于细节测试，注册会计师应当针对评估的风险设计细节测试。例如：（共 2 点）

针对的认定	设计细节测试的要求
存在或发生	注册会计师应当选择包含在财务报表金额中的项目，并获取相关审计证据（相当于"逆查"）
完整性	1. 注册会计师应当选择有证据表明应包含在财务报表金额中的项目，并调查这些项目是否确实包括在内（相当于"顺查"） 2. 如为应对被审计单位漏记本期应付账款的风险，注册会计师可以检查期后付款记录

例题精讲

【例题 28 · 2017 年单选题】 下列有关实质性分析程序的适用性的说法中，错误的是（　　）。

A. 实质性分析程序通常更适用于在一段时间内存在预期关系的大量交易

B. 注册会计师无需在所有审计业务中运用实质性分析程序

C. 实质性分析程序不适用于识别出特别风险的认定

D. 对特定实质性分析程序适用性的确定，受到认定的性质和注册会计师对重大错报风险评估的影响

【解析】 如果针对特别风险实施的程序仅为实质性程序，这些程序应当包括细节测试，或将细节测试和实质性分析程序结合使用，以获取充分、适当的审计证据，选项 C 错误。

【答案】 C

03 实质性程序的时间

实质性程序的时间选择与控制测试的时间选择，两者的差异和共同点在于：

时间		控制测试	实质性程序
区别	1. 期中是否实施	获取期中关于控制运行有效性审计证据的做法更具有一种“常态”（鼓励）	在期中实施实质性程序时更需要考虑其成本效益的权衡
	2. 以前证据适用性	拟信赖以前审计获取的有关控制运行有效性的审计证据，已经受到了很大的限制	采取了更加慎重的态度和更严格的限制
共同点		都面临着对期中审计证据和对以前审计获取的审计证据的考虑	

（一）如何考虑是否在期中实施实质性程序（解决问题：期中是否做?）

下列因素可能对是否在期中实施实质性程序产生影响：（共 6 个）

（1）控制环境和其他相关的控制。（越薄弱，越不宜在期中实施）

（2）实施审计程序所需信息在期中之后的可获得性。（如：系统变化）

（3）实质性程序的目的。（如：期中与期末对比，就应获取期中证据）

（4）评估的重大错报风险。（重大错报风险越高——越应当考虑在期末或接近期末实施）

（5）特定类别交易或账户余额以及相关认定的性质。（如：收入截止认定、未决诉讼）

（6）针对剩余期间，能否通过实施实质性程序或将实质性程序与控制测试相结合，降低期末存在错报而未被发现的风险。

例题精讲

【例题 29 · 2021 年多选题】 在确定是否在期中实施实质性程序时，下列各项中，注册会计师通常需要考虑的有（　　）。

A. 评估的重大错报风险

B. 实施审计程序所需信息在期中之后的可获得性

C. 相关认定的性质

D. 成本效益的权衡

【解析】 下列因素可能对是否在期中实施实质性程序产生影响：（1）控制环境和其他相关的控制；（2）实施审计程序所需信息在期中之后的可获得性（选项 B 正确）；（3）实质性程序

的目的；(4) 评估的重大错报风险（选项A正确）；(5) 特定类别交易或账户余额以及相关认定的性质（选项C正确）；(6) 针对剩余期间，能否通过实施实质性程序或将实质性程序与控制测试相结合，降低期末存在错报而未被发现的风险。

由于实质性程序的目的在于更直接地发现重大错报，在期中实施实质性程序时更需要考虑其成本效益的权衡（选项D正确）。

【答案】ABCD

(二) 如何考虑期中审计证据（重点掌握）

两种选择	如果在期中实施了实质性程序，注册会计师为了将期中测试得出的结论合理延伸至期末，应当：(二选一，期中→期末) 1. 针对剩余期间实施进一步的实质性程序(实质性方案) 2. 将实质性程序和控制测试结合使用（综合性方案）
相关说明	1. 如果拟将期中测试得出的结论延伸至期末，注册会计师应当考虑针对剩余期间仅实施实质性程序是否足够 2. 如果认为实施实质性程序本身不充分，注册会计师还应测试剩余期间相关控制运行的有效性或针对期末实施实质性程序 3. 对于舞弊导致的重大错报风险（作为一类重要的特别风险），被审计单位存在故意错报或操纵的可能性，那么注册会计师更应慎重考虑能否将期中测试得出的结论延伸至期末。注册会计师应当考虑在期末或者接近期末实施实质性程序

例题精讲

【例题30·2014年单选题】 下列有关实质性程序时间安排的说法中，错误的是（　　）。

A. 控制环境和其他相关控制越薄弱，注册会计师越不宜在期中实施实质性程序

B. 注册会计师评估的某项认定的重大错报风险越高，越应当考虑将实质性程序集中在期末或者接近期末实施

C. 如果在期中实施了实质性程序，注册会计师应当针对剩余时间实施控制测试，以将期中测试得出的结论合理延伸至期末

D. 如果实施实质性程序所需信息在期中之后难以获取，注册会计师应考虑在期中实施实质性程序

【解析】 如果拟将期中测试得出的结论延伸至期末，注册会计师应当考虑针对剩余期间仅实施实质性程序是否足够。如果认为实施实质性程序本身不充分，注册会计师还应测试剩余期间相关控制运行的有效性或针对期末实施实质性程序，所以不一定是必须实施控制测试，选项C错误。

【答案】 C

(三) 如何考虑以前审计获取的审计证据（重点掌握）

(1) 在以前审计中实施实质性程序获取的审计证据，通常对本期只有很弱的证据效力或没有证据效力，不足以应对本期的重大错报风险。(★★★背下来：可以考简答题或综合题)

(2) 只有当以前获取的审计证据及其相关事项未发生重大变动时，以前获取的审计证据

才可能用作本期的有效审计证据。

（3）如果拟利用以前审计中实施实质性程序获取的审计证据，注册会计师应当在本期实施审计程序，以确定这些审计证据是否具有持续相关性。

例题精讲

【例题 31 · 2012 年单选题】 在利用以前年度获取的审计证据时，下列说法中，错误的是（　　）。

A. 对于不属于旨在减轻特别风险的控制，如果在本年未发生变化，且上年经测试运行有效，本次审计中无需测试

B. 对于旨在减轻特别风险的控制，如果在本年未发生变化，可以依赖上年的测试结果

C. 如果相关事项未发生重大变化，则上年通过实质性测试获取的审计证据可能可以作为本年的有效审计证据

D. 一般而言，上年通过实质性程序获取的审计证据对本年只有很弱的证据效力或没有证据效力

【解析】 鉴于特别风险的特殊性，对于旨在减轻特别风险的控制，不论该控制在本期是否发生变化，注册会计师都不应依赖以前审计获取的证据，选项 B 错误。

【答案】 B

04 实质性程序的范围（结合第 4 章）

1. 在确定实质性程序的范围时的考虑因素（2 个）

考虑因素	相关说明
（1）评估的认定层次重大错报风险	重大错报风险越高，需要实施实质性程序的范围越广
（2）实施控制测试的结果	如果对控制测试结果不满意，注册会计师可能需要考虑扩大实质性程序的范围

2. 在设计细节测试范围时的考虑因素

基本原则	注重“量”，更注重“质”
考虑因素	（1）样本量 （2）选样方法的有效性等。例如，从总体中选取大额或异常项目，而不是进行代表性抽样或分层抽样

3. 实质性分析程序的范围的两层含义

第一层含义	对什么层次上的数据进行分析（高度汇总？）
第二层含义	需要对什么幅度或性质的差异展开进一步调查

前情回顾小剧场

（1）财务报表层次的重大错报风险与总体应对措施；

（2）控制环境存在缺陷时对拟实施审计程序的性质、时间安排和范围所作出的修改；

（3）增加审计程序不可预见性的思路、实施要点和示例；

（4）进一步审计程序的概念及设计时应当考虑的因素（5个因素）；

（5）确定进一步审计程序的性质、时间安排和范围时应当考虑的因素；

（6）控制测试的概念和要求（2种情况必须测试）；

（7）实施实质性程序的结果对控制测试结果的影响；

（8）控制测试时间的两层含义；

（9）对于控制测试，如何考虑期中获取的审计证据（2个程序——注意对应的考虑因素）；

（10）对于控制测试，如何考虑以前审计获取的证据（控制是否发生变化？是否属于旨在减轻特别风险？最近两年是否测试过？）；

（11）确定控制测试范围时应当考虑的6个因素（只有两个是反向影响）；

（12）对自动化控制测试范围的特殊考虑（如无变化，不必追加）；

（13）针对特别风险实施的实质性程序的规定；

（14）确定实质性程序的性质、时间安排和范围时应当考虑的因素。

第三编　各类交易和账户余额的审计

本编内容难度较大，实务性很强。考核时主要以简答题和综合题的形式为主，考生应在掌握相关的会计知识的基础上，注意将审计的理论与实务融会贯通。

第九章　销售与收款循环的审计

CHAPTER-9

五项须知小剧场

近5年考情分析
- 平均分值1分/年
- 2021年考核了综合题

教材主要变化 —— 除对部分文字进行了修订，本章内容无实质性变化

建议学习时长 —— 5小时

学习方法提示 —— 本章内容作为基础知识，既可以考核客观题，也可以在主观题中得以体现。尤其关于认定的理解，是考核综合题的必备知识点

本章基本框架（一）
- 第一节　销售与收款循环的特点
  - 不同行业类型的收入来源　考点1
  - 涉及的主要单据与会计记录　考点2
- 第二节　销售与收款循环的业务活动和相关内部控制
  - 了解销售和收款循环的业务活动和相关内部控制　考点1
  - 涉及的主要业务活动以及主要单据和会计记录　考点2
  - 销售与收款循环的主要内部控制　考点3
- 第三节　销售与收款循环的重大错报风险的评估
  - 销售与收款循环存在的重大错报风险　考点1
  - 根据重大错报风险评估结果设计进一步审计程序　考点2

- 本章基本框架（二）
  - 第四节　销售与收款循环的控制测试
    - 控制测试的基本原理　考点 1
    - 以风险为起点的控制测试　考点2
  - 第五节　销售与收款循环的实质性程序
    - 营业收入的实质性程序　考点 1
    - 应收账款的实质性程序　考点2

核心考点精讲专场

第一节　销售与收款循环的特点

查看本节视频，快速 GET 知识点
使用“会计云课堂”App或“微信”扫码

01 不同行业类型的收入来源——间接的了解企业的经营风险，如：跨行业经营、不务正业

02 涉及的主要单据与会计记录（第 2 节讲解）

第二节　销售与收款循环的业务活动和相关内部控制

查看本节视频，快速 GET 知识点
使用“会计云课堂”App或“微信”扫码

01 了解销售和收款循环的业务活动和相关内部控制

（1）询问参与销售与收款流程各业务活动的被审计单位人员，一般包括销售部门、仓储部门和财务部门的员工和管理人员；

（2）获取并阅读企业的相关业务流程图或内部控制手册等资料；

（3）观察销售与收款流程中特定控制的运用，例如，观察仓储部门人员是否以及如何将装运的商品与销售单上的信息进行核对；

（4）检查文件资料，例如，检查销售单、出库单、客户对账单等；

（5）实施穿行测试，即追踪销售交易从发生到最终被反映在财务报表中的整个处理过程。

02 涉及的主要业务活动以及主要单据和会计记录

富富有图示

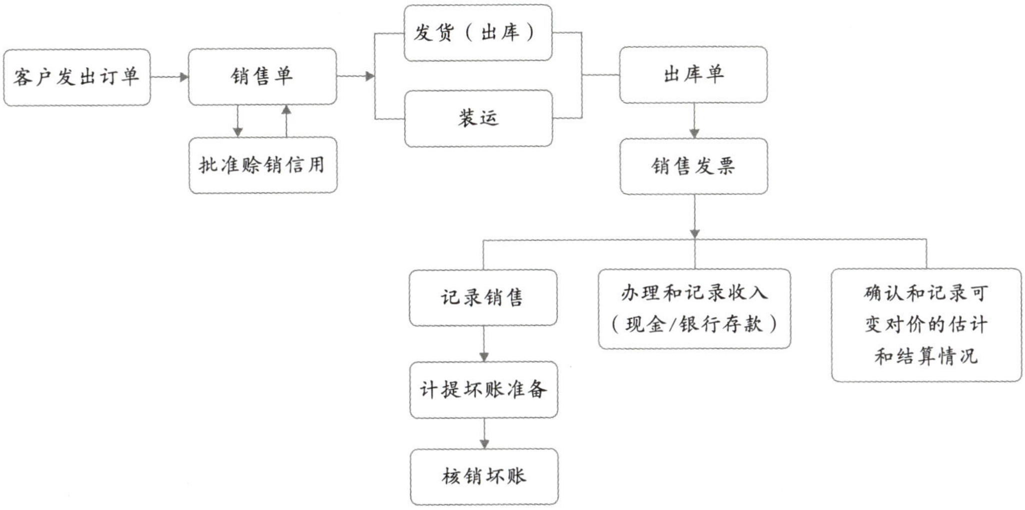

富富有提示

（1）原始凭证追查至明细账（顺查）：测试遗漏的交易（完整性）。

（2）明细账追查至原始凭证（逆查）：测试不真实的交易（存在/发生）。

（3）实务操作中，注意：客户验货签收环节（仅检查销售单、出库单可能不足以支持确认收入）。

（一）接受客户订购单（十方面之一）

涉及的主要单据	相关内容
客户订购单	1. 客户订购单一般由销售人员接受、销售经理授权审批（符合企业管理层的授权标准） 2. 客户订购单属于外部证据，是本循环的起点 3. 相关的认定：与销售交易的“发生”认定相关（提供补充证据）
销售单	1. 销售单：是列示客户所订商品的名称、规格、数量以及其他与客户订购单有关信息的凭证，作为企业内部处理客户订购单的凭据 2. 销售部门根据审批后的客户订购单，编制销售单 3. 销售单与订购单内容相对应 4. 是否连续编号：一式多联，连续编号 5. 相关的认定：与销售交易的“发生”认定相关

（二）批准赊销信用（十方面之二）

批准部门	信用管理部门
涉及的主要单据	销售单（经批准）

注意事项	1. 无论批准与否都要签字（注意：特殊交易的级别） 2. 信用审批的目的是为了降低坏账风险（注意：每个客户已授权的信用额度） 3. 销售部门应当与信用管理部门职责分离(避免盲目扩大销售)
相关的认定	与应收票据/应收款项融资/应收账款/合同资产账面余额的“准确性、计价和分摊”认定有关

例题精讲

【例题1·单选题】下列认定中，与销售信用批准控制最相关的是（　　）。

A. 准确性、计价和分摊　　B. 发生

C. 权利和义务　　D. 完整性

【解析】设计信用批准控制的目的是降低坏账风险，该项控制与应收票据/应收款项融资/应收账款/合同资产的“准确性、计价和分摊”认定有关，选项A正确。

【答案】A

（三）根据销售单编制出库单并发货（十方面之三）

涉及的主要单据	出库单【实物转移的重要标志】
基本要求	1. 仓库管理人员根据已批准的销售单编制出库单并供货 2. 仓储部门编制连续编号的出库单（提货单）
相关的认定	1. 与销售交易的“发生”认定相关 2. 与销售交易的“完整性”认定相关（连续编号）

（四）按销售单装运货物（十方面之四）

涉及的主要单据	1. 出库单【实物转移的重要标志】 2. 客户的验货签收记录
注意事项	1. 一式多联，连续编号 2. 装运部门与仓储部门的职责应当分离
相关的认定	与销售交易的“发生”认定相关（客户的验货签收记录）

（五）向客户开具发票（十方面之五）

涉及的主要单据	1. 商品价目表 2. 销售发票【控制权转移的主要标志】
注意事项	是否连续编号：一式多联，连续编号
针对的问题及相关的认定	向客户开具发票这项活动所针对的问题有：（3个方面） 1. 是否对所有装运的货物都开具了发票（即“完整性”认定） 2. 是否只对实际装运的货物开具发票，有无重复开具发票或虚开发票(即“发生”认定) 3. 是否按已授权批准的商品价目表所列价格计价开具发票（即“准确性”认定）

设立的控制	为了降低开具发票过程中出现遗漏、重复、错误计价或其他差错的风险，通常需要设立以下控制：（量、价、准确：a. b. c. d.） 1. 负责开发票的员工在开具每张销售发票之前，检查是否存在出库单和相应的经批准的销售单（a. 有出库单、b. 有经批准的销售单） 2. 依据已授权批准的商品价目表编制销售发票（c. 经批准的商品价目表） 3. 将出库单上的商品总数与相对应的销售发票上的商品总数进行比较（d. 所装运商品的数量与发票相同）

（六）记录销售（十方面之六）

涉及的主要单据和会计记录	1. 客户签收单(客户验货记录)（补充内容） 2. 转账凭证、收款凭证 3. 应收票据/应收款项融资/应收账款/合同资产明细账 4. 主营业务收入明细账 5. 客户对账单：是一种定期寄送给客户的用于购销双方定期核对账目的文件
控制程序	记录销售的控制程序包括但不限于：（7点） 1. 依据有效的出库单和销售单记录销售（★★★★仅有销售发票不能确认收入） 2. 使用事先连续编号的销售发票并对发票使用情况进行监控 3. 独立检查已销售发票上的销售金额与会计记录金额的一致性 4. 记录销售的职责应与处理销售交易的其他功能相分离 5. 对记录过程中所涉及的有关记录的接触权限予以限制，以减少未经授权批准的记录发生 6. 定期独立检查应收票据/应收款项融资/应收账款/合同资产的明细账与总账的一致性 7. 由不负责现金出纳和销售及应收票据/应收款项融资/应收账款/合同资产记账的人员定期向客户寄发对账单，对不符事项进行调查，必要时调整会计记录，编制对账情况汇总报告并交管理层审核

（七）办理和记录现金、银行存款收入（十方面之七）

涉及的主要单据和会计记录	1. 收款凭证 2. 现金日记账和银行存款日记账 3. 汇款通知书：是一种与销售发票一起寄给客户，由客户在付款时再寄回企业的凭证（催款之用）
注意事项	企业通过出纳与现金记账的职责分离、现金盘点、编制银行存款余额调节表、定期向客户发送对账单等控制来实现货币资金的安全

（八）确认和记录可变对价的估计和结算情况（十方面之八）

涉及的主要单据和会计记录	1. 贷项通知单：是一种用来表示由于销售退回或经批准的折让而导致应收货款减少的单据，其格式通常与销售发票的格式类似 2. 可变对价相关会计记录 3. 应收票据/应收款项融资/应收账款/合同资产明细账

（九）计提坏账准备（十方面之九）

涉及的主要单据和会计记录	应收票据/应收款项融资/应收账款预期信用损失计算表
相关的认定	与应收票据/应收款项融资/应收账款/合同资产的“准确性、计价和分摊”认定有关

（十）核销坏账（十方面之十）

涉及的主要单据和会计记录	坏账核销审批表

03 销售与收款循环的主要内部控制（共6点）

（一）适当的职责分离（1/6：预防性控制）

1. 适当的职责分离有助于防止各种有意或无意的错误（如：赊销批准与销售分离）

2. 一个企业销售与收款业务相关职责适当分离的基本要求通常包括

（1）企业应当分别设立办理销售、发货、收款三项业务的部门（或岗位）；

（2）企业在销售合同订立前，应当指定专门人员就销售价格、信用政策、发货及收款方式等具体事项与客户进行谈判；

（3）谈判人员至少应有两人以上，并与订立合同的人员相分离；

（4）编制销售发票通知单的人员与开具销售发票的人员应相互分离；

（5）销售人员应当避免接触销货现款；

（6）企业应收票据的取得和贴现必须经由保管票据以外的主管人员的书面批准。

（二）恰当的授权审批（2/6）（四个关键点：预防性控制）

审批程序	控制的目的
1. 在销售发生之前，赊销已经正确审批	防止企业因向虚构的或无力支付货款的客户发货而蒙受损失
2. 非经正当审批，不得发出货物	
3. 销售价格、销售条件、运费、折扣等必须经过审批	保证销售交易按照企业定价政策规定的价格开票收款
4. 审批人应当根据销售与收款授权批准制度的规定，在授权范围内进行审批，不得超越审批权限	防止因审批人决策失误而造成严重损失

（三）充分的凭证和记录（3/6）

（1）企业在收到客户订购单后，编制一份预先编号的一式多联的销售单，分别用于批准赊销、审批发货、记录发货数量以及向客户开具发票等。在这种制度下，通过定期清点销售单和销售发票，可以避免漏开发票或漏记销售的情况。

（2）财务人员在记录销售交易之前，对相关的销售单、出库单和销售发票上的信息进行核对，以确保入账的营业收入是真实发生的、准确的。

（四）凭证的预先编号（4/6：预防性控制）

（1）对凭证预先进行编号，旨在防止销售以后遗漏向客户开具发票或登记入账，也可防止重复开具发票或重复记账。当然，如果对凭证的编号不作清点，预先编号就会失去其控制意义。

（2）定期检查全部凭证的编号，并调查凭证缺号或重号的原因，是实施这项控制的关键点。

（五）定期寄发对账单（5/6）

（1）由不负责现金出纳和销售及应收票据/应收款项融资/应收账款/合同资产记账的人员定期向客户寄发对账单，能促使客户在发现应付账款余额不正确后及时反馈有关信息。

（2）为了使这项控制更加有效，最好将账户余额中出现的所有核对不符的账项，指定一位既不负责货币资金也不记录主营业务收入和应收票据/应收款项融资/应收账款/合同资产账目的主管人员处理，然后由独立人员定期编制对账情况汇总报告并交管理层审阅。

（六）内部核查程序（6/6）

（1）由内部审计人员或其他独立人员核查销售与收款交易的处理和记录，是实现内部控制目标所不可缺少的一项控制措施。

（2）销售与收款内部控制检查的主要内容。

内容	重点检查
①相关岗位及人员的设置情况	是否存在销售与收款交易不相容、职务混岗的现象
②授权批准制度的执行情况	授权批准手续是否健全，是否存在越权审批行为
③销售的管理情况	信用政策、销售政策的执行是否符合规定
④收款的管理情况	销售收入是否及时入账，应收账款的催收是否有效，坏账核销和应收票据的管理是否符合规定
⑤销售退回的管理情况	销售退回手续是否齐全，退回货物是否及时入库

第三节　销售与收款循环的重大错报风险的评估

查看本节视频，快速 GET 知识点
使用“会计云课堂”App或“微信”扫码

01 销售与收款循环存在的重大错报风险

（一）相关交易和余额存在的重大错报风险（以一般制造业的赊销销售为例）

（1）收入确认存在的舞弊风险。

（2）收入的复杂性可能导致的错误。

（3）发生的收入交易未能得到准确记录。

（4）期末收入交易和收款交易可能未计入正确的期间，包括销售退回交易的截止错误。

（5）收款未及时入账或记入不正确的账户，因而导致应收账款/合同资产（或应收票据/银行存款）的错报。

（6）应收账款坏账准备的计提不准确。

（二）在识别和评估与收入确认相关的重大错报风险时考虑舞弊风险

（1）注册会计师在识别和评估与收入确认相关的重大错报风险时，应当基于收入确认存在舞弊风险的假定，评价哪些类型的收入、收入交易或认定导致舞弊风险。

（2）假定收入确认存在舞弊风险，并不意味着注册会计师应当将与收入确认相关的所有认定都假定为存在舞弊风险。

动机或压力	做法	相关的认定
管理层难以实现预期的利润目标（如：提前确认收入、记录虚假的收入）	高估收入	发生
管理层隐瞒收入而降低税负	隐瞒收入	完整性
被审计单位预期难以达到下一年度的销售目标，而已经超额实现了本年度的销售目标	推迟确认收入	截止（主要）

（3）如果注册会计师认为收入确认存在舞弊风险的假定不适用于业务的具体情况，从而未将收入确认作为由于舞弊导致的重大错报风险领域，注册会计师应当在审计工作底稿中记录得出该结论的理由。

（三）常用的收入确认舞弊手段

1. 为了达到粉饰财务报表的目的而虚增收入或提前确认收入（高估收入，共12项）

（1）虚构销售交易，包括：

①在无存货实物流转的情况下，通过与其他方（包括已披露或未披露的关联方、非关联方等）签订虚假购销合同，虚构存货进出库，并通过伪造出库单、发运单、验收单等单据，以及虚开商品销售发票虚构收入。

②在多方串通的情况下，通过与其他方（包括已披露或未披露的关联方、非关联方等）签订虚假购销合同，并通过存货实物流转、真实的交易单证票据和资金流转配合，虚构收入。

③被审计单位根据其所处行业特点虚构销售交易。

（2）实施显失公允的交易，包括：

①通过与未披露的关联方或真实非关联方进行显失公允的交易。

②通过出售关联方的股权，使之从形式上不再构成关联方，但仍与之进行显失公允的交易，或与未来或潜在的关联方进行显失公允的交易。

③与同一客户或同受一方控制的多个客户在各期发生多次交易，通过调节各次交易的商品销售价格，调节各期销售收入金额。

（3）在客户取得相关商品控制权前确认销售收入。

（4）通过隐瞒退货条款，在发货时全额确认销售收入。

（5）通过隐瞒不符合收入确认条件的售后回购或售后租回协议，而将以售后回购或售后租回方式发出的商品作为销售商品确认收入。

（6）在被审计单位属于代理人的情况下，被审计单位按主要责任人确认收入。

（7）对于属于在某一时段内履约的销售交易，通过高估履约进度的方法实现当期多确认收入。

（8）当存在多种可供选择的收入确认会计政策或会计估计方法时，随意变更所选择的会计政策或会计估计方法。

（9）选择与销售模式不匹配的收入确认会计政策。

（10）通过调整与单独售价或可变对价等相关的会计估计，达到多计或提前确认收入的目的。

（11）对于存在多项履约义务的销售交易，未对各项履约义务单独进行核算，而整体作为单项履约义务一次性确认收入。

（12）对于应整体作为单项履约义务的销售交易，通过将其拆分为多项履约义务，达到提前确认收入的目的。

2. 为了达到报告期内降低税负或转移利润等目的而少计收入或推迟确认收入（低估收入，共 6 项）

（1）被审计单位在满足收入确认条件后，不确认收入，而将收到的货款作为负债挂账，或转入本单位以外的其他账户。

（2）被审计单位采用以旧换新的方式销售商品时，以新旧商品的差价确认收入。

（3）对于应采用总额法确认收入的销售交易，被审计单位采用净额法确认收入。

（4）对于属于在某一时段内履约的销售交易，被审计单位未按实际履约进度确认收入，或采用时点法确认收入。

（5）对于属于在某一时点履约的销售交易，被审计单位未在客户取得相关商品或服务控制权时确认收入，推迟收入确认时点。

（6）通过调整与单独售价或可变对价等相关的会计估计，达到少计或推迟确认收入的目的。

（四）表明被审计单位在收入确认方面可能存在舞弊风险的迹象（6 个方面）

1. 销售客户方面出现异常情况，包括

（1）销售情况与客户所处行业状况不符。

（2）与同一客户同时发生销售和采购交易，或者与同受一方控制的客户和供应商同时发生交易。

（3）交易标的对交易对方而言不具有合理用途。

（4）主要客户自身规模与其交易规模不匹配。

（5）与新成立或之前缺乏从事相关业务经历的客户发生大量或大额的交易，或者与原有客户交易金额出现不合理的大额增长。

（6）与关联方或疑似关联方客户发生大量或大额交易。

（7）与个人、个体工商户发生异常大量的交易。

（8）对应收款项/合同资产账龄长、回款率低或缺乏还款能力的客户，仍放宽信用政策。

（9）被审计单位的客户是否付款取决于下列情况：

①能否从第三方取得融资；

②能否转售给第三方（如经销商）；

③被审计单位能否满足特定的重要条件。

（10）直接或通过关联方为客户提供融资担保。

2. 销售交易方面出现异常情况，包括

（1）在临近期末时发生了大量或大额的交易。

（2）实际销售情况与订单不符，或者根据已取消的订单发货或重复发货。

（3）未经客户同意，在销售合同约定的发货期之前发送商品或将商品运送到销售合同约定地点以外的其他地点。

（4）被审计单位的销售记录表明，已将商品发往外部仓库或货运代理人，却未指明任何客户。

（5）销售价格异常。例如，明显高于或低于被审计单位和其他客户之间的交易价格。

（6）已经销售的商品在期后有大量退回。

（7）交易之后长期不进行结算。

3. 销售合同、单据方面出现异常情况，包括

（1）销售合同未签字盖章，或者销售合同上加盖的公章并不属于合同所指定的客户。

（2）销售合同中重要条款（例如，交货地点、付款条件）缺失或含糊。

（3）销售合同中部分条款或条件不同于被审计单位的标准销售合同，或过于复杂。

（4）销售合同或发运单上的日期被更改。

（5）在实际发货之前开具销售发票，或实际未发货而开具销售发票。

（6）记录的销售交易未经恰当授权或缺乏出库单、货运单、销售发票等证据支持。

4. 销售回款方面出现异常情况，包括

（1）应收款项收回时，付款单位与购买方不一致，存在较多代付款的情况。

（2）应收款项收回时，银行回单中的摘要与销售业务无关。

（3）对不同客户的应收款项从同一付款单位收回。

（4）经常采用多方债权债务抵销的方式抵销应收款项。

5. 被审计单位通常会使用货币资金配合收入舞弊，注册会计师需要关注资金方面出现的异常情况，包括

（1）通过虚构交易套取资金。

（2）发生异常大量的现金交易，或被审计单位有非正常的资金流转及往来，特别是有非正常现金收付的情况。

（3）在货币资金充足的情况下仍大额举债。

（4）被审计单位申请公开发行股票并上市，连续几个年度进行大额分红。

（5）工程实际付款进度明显快于合同约定付款进度。

（6）与关联方或疑似关联方客户发生大额资金往来。

6. 其他方面出现异常情况，包括

（1）采用异常于行业惯例的收入确认方法。

（2）与销售和收款相关的业务流程、内部控制发生异常变化，或者销售交易未按照内部控制制度的规定执行。

（3）非财务人员过度参与与收入相关的会计政策的选择、运用以及重要会计估计的作出。

（4）通过实施分析程序发现异常或偏离预期的趋势或关系。

（5）被审计单位的账簿记录与询证函回函提供的信息之间存在重大或异常差异。

（6）在被审计单位业务或其他相关事项未发生重大变化的情况下，询证函回函相符比例明显异于以前年度。

（7）被审计单位管理层不允许注册会计师接触可能提供审计证据的特定员工、客户、供应商或其他人员。

（五）针对舞弊导致的重大错报风险的调查方法

1. 对毛利率变动的合理性进行调查

如果注册会计师发现被审计单位的毛利率变动较大或与所在行业的平均毛利率差异较大，注册会计师可以采用定性分析与定量分析相结合的方法，从行业及市场变化趋势、产品销售价格和产品成本要素等方面对毛利率变动的合理性进行调查。

2. 对异常的应收账款/合同资产进行调查

如果注册会计师发现应收账款/合同资产余额较大，或其增长幅度高于销售收入的增长幅度，注册会计师需要分析具体原因（如赊销政策和信用期限是否发生变化等），并在必要时采取恰当的措施，如扩大函证比例、增加截止测试和期后收款测试的比例、使用与前期不同的抽样方法、实地走访客户等。

3. 对收入增长幅度明显高于管理层的预期的情况进行调查

如果注册会计师发现被审计单位的收入增长幅度明显高于管理层的预期，可以询问管理层的适当人员，并考虑管理层的答复是否与其他审计证据一致。例如，如果管理层表示收入增长是由于销售量增加所致，注册会计师可以调查与市场需求相关的情况。

4. 在收入确认领域，注册会计师可以借助数据分析技术

例题精讲

【例题 2 · 2021 年综合题】上市公司甲公司是 ABC 会计师事务所的常年审计客户，主要从事医疗器械的生产和销售。A 注册会计师负责审计甲公司 2020 年度财务报表，确定财务报表整体的重要性为 1000 万元。

资料四：

A 注册会计师在审计工作底稿中记录了实施进一步审计程序的情况，部分内容摘录如下：

（2）甲公司的直销设备在送达客户指定场所并安装验收后确认收入。在测试直销设备营业收入的完整性时，A 注册会计师检查了仓储部门留存的出库单的完整性，从中选取样本，追查至营业收入明细账，结果满意。

要求：

针对资料四第（2）项，假定不考虑其他条件，指出 A 注册会计师的做法是否恰当。如不恰当，简要说明理由。

【答案】

事项序号	是否恰当（是/否）	理由
（2）	否	应从验收报告中选取样本

【例题 3 · 2020 年综合题】甲公司是 ABC 会计师事务所的常年审计客户，主要从事家电产品的生产、批发和零售。A 注册会计师负责审计甲公司 2019 年度财务报表，确定财务报表整体的重要性为 800 万元，明显微小错报的临界值为 40 万元。

资料四：

A注册会计师在审计工作底稿中记录了实施进一步审计程序的情况，部分内容摘录如下：

（4）A注册会计师对甲公司店面租金费用实施实质性分析程序时，确定可接受差异额为400万元，账面金额比期望值少1400万元。A注册会计师针对其中1200万元的差异进行了调查，结果满意。因剩余差异小于可接受差异额，A注册会计师认可了管理层记录的租金费用。

要求：

针对资料四第（4）项，假定不考虑其他条件，指出A注册会计师的做法是否恰当。如不恰当，简要说明理由。

【答案】

事项序号	是否恰当（是/否）	理由
（4）	否	需要对差异额的全额进行调查

02 根据重大错报风险评估结果设计进一步审计程序

教材表9-4　销售与收款循环的重大错报风险和进一步审计程序总体方案（举例）

重大错报风险描述	相关财务报表项目及认定	风险程度	是否信赖控制	进一步审计程序的总体方案	拟从控制测试中获取的保证程度	拟从实质性程序中获取的保证程度
1. 销售收入可能未真实发生	①营业收入：发生 ②应收账款/合同资产：存在	特别	是	综合性方案	高	中
2. 销售收入记录可能不完整	营业收入/应收账款/合同资产：完整性	一般	否	实质性方案	无	低
3. 期末收入交易可能未计入正确的期间	①营业收入：截止 ②应收账款/合同资产：存在/完整性	特别	否	实质性方案	无	高
4. 发生的收入交易未能得到准确记录	①营业收入：准确性 ②应收账款/合同资产：准确性、计价和分摊	一般	是	综合性方案	部分	低
5. 应收账款坏账准备的计提不准确	应收账款/合同资产：准确性、计价和分摊	一般	否	实质性方案	无	中

查看本节视频，快速 GET 知识点
使用“会计云课堂”App或“微信”扫码

第四节　销售与收款循环的控制测试

01 控制测试的基本原理（详见第八章）

02 以风险为起点的控制测试

教材表 9-5　销售与收款循环的风险、存在的内部控制及相关控制测试程序

可能发生错报的环节	相关的财务报表项目及认定	存在的内部控制（自动）	存在的内部控制（人工）	相关的控制测试程序
（一）订单处理和赊销的信用控制（★★★）				
可能向没有获得赊销授权或超出了其信用额度的客户赊销	营业收入：发生 应收账款/合同资产：存在	1. 订购单上的客户代码与应收账款主文档记录的代码一致 2. 目前未偿付余额加上本次销售额在信用限额范围内 结论：上述两项均满足才能生成销售单	对于不在主文档中的客户或是超过信用额度的客户订购单，需要经过适当授权批准，才可生成销售单	1. 询问员工销售单的生成过程 2. 检查是否所有生成的销售单均有对应的客户订购单为依据 3. 检查系统中自动生成销售单的生成逻辑，是否确保满足了客户范围及其信用控制的要求 4. 对于系统外授权审批的销售单，检查是否经过适当批准
（二）发运商品（★★★）				
1. 可能在没有批准发货的情况下发出商品	营业收入：发生 应收账款/合同资产：存在	当客户销售单在系统中获得发货批准时，系统自动生成连续编号的出库单	只有当附有经批准的销售单和出库单时，保安人员才能放行	1. 检查系统内出库单的生成逻辑以及出库单是否连续编号 2. 询问并观察发运时保安人员的放行检查
2. 发运商品与客户销售单可能不一致	营业收入：准确性 应收账款/合同资产：准确性、计价和分摊	1. 系统将出库单中所有准备发出的商品与销售单上的商品种类和数量进行比对 2. 打印种类或数量不符的例外报告，并暂缓发货	管理层复核例外报告和暂缓发货的清单，并解决问题	检查例外报告和暂缓发货的清单

续表

可能发生错报的环节	相关的财务报表项目及认定	存在的内部控制（自动）	存在的内部控制（人工）	相关的控制测试程序
3. 已发出商品可能与出库单上的商品种类和数量不符	营业收入：准确性 应收账款/合同资产：准确性、计价和分摊	—	1. 商品打包发运前，装运部门对商品和出库单内容进行独立核对，并在出库单上签字以示商品已与出库单核对且种类和数量相符 2. 客户要在出库单上签字以作为收到商品且商品与订购单一致的证据	检查出库单上相关员工及客户的签名，作为发货一致的证据
4. 已销售商品可能未实际发运给客户	营业收入：发生 应收账款/合同资产：存在	—	客户要在出库单上签字以作为收到商品且商品与订购单一致的证据	检查出库单上客户的签名，作为收货的证据
（三）开具发票（★★）				
1. 商品发运可能未开具销售发票或已开出发票没有出库单的支持	应收账款/合同资产：存在/完整性/权利和义务 营业收入：发生/完整性	1. 发货以后系统根据出库单及相关信息自动生成连续编号的销售发票 2. 系统自动复核连续编号的发票和出库单的对应关系，并定期生成例外报告	复核例外报告并调查原因	1. 检查系统生成发票的逻辑 2. 检查例外报告及跟进情况
2. 由于定价或产品摘要不正确，以及销售单或出库单或销售发票代码输入错误，可能导致销售价格不正确	营业收入：准确性 应收账款/合同资产：准确性、计价和分摊	1. 通过逻辑登录限制控制定价主文档的更改。只有得到授权的员工才能进行更改 2. 系统通过使用和检查主文档版本序号，确定正确的定价主文档版本已经被上传 3. 系统检查录入的产品代码的合理性	1. 核对经授权的有效的价格更改清单与计算机获得的价格更改清单是否一致 2. 如果发票由手工填写或没有定价主文档，则有必要对发票的价格进行独立核对	1. 检查文件以确定价格更改是否经授权 2. 重新执行以确定打印出的更改后价格与授权是否一致 3. 通过检查IT的一般控制和收入交易的应用控制，确定正确的定价主文档版本是否已被用来生成发票 4. 如果发票由手工填写，检查发票中价格复核人员的签名 5. 通过核对经授权的价格清单与发票上的价格，重新执行该核对过程

续表

可能发生错报的环节	相关的财务报表项目及认定	存在的内部控制（自动）	存在的内部控制（人工）	相关的控制测试程序
3. 发票上的金额可能出现计算错误	营业收入：准确性 应收账款/合同资产：准确性、计价和分摊	1. 每张发票的单价、计算、商品代码、商品摘要和客户账户代码均由系统控制 2. 如果由系统控制的发票开具程序的更改是受监控的，在操作控制帮助下，可以确保使用的是正确的发票生成程序版本 3. 系统代码有密码保护，只有经授权的员工才可以更改 4. 定期打印所有系统上作出的更改	1. 上述程序的所有更改由上级复核和审批 2. 如果由手工开具发票，独立复核发票上计算的增值税和总额的正确性	1. 自动：询问发票生成程序更改的一般控制情况，确定是否经授权以及现有的版本是否正在被使用 检查有关程序更改的复核审批程序 2. 手工：检查与发票计算金额正确性相关的人员的签名 重新计算发票金额，证实其是否正确
（四）记录赊销（★）				
1. 销售发票入账的会计期间可能不正确	营业收入：截止/发生 应收账款/合同资产：存在/完整性/权利和义务	系统根据销售发票的信息自动汇总生成当期销售入账记录	1. 定期执行人工销售截止检查程序 2. 向客户发送月末对账单，调查并解决客户质询的差异	1. 检查系统中销售记录生成的逻辑 2. 重新执行销售截止检查程序 3. 检查客户质询信件并确定问题是否已得到解决
2. 销售发票入账金额可能不准确	营业收入：准确性 应收账款/合同资产：准确性、计价和分摊	系统根据销售发票的信息自动汇总生成当期销售入账记录	1. 复核明细账与总账间的调节 2. 向客户发送月末对账单，调查并解决客户质询的差异	1. 检查系统销售入账记录的生成逻辑，对于手工调节项目进行检查，并调查原因是否合理 2. 检查客户质询信件并确定问题是否已得到解决
3. 销售发票可能被记入不正确的应收账款/合同资产明细账户	应收账款/合同资产：准确性、计价和分摊	系统将客户代码、商品发送地址、出库单、发票与应收账款主文档中的相关信息进行比对	1. 应收账款客户主文档中明细账的汇总金额应与应收账款总分类账核对。对于二者之间的调节项需要调查原因并解决 2. 向客户发送月末对账单，调查并解决客户质询的差异	1. 检查应收账款客户主文档中明细余额汇总金额的调节结果与应收账款总分类账是否核对相符，以及负责该项工作的员工签名 2. 检查客户质询信件并确定问题是否已得到解决

续表

可能发生错报的环节	相关的财务报表项目及认定	存在的内部控制（自动）	存在的内部控制（人工）	相关的控制测试程序
（五）记录应收账款/合同资产的收款				
1. 应收账款/合同资产记录的收款与银行存款可能不一致	应收账款/合同资产/货币资金：完整性/存在/权利和义务/准确性、计价和分摊	在每日编制电子版存款清单时，系统自动贷记应收账款/合同资产	1. 将每日收款汇总表、电子版收款清单和银行存款清单相比较 2. 定期取得银行对账单，独立编制银行存款余额调节表 3. 向客户发送月末对账单，对客户质询的差异应予以调查并解决	1. 检查核对每日收款汇总表、电子版收款清单和银行存款清单的核对记录和核对人员的签名 2. 检查银行存款余额调节表和负责编制的员工的签名 3. 检查客户质询信件并确定问题是否已被解决
2. 收款可能被记入不正确的应收账款/合同资产账户	应收账款/合同资产：准确性、计价和分摊/存在/分类	1. 电子版的收款清单与应收账款/合同资产明细账之间建立连接界面，根据对应的客户名称、代码、发票号等将收到的款项对应到相应的客户账户 2. 对于无法对应的款项生成例外事项报告 3. 系统定期生成按客户细分的应收账款/合同资产账龄分析表	1. 将生成的例外事项报告的项目进行手工核对，或调查产生的原因并解决 2. 向客户发送月末对账单，对客户质询的差异应予以调查并解决 3. 管理层每月复核按客户细分的应收账款/合同资产账龄分析表，并调查长期余额或其他异常余额	1. 检查系统中的对应关系审核设置是否合理 2. 检查对例外事项报告中的信息进行核对的记录以及无法核对事项的解决情况 3. 检查客户质询信件并确定问题是否已被解决 4. 检查管理层对应收账款/合同资产账龄分析表的复核及跟进措施
（六）坏账准备计提及坏账核销				
坏账准备的计提可能不充分	应收账款/合同资产：准确性、计价和分摊	系统自动生成应收账款/合同资产账龄分析表（假定企业以账龄组合为基础计提预期信用损失）	1. 管理层对财务人员基于账龄分析表，采用预期信用损失模型计算编制的坏账准备计提表进行复核 2. 复核无误后需在损失准备计提表上签字 3. 管理层复核坏账核销的依据，并进行审批（假定企业以账龄组合为基础计提预期信用损失）	1. 检查系统计算账龄分析表的规则是否正确 2. 询问管理层如何复核损失准备计提表的计算，检查是否有复核人员的签字 3. 检查坏账核销是否经过管理层的恰当审批

续表

可能发生错报的环节	相关的财务报表项目及认定	存在的内部控制（自动）	存在的内部控制（人工）	相关的控制测试程序
（七）记录现金销售				
登记入账的现金收入与企业已经实际收到的现金不符	营业收入：完整性/发生/截止/准确性 货币资金：完整性/存在	现金销售通过统一的收款台用收银机集中收款，并自动打印销售小票	1. 销售小票应交予客户确认金额一致 2. 通过监视器监督收款台 3. 每个收款台都打印每日现金销售汇总表 4. 盘点每个收款台收到的现金，并与相关销售汇总表调节相符 5. 独立检查所有收到的现金已存入银行 6. 将每日现金销售汇总表与银行存款单相比较 7. 定期取得银行对账单，独立编制银行存款余额调节表	1. 实地观察收银台、销售点的收款过程，并检查在这些地方是否有足够的物理监控 2. 检查收款台打印销售小票和现金销售汇总表的程序设置和修改权限设置 3. 检查盘点记录和结算记录上负责计算现金和与销售汇总表相调节工作的员工的签名 4. 检查银行存款单和销售汇总表上的签名，证明已实施复核 5. 检查银行存款余额调节表的编制和复核人员的审核记录

例题精讲

【例题4·2011年简答题】 A注册会计师负责对甲公司2010年12月31日的财务报告内部控制进行审计。A注册会计师了解到，甲公司将客户验货签收作为销售收入确认的时点。部分与销售相关的控制内容摘录如下：

（1）每笔销售业务均需与客户签订销售合同。

（2）赊销业务需由专人进行信用审批。

（3）仓库只有在收到经批准的发货通知单时才能供货。

（4）负责开具发票的人员无权修改开票系统中已设置好的商品价目表。

（5）财务人员根据核对一致的销售合同、客户签收单和销售发票编制记账凭证并确认销售收入。

（6）每月末，由独立人员对应收账款明细账和总账进行调节。

要求：

（1）针对上述第（1）至（6）项所列控制，逐项指出是否与销售收入的“发生”认定直接相关。

（2）从所选出的与销售收入的发生认定直接相关的控制中，选出一项最应当测试的控制，并简要说明理由。

【答案】

针对要求（1）：

事项（1）与销售收入的发生认定直接相关。

事项（2）与销售收入的发生认定不直接相关。

事项（3）与销售收入的发生认定不直接相关。

事项（4）与销售收入的发生认定不直接相关。

事项（5）与销售收入的发生认定直接相关。

事项（6）与销售收入的发生认定不直接相关。

针对要求（2）：

注册会计师最应当选择事项（5）进行控制测试。因为客户签收单是确认销售收入发生的关键环节，同时也是外来原始凭证，因此与第（1）项控制相比，第（5）项控制对发现销售收入的发生认定的错报更有效。

【例题 5 · 2013 年综合题】甲公司是 ABC 会计师事务所的常年审计客户，拥有乙公司和丙公司两家联营公司。甲公司主要从事建材的生产、销售以及建筑安装工程。A 注册会计师负责审计甲公司 2012 年度财务报表，拟于 2013 年 4 月 1 日出具审计报告。财务报表整体的重要性为 25 万元。

资料三：

A 注册会计师在审计工作底稿中记录了甲公司销售与收款循环的内部控制，部分内容摘录如下：

序号	风险	控制
(1)	向客户提供过长信用期而增加坏账损失风险	客户的信用期由信用管理部审核批准。如长期客户临时申请延长信用期，由销售部经理批准
(2)	已记账的收入未发生或不准确	财务人员将经批准的销售订单、客户签字确认的出库单及发票所载信息相互核对无误后，编制记账凭证（附上述单据），经财务部经理审核后入账
(3)	应收账款记录不准确	每季度末，财务部向客户寄送对账单。如客户未及时回复，销售人员需要跟进；如客户回复表明差异超过该客户欠款余额的 5%，则进行调查

资料四：

A 注册会计师在审计工作底稿中记录了实施的控制测试和实质性程序及其结果，部分内容摘录如下：

序号	控制	控制测试和实质性程序及其结果
(1)	产品送达后，甲公司要求客户的经办人员在出库单上签字。财务部将客户签字确认的出库单作为收入确认的依据之一	A 注册会计师对控制的预期偏差率为零，从收入明细账中抽取 25 笔交易，检查出库单是否经客户签字确认。经检查，有 2 张出库单未经客户签字 销售人员解释，这 2 批货物在运抵客户时，客户的经办人员出差。由于以往未发生过客户拒绝签收的情况，经财务部经理批准后确认收入 A 注册会计师对上述客户的应收账款实施函证，回函结果表明不存在差异

序号	控制	控制测试和实质性程序及其结果
(2)	如需对 ERP 系统中设定的生产成本计算方法和公式进行变更，财务部将系统变更申请在当月提交至信息技术部，由其在月末前完成变更	在检查信息技术部是否及时、恰当处理收到的申请时，A 注册会计师发现 2012 年 11 月财务部提交的系统变更申请未在当月处理 信息技术部解释当月由于工作繁忙，未及时更改，已通知财务部。财务人员解释，2012 年 11 月起，生产过程中新添加了某种辅料。因 ERP 系统尚未变更，财务人员通过手工计算调整生产成本 A 注册会计师进行了相关测试，未发现生产成本计算错误
(3)	现金销售通过收银机集中收款，并自动生成销售小票和每日现金销售汇总表。财务人员将每日现金销售汇总表金额和收到的现金核对一致。除财务部经理批准外，出纳应在当日将收到的现金存入指定银行	A 注册会计师对控制的预期偏差率为零，抽取 25 张银行现金缴款单回单与每日现金销售汇总表进行核对，发现有 3 张银行现金缴款单回单的日期比每日现金销售汇总表的日期晚一天 财务人员解释，由于当日核对工作结束较晚，银行已结束营业，经财务部经理批准，出纳将现金存入公司保险柜，并于次日存入银行 A 注册会计师检查了财务部经理签字批准的记录，未发现异常

要求：

（1）针对资料三第（1）至（3）项，假定不考虑其他条件，逐项指出资料三所列控制的设计是否存在缺陷。如认为存在缺陷，简要说明理由。

（2）针对资料四第（1）至（3）项，假定这些控制的设计有效并得到执行，根据控制测试和实质性程序及其结果，逐项指出资料四所列控制运行是否有效。如认为运行无效，简要说明理由。

【答案】

针对要求（1）：

事项序号	控制设计是否存在缺陷（是/否）	理由
(1)	是	未实现职责分离目标/长期客户临时申请延长信用期，应经信用管理部审核/可能由于销售人员追求更大销售量而不恰当延长信用期，导致坏账损失风险
(2)	否	—
(3)	是	应调查所有差异/即使差异未超过甲公司对该客户应收账款余额的 5%，也应当调查/也可能是重大的

针对要求（2）：

事项序号	控制运行是否有效（是/否）	理由
(1)	否	抽取的 25 个样本中有 2 个样本没有经客户签字确认，该控制未得到一贯执行
(2)	否	信息技术部未及时处理系统变更申请，该控制未得到及时执行
(3)	是	—

第五节　销售与收款循环的实质性程序

查看本节视频，快速 GET 知识点
使 用“会计云课堂”App或“微信”扫码

01　营业收入的实质性程序

（一）营业收入的审计目标

1. 审计目标与财务报表认定的关系

审计目标	财务报表认定					
	发生	完整性	准确性	截止	分类	列报
①利润表中记录或披露的营业收入已发生，且与被审计单位有关	√					
②所有应当记录的营业收入均已记录，应当包括在财务报表中的相关披露均已包括		√				
③与营业收入有关的金额及其他数据已恰当记录，相关披露已得到恰当计量和描述			√			
④营业收入已记录于正确的会计期间				√		
⑤营业收入已记录于恰当的账户					√	
⑥营业收入已被恰当地汇总或分解且表述清楚，按照企业会计准则的规定在财务报表中作出的相关披露是相关的、可理解的						√

2. 主营业务收入审计目标与审计程序对应关系表（12 个程序）

审计目标	审计程序
③	（1）获取营业收入明细表（第 1 条）
①②③	（2）实施实质性分析程序（必要时）（第 2 条） 【详见下面标题（二）】
①②③④	（3）检查主营业务收入确认方法是否符合企业会计准则的规定（第 3 条）（顺查、逆查）
③（主要）	（4）检查交易价格（第 4 条）
①③④	（5）检查与收入交易相关的原始凭证与会计分录（第 5 条：逆查） 以主营业务收入明细账中的会计分录为起点，检查相关原始凭证，如：订购单、销售单、出库单、发票等，评价已入账的营业收入是否真实发生
②	（6）从出库单（客户签收联）中选取样本，追查至主营业务收入明细账，以确定是否存在遗漏事项（完整性认定）（第 6 条：顺查）

审计目标	审计程序
①③	(7) 结合对应收账款实施的函证程序，选择客户函证本期销售额(第7条)
④（主要）	(8) 实施销售截止测试（第8条）【详见下面标题（三）】
①（主要）	(9) 对于销售退回，检查相关手续是否符合规定，结合原始销售凭证检查其会计处理是否正确，结合存货项目审计关注其真实性（第9条）
③	(10) 检查可变对价的会计处理（第10条）
⑥	(11) 检查主营业务收入在财务报表中的列报和披露是否符合企业会计准则的规定（第11条）
①③	(12) 实施“延伸检查”程序

例题精讲

【例题6·2014年多选题】下列各项审计程序中，可以为营业收入发生认定提供审计证据的有（　　）。

A. 从营业收入明细账中选取若干记录，检查相关原始凭证

B. 对应收账款余额实施函证

C. 检查应收账款明细账的贷方发生额

D. 调查本年新增客户的工商资料、业务活动及财务状况

【答案】ABCD

（二）实施实质性分析程序（★★★★）

(1) 针对已识别需要运用分析程序的有关项目，并基于对被审计单位及其环境的了解，通过进行以下比较，同时考虑有关数据间关系的影响，以建立有关数据的期望值：(共7点)

①将账面销售收入、销售清单和销售增值税销项清单进行核对；

②将本期销售收入金额与以前可比期间的对应数据或预算数进行比较；

③分析月度或季度销售量、销售单价、销售收入金额、毛利率变动趋势；

④将销售收入变动幅度与销售商品及提供劳务收到的现金、应收账款/合同资产、存货、税金等项目的变动幅度进行比较；

⑤将销售毛利率、应收账款/合同资产周转率、存货周转率等关键财务指标与可比期间数据、预算数或同行业其他企业数据进行比较；

⑥分析销售收入等财务信息与投入产出率、劳动生产率、产能、水电能耗、运输数量等非财务信息之间的关系；

⑦分析销售收入与销售费用之间的关系，包括销售人员的人均业绩指标、销售人员薪酬、广告费、差旅费，以及销售机构的设置、规模、数量、分布等。

(2) 确定可接受的差异额。

(3) 将实际金额与期望值相比较，计算差异。

(4) 如果差异额超过确定的可接受差异额，调查并获取充分的解释和恰当的、佐证性质的审计证据（如通过检查相关的凭证等）。

富富有提示

如果差异超过可接受差异额，注册会计师需要对差异额的全额进行调查证实，而非仅针对超出可接受差异额的部分。

（5）评价实质性分析程序的结果。

（三）实施销售截止测试（★★★★）

1. 实施截止测试的目的、可能实施的程序和应用前提

目的	主要在于确定被审计单位主营业务收入的会计记录归属期是否正确：应记入本期或下期的主营业务收入是否被推延至下期或提前至本期
程序	（1）选取资产负债表日前后若干天的出库单，与应收账款和收入明细账进行核对（顺查） 同时，从应收账款和收入明细账选取在资产负债表日前后若干天的凭证，与出库单核对，以确定销售是否存在跨期现象（逆查） （2）复核资产负债表日前后销售和发货水平，确定业务活动水平是否异常（如与正常水平相比），并考虑是否有必要追加实施截止测试程序（为业绩年度循环虚开发票） （3）取得资产负债表日后所有的销售退回记录，检查是否存在提前确认收入的情况 （4）结合对资产负债表日应收账款/合同资产的函证程序，检查有无未取得客户认可的销售
前提	注册会计师充分了解被审计单位的收入确认会计实务，并识别能够证明某笔销售符合收入确认条件的关键单据

2. 截止测试的审计路线

基本思路：出库单（客户签收的）⇨发票⇨账簿记录

测试起点	目的	优点	缺点
（1）以账簿记录为起点	防止多计收入	比较直观，容易追查至相关凭证记录，检查跨期收入十分便捷，可以提高审计效率	缺乏全面性和连贯性，只能检查多记，无法检查漏记（尤其本期收入未入账，下期也漏记）
（2）以出库单为起点	防止少计收入	较全面、连贯，容易发现漏记的收入	较费时费力，有时难以查找相应的发货及账簿记录，而且不易发现多记的收入

富富有提示

主营业务收入日常测试（如：确认与计量）和截止测试二者不能相互替代：

不同点	日常测试	截止测试
测试期间	会计年度	资产负债表日前后若干天
审计方法	抽查	详查

（四）“延伸检查”程序的相关内容

1. 适用情形

识别出被审计单位收入真实性存在重大异常情况，且通过常规审计程序无法获取充分、适

当的审计证据。

2. 具体含义

实施“延伸检查”程序：即对检查范围进行合理延伸，以应对识别出的舞弊风险。

3. 实务举例

（1）在获取被审计单位配合的前提下，对相关供应商、客户进行实地走访，针对相关采购、销售交易的真实性获取进一步的审计证据。

在实施实地走访程序时，注册会计师通常需要关注以下事项：

①被访谈对象的身份真实性和适当性；

②相关供应商、客户是否与被审计单位存在关联方关系或“隐性”关联方关系；

③观察相关供应商、客户的生产经营场地，判断其与被审计单位之间的交易规模是否和其生产经营规模匹配；

④相关客户向被审计单位进行采购的商业理由；

⑤相关客户采购被审计单位商品的用途和去向，是否存在销售给被审计单位指定单位的情况；

⑥相关客户从被审计单位采购的商品的库存情况，必要时进行实地察看；

⑦是否存在“抽屉协议”，如退货条款、价格保护机制等；

⑧相关供应商向被审计单位销售的产品是否来自于被审计单位的指定单位；

⑨相关供应商、客户与被审计单位是否存在除购销交易以外的资金往来，如有，了解资金往来的性质。

（2）利用企业信息查询工具，查询主要供应商和客户的股东至其最终控制人，以识别相关供应商和客户与被审计单位是否存在关联方关系。

（3）在采用经销模式的情况下，检查经销商的最终销售实现情况。

（4）当注意到存在关联方（例如，被审计单位控股股东、实际控制人、关键管理人员）配合被审计单位虚构收入的迹象时，获取并检查相关关联方的银行账户资金流水，关注是否存在与被审计单位相关供应商或客户的异常资金往来。

4. 对结果的处理

如果识别出收入舞弊或获取的信息表明可能存在舞弊，注册会计师可与被审计单位治理层沟通，并要求治理层就舞弊事项进行调查。

注册会计师应当充分考虑被审计单位与被访谈对象串通舞弊的可能性，根据实际情况仔细设计访谈计划和访谈提纲，并对在访谈过程中注意到的可疑迹象保持警觉。注册会计师在访谈前应注意对访谈提纲保密，必要时，选择两名或不同层级的被访谈人员访谈相同或类似问题，进行相互印证。

例题精讲

【例题 7 · 2021 年综合题】 上市公司甲公司是 ABC 会计师事务所的常年审计客户，主要从事医疗器械的生产和销售。A 注册会计师负责审计甲公司 2020 年度财务报表，确定财务报表整体的重要性为 1000 万元。

资料三：

A 注册会计师在审计工作底稿中记录了审计计划，部分内容摘录如下：

（1）A 注册会计师拟对甲公司 2020 年度新增的三家重要经销商进行实地走访，提前将访谈提纲发送给甲公司销售经理，由其转交给经销商。

要求：

针对资料三第（1）项，假定不考虑其他条件，指出A注册会计师的做法是否恰当。如不恰当，简要说明理由。

【答案】

事项序号	是否恰当（是/否）	理由
（1）	否	在访谈前应注意对访谈提纲保密

02 应收账款的实质性程序

（一）应收账款的审计目标

1. 审计目标与财务报表认定的关系

审计目标	财务报表认定					
	存在	完整性	权利和义务	准确性、计价和分摊	分类	列报
①资产负债表中记录的应收账款是存在的	√					
②所有应当记录的应收账款均已记录，相关披露均已包括		√				
③记录的应收账款由被审计单位拥有或控制			√			
④应收账款以恰当的金额包括在财务报表中，与之相关的计价或分摊调整已恰当记录，相关披露已得到恰当计量和描述				√		
⑤应收账款已记录于恰当的账户					√	
⑥应收账款已被恰当地汇总或分解且表述清楚，相关披露在适用的财务报告编制基础下是相关的、可理解的						√

2. 审计目标与审计程序对应关系表（6个程序）

审计目标	审计程序
④	（1）取得应收账款明细表（第1条）【详见标题（二）】
①②④	（2）分析与应收账款相关的财务指标（第2条）（即实质性分析程序）【详见标题（三）】
①③④	（3）对应收账款实施函证程序（第3条）（难以实现“完整性”）【详见标题（四）】
①（主要）	（4）对应收账款余额实施函证以外的细节测试（如：函证不可行）（第4条）

审计目标	审计程序
④	（5）检查坏账的冲销和转回（第 5 条）
⑥	（6）确定应收账款的列报是否恰当（第 6 条）

（二）取得应收账款明细表

分析有贷方余额的项目，查明原因，必要时，建议作重分类调整。（综合题可涉及，只按借方计提坏账准备）

（三）分析与应收账款相关的财务指标（共 2 条）

（1）复核应收账款借方累计发生额与主营业务收入关系是否合理，并将当期应收账款借方发生额占销售收入净额的百分比与管理层考核指标和被审计单位相关赊销政策比较，如存在异常查明原因；（一般与信用政策和市场行情等有关，若没有变，则存在一定的规律性）（间接查出是否有虚构的收入）

（2）计算应收账款周转率、应收账款周转天数等指标，并与被审计单位相关赊销政策、被审计单位以前年度指标、同行业同期相关指标对比，分析是否存在重大异常并查明原因。

（四）对应收账款实施函证程序（★★★★）

函证目的	证实应收账款账户余额是否真实、准确
函证决策	总体原则：无特殊情况必须函证 1. 除非有充分证据表明应收账款对被审计单位财务报表而言是不重要的，或者函证很可能是无效的，否则，注册会计师应当对应收账款进行函证 2. 如果注册会计师不对应收账款进行函证，应当在审计工作底稿中说明理由 3. 如果认为函证很可能是无效的，注册会计师应当实施替代审计程序，获取相关、可靠的审计证据
函证范围	函证范围是由诸多因素决定的，主要有：（共 3 条） 1. 应收账款在全部资产中的重要程度 2. 被审计单位内部控制的有效性 3. 以前期间的函证结果。如果以前期间函证中发现过重大差异，或欠款纠纷较多，则需要扩大函证的范围
函证对象	注册会计师选择函证项目时，除考虑金额较大的项目，还需要考虑风险较高的项目，例如：（第 3 章讲过） 1. 账龄较长的项目 2. 与债务人发生纠纷的项目 3. 重大关联方项目 4. 主要客户（包括关系密切的客户）项目 5. 新增客户项目 6. 交易频繁但期末余额较小甚至余额为零的项目 7. 可能产生重大错报或舞弊的非正常的项目

函证方式	基本原则	1. 函证不作催款结算使用 2. 不得提供给被审计单位作为法律诉讼依据	
	具体内容	1. 注册会计师可采用积极式函证【参考教材格式 9-1、9-2】或消极式函证【参考教材格式 9-3】，也可将两种方式结合使用 2. 由于应收账款通常存在高估风险，且与之相关的收入确认存在舞弊风险假定，因此，实务中通常对应收账款采用积极式函证	
函证时间的选择	基本原则	以资产负债表日为截止日，在资产负债表日后适当时间内实施函证	
	特殊情况	适用前提	重大错报风险评估为低水平
		做法	可选择资产负债表日前适当日期为截止日实施函证
		注意事项	对所函证项目自该截止日起至资产负债表日止发生的变动实施其他实质性程序
函证的控制	注册会计师可通过函证结果汇总表的方式对询证函的收回情况加以汇总		
对不符事项的处理	处理原则	1. 对回函中出现的不符事项，注册会计师需要调查核实原因，确定其是否构成错报 2. 注册会计师不能仅通过询问被审计单位相关人员对不符事项的性质和原因得出结论，而是要在询问原因的基础上，检查相关的原始凭证和文件资料予以证实。必要时与被询证方联系，获取相关信息和解释	
	事项举例	对应收账款而言，登记入账的时间不同而产生的不符事项主要表现为： 1. 客户已经付款，被审计单位尚未收到货款 2. 被审计单位的货物已经发出并已做销售记录，但货物仍在途中，客户尚未收到货物 3. 客户由于某种原因将货物退回，而被审计单位尚未收到 4. 客户对收到的货物的数量、质量及价格等方面有异议而全部或部分拒付货款等	
对未回函项目实施替代程序	如果未收到被询证方的回函，注册会计师应当实施替代审计程序，例如，在考虑实施收入截止测试等审计程序所获取审计证据的基础上： 1. 检查资产负债表日后收回的货款 2. 检查相关的销售合同、销售单、出库单等文件 3. 检查被审计单位与客户之间的往来邮件，如有关发货、对账、催款等事宜邮件		

富富有提示

注册会计师应当将询证函回函作为审计证据，纳入审计工作底稿管理，询证函回函的所有权归属所在会计师事务所。

例题精讲

【例题 8 · 2013 年单选题】下列有关注册会计师是否实施应收账款函证程序的说法中，正确的是（　　）。

A. 对上市公司财务报表执行审计时，注册会计师应当实施应收账款函证程序

B. 对小型企业财务报表执行审计时，注册会计师可以不实施应收账款函证程序

C. 如果有充分证据表明函证很可能无效，注册会计师可以不实施应收账款函证程序

D. 如果在收入确认方面不存在由于舞弊导致的重大错报风险，注册会计师可以不实施应收账款函证程序

【解析】 注册会计师应当对应收账款实施函证程序，除非有充分证据表明应收账款对财务报表不重要，或函证很可能无效，所以选项 C 正确。

【答案】 C

【例题 9 · 2013 年简答题改编】 A 注册会计师确定甲公司 2012 年度财务报表整体的重要性为 200 万元，明显微小错报的临界值为 10 万元。A 注册会计师实施了银行及应收账款函证程序，相关审计工作底稿的部分内容摘录如下：

金额单位：万元

询证函编号	是否回函（是/否）	账面余额	回函金额	差异	审计说明
应收账款询证函：					
W1	不适用	900	不适用	不适用	(1)
W2	否	1300	不适用	不适用	(2)
W3	否	850	不适用	不适用	(3)
……（略）	……（略）	……（略）	……（略）	……（略）	……（略）

审计说明：

(1) 该账户已全额计提坏账准备，不存在风险，选取另一样本实施函证

(2) 询证函被退回，原因为“原址查无此单位”。已实施替代程序，未发现差异

(3) 未收到回函，已与客户财务人员电话确认余额，无须实施替代程序

要求：

针对上述审计说明第（1）至（3）项，逐项指出 A 注册会计师的做法是否恰当。如不恰当，简要说明理由。

【答案】

事项序号	是否恰当（恰当/不恰当）	理由
(1)	不恰当	函证程序应对的是存在认定，全额计提坏账准备针对的是准确性、计价和分摊认定，无法应对存在认定
(2)	不恰当	对于“原址查无此单位”的异常函证，应当保持足够的职业怀疑，对函证地址信息进行调查/应当实施进一步审计程序检查是否存在被审计单位虚构销售客户的情况，不应直接实施替代程序
(3)	不恰当	只对询证函进行口头回复不符合函证的要求，因为其不是对注册会计师的直接书面回复/当收到口头回复后，注册会计师可以根据情况要求被询证者提供直接书面回复/实施替代程序

【例题10·2020年综合题】甲公司是ABC会计师事务所的常年审计客户，主要从事家电产品的生产、批发和零售。A注册会计师负责审计甲公司2019年度财务报表，确定财务报表整体的重要性为800万元，明显微小错报的临界值为40万元。

资料四：

A注册会计师在审计工作底稿中记录了实施进一步审计程序的情况，部分内容摘录如下：

（3）甲公司2019年末应收账款余额较2018年末增长30%，明显高于2019年度的收入增幅。管理层解释系调整赊销政策所致。A注册会计师检查了甲公司赊销政策的变化情况，扩大了函证、截止测试和期后收款测试的样本量，并走访了甲公司的重要客户，结果满意。

要求：

针对资料四第（3）项，假定不考虑其他条件，指出A注册会计师的做法是否恰当。如不恰当，简要说明理由。

【答案】

事项序号	是否恰当（是/否）	理由
（3）	是	—

【例题11·2019年综合题】甲公司是ABC会计师事务所的常年审计客户，主要从事轨道交通车辆配套产品的生产和销售。A注册会计师负责审计甲公司2018年度财务报表，确定财务报表整体的重要性为1000万元，实际执行的重要性为500万元。

资料一：

A注册会计师在审计工作底稿中记录了所了解的甲公司情况及其环境，部分内容摘录如下：

（1）因2017年a产品生产线的产能利用率已接近饱和，甲公司于2018年初开始建设一条新的生产线，预计工期15个月。

（2）甲公司于2018年5月应乙公司要求，开始设计开发新产品b的模具。乙公司于2018年10月汇付甲公司1200万元，为模具前期开发提供资金支持。双方约定该款项从b产品的货款中扣除。

（3）2018年3月，甲公司与丙公司签订销售合同，为其定制c产品，并应丙公司要求与其签订采购合同，向其购买c产品的主要原材料。

资料二：

A注册会计师在审计工作底稿中记录了甲公司的财务数据，部分内容摘录如下：

金额单位：万元

项目	未审数	已审数
	2018年	2017年
营业收入——a产品	30000	20000
营业成本——a产品	21000	14000
存货——a产品	9000	7000
其他收益——b产品模具补贴	1200	0

项目	未审数	已审数
	2018 年	2017 年
在建工程——b 产品模具	2400	0
营业收入——c 产品	10000	0
营业成本—c 产品	9800	0
存货——c 产品主要原材料	2000	0

要求：

针对资料一第（1）至（3）项，结合资料二，假定不考虑其他条件，逐项指出资料一所列事项是否可能表明存在重大错报风险。如果认为可能表明存在重大错报风险，简要说明理由，并说明该风险主要与哪些财务报表项目的哪些认定相关（不考虑税务影响）。

【答案】

事项序号	是否可能表明存在重大错报风险（是/否）	理由	财务报表项目名称及认定
（1）	是	2017 年产能利用率已接近饱和，2018 年营业收入大幅增长，可能存在多计营业收入、营业成本的风险	营业收入（发生） 营业成本（发生）
（2）	是	客户汇入的款项不是补贴收入/是预收款，可能存在多计其他收益的风险	其他收益（发生） 合同负债（完整性）
（3）	是	c 产品的主要原材料由客户提供，且毛利率很低，该业务可能是受托加工业务/需要采用净额法确认收入，可能存在多计存货、营业收入和营业成本的风险	存货（存在） 营业收入（发生） 营业成本（发生）

【例题 12 · 2018 年综合题】 上市公司甲公司是 ABC 会计师事务所的常年审计客户，主要从事汽车的生产和销售。A 注册会计师负责审计甲公司2017 年度财务报表，确定财务报表整体的重要性为 1000 万元，明显微小错报的临界值为 30 万元。

资料一：

A 注册会计师在审计工作底稿中记录了所了解的甲公司情况及其环境，部分内容摘录如下：

（1）2017 年，在钢材价格及劳动力成本大幅上涨的情况下，甲公司通过调低主打车型的价格，保持了良好的竞争力和市场占有率。

注：（虚增收入、低估成本）

2016 年毛利率 =（95000－84500）÷95000 = 11%

2017 年毛利率 =（100000－89000）÷100000 = 11%

资料二：

A 注册会计师在审计工作底稿中记录了甲公司的财务数据，部分内容摘录如下：

金额单位：万元

项目	未审数	已审数
	2017年	2016年
营业收入	100000	95000
营业成本	89000	84500

要求：

针对资料一第（1）项，结合资料二，假定不考虑其他条件，指出资料一所列事项是否可能表明存在重大错报风险。如果认为可能表明存在重大错报风险，简要说明理由，并说明该风险主要与哪些财务报表项目的哪些认定相关（不考虑税务影响）。

【答案】

事项序号	是否可能表明存在重大错报风险（是/否）	理由	财务报表项目名称及认定
（1）	是	在原材料和人工成本上涨，而主要产品价格下降的情况下，毛利率仍与上年相当，可能存在多计收入、少计成本的风险	营业收入（发生） 营业成本（完整性/准确性）

【例题13·2017年综合题】ABC会计师事务所首次接受委托，审计上市公司甲公司2016年度财务报表，委派A注册会计师担任项目合伙人。A注册会计师确定财务报表整体的重要性为1200万元。甲公司主要提供快递物流服务。

资料一：

A注册会计师在审计工作底稿中记录了所了解的甲公司情况及其环境，部分内容摘录如下：

（3）2016年9月，甲公司出资500万元与非关联方乙公司共同投资设立丙公司，持有其45%股权，并按持股比例享有其净资产。丙公司重大生产经营和财务决策须由股东双方共同作出。甲公司将丙公司作为合营企业核算。

注：

借：长期股权投资

　贷：投资收益

（5）2016年6月，甲公司向丁公司预付1000万元用于某部电影拍摄，不享有收益权和版权。丁公司承诺在该电影中植入三分钟甲公司广告，如该电影不能上映，全额退款。2017年1月，该电影已取得发行放映许可证，将于2017年春节上映。

资料二：

A注册会计师在审计工作底稿中记录了甲公司的财务数据，部分内容摘录如下：

金额单位：万元

项目	未审数	已审数
	2016 年	2015 年
投资收益—丙公司	30	0
预付款项—丁公司	1000	0

要求：

针对资料一第（3）和（5）项，结合资料二，假定不考虑其他条件，逐项指出资料一所列事项是否可能表明存在重大错报风险，如果认为可能表明存在重大错报风险，简要说明理由。如果认为该风险为认定层次重大错报风险，说明该风险主要与哪些财务报表项目的哪些认定相关（不考虑税务影响）。

【答案】

事项序号	是否可能表明存在重大错报风险（是/否）	理由	财务报表项目名称及认定
（3）	否	—	—
（5）	否	—	—

【例题 14 · 2016 年综合题】甲公司是 ABC 会计师事务所的常年审计客户，主要从事肉制品的加工和销售。A 注册会计师负责审计甲公司2015 年度财务报表，确定财务报表整体的重要性为 100 万元。审计报告日为 2016 年 4 月 30 日。

资料一：

2015 年 3 月 15 日，媒体曝光甲公司的某批次产品存在严重的食品安全问题。在计划审计阶段，A 注册会计师就此事项及相关影响与管理层进行了沟通，部分内容摘录如下：

（1）受食品安全事件影响，甲公司产品出现滞销。为恢复市场占有率，甲公司未因本年度成本大幅上涨而提高售价，销量逐步回升。

注：（虚增收入、低估成本）

2015 年毛利率 =（7200−4900）÷7200 = 32%；

2014 年毛利率 =（7500−5000）÷7500 = 33%。

资料二：

A 注册会计师在审计工作底稿中记录了甲公司的财务数据，部分内容摘录如下：

金额单位：万元

项目	未审数	已审数
	2015 年	2014 年
营业收入	7200	7500
营业成本	4900	5000

要求：

针对资料一第（1）项，结合资料二，假定不考虑其他条件，指出资料一所列事项是否可能表明存在重大错报风险。如果认为可能表明存在重大错报风险，简要说明理由，并说明该风险主要与哪些财务报表项目的哪些认定相关（不考虑税务影响）。

【答案】

事项序号	是否可能表明存在重大错报风险（是/否）	理由	财务报表项目名称及认定
（1）	是	甲公司2015年毛利率＝（7200－4900）/7200＝32%；2014年毛利率＝（7500－5000）/7500＝33%，与成本大幅上涨不符，可能存在少计营业成本、多计营业收入的重大错报风险	营业成本（完整性） 存货（存在） 应收账款（存在） 营业收入（发生/准确性）

前情回顾小剧场

（1）销售与收款循环的主要业务活动及涉及的主要单据和会计记录；

（2）销售与收款循环的内部控制（适当的职责分离、恰当的授权审批、充分的凭证和记录、凭证的预先编号、定期寄发对账单、内部核查程序）；

（3）销售与收款循环的重大错报风险（舞弊：高估收入、低估收入）；

（4）以风险为起点的控制测试；

（5）营业收入的实质性程序（实质性分析程序、截止测试）；

（6）应收账款的实质性程序（实质性分析程序、账龄分析、函证）。

第十章　采购与付款循环的审计

CHAPTER-10

五项须知小剧场

- **近5年考情分析**
  - 平均分值0分/年
  - 2021年本章没有考题
- **教材主要变化** —— 除对部分文字进行了修订，本章内容无实质性变化
- **建议学习时长** —— 2小时
- **学习方法提示** —— 本章属于一般重要章节，考试时可以简答题、综合题形式进行考核。近几年分值所占比重较小。考生应重点掌握应付账款（完整性）的相关审计程序
- **本章基本框架**
  - 第一节　采购与付款循环的特点
    - 不同行业的采购和费用支出　考点1
    - 涉及的主要单据与会计记录　考点2
  - 第二节　采购与付款循环的主要业务活动和相关内部控制
    - 基本概述　考点1
    - 采购与付款循环涉及的主要业务活动以及涉及的主要单据和会计记录　考点2
    - 采购与付款循环内部控制的设计　考点3
  - 第三节　采购与付款循环的重大错报风险
    - 采购与付款循环的相关交易和余额存在的重大错报风险　考点1
    - 根据重大错报风险的评估结果设计进一步审计程序　考点2
  - 第四节　采购与付款循环的控制测试
    - 以风险为起点的控制测试　考点1
    - 对选择拟测试的控制和测试方法的考虑　考点2
  - 第五节　采购与付款循环的实质性程序
    - 应付账款的实质性程序　考点1
    - 除折旧/摊销、人工费用以外的一般费用的实质性程序　考点2

核心考点精讲专场

第一节　采购与付款循环的特点

查看本节视频，快速 GET 知识点
使用“会计云课堂”App或“微信”扫码

01 不同行业的采购和费用支出（略）

02 涉及的主要单据与会计记录（详见第 2 节）

第二节　采购与付款循环的主要业务活动和相关内部控制

查看本节视频，快速 GET 知识点
使用“会计云课堂”App或“微信”扫码

01 基本概述（请购——订货——验收——付款）

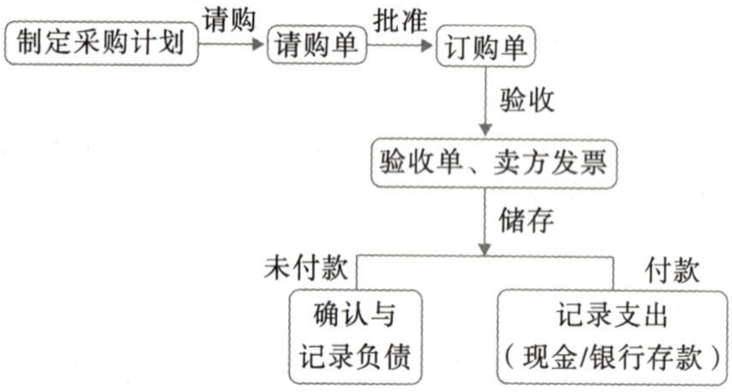

02 采购与付款循环涉及的主要业务活动以及涉及的主要单据和会计记录

（一）制定采购计划（九方面之一）

涉及的主要单据	采购计划
相关说明	基于企业的生产经营计划，生产、仓库等部门定期编制采购计划，经部门负责人等适当的管理人员审批后提交采购部门，具体安排商品及服务采购

（二）供应商认证及信息维护（九方面之二）

涉及的主要单据	供应商清单
相关说明	1. 企业通常对于合作的供应商事先进行资质等审核、将通过审核的供应商信息录入系统，形成完整的供应商清单，并及时对其信息变更进行更新 2. 采购部门只能向通过审核的供应商进行采购

（三）请购商品和服务（九方面之三）

涉及的主要单据	请购单
编制部门及作用	请购单：是由生产、仓库等部门的有关人员填写，送交采购部门，是申请购买商品、服务或其他资产的书面凭据（手工或计算机编制）
相关说明	1. 是否需要连续编号：由于企业内不少部门都可以填列请购单，可以按照部门分别设置请购单的连续编号（★★） 2. 强调授权审批（★★如：仓储经理、生产经理等） （1）大多数企业对正常经营所需物资的购买均作一般授权 （2）每张请购单必须经过对这类支出预算负责的主管人员签字批准
相关的认定（★★）	与采购交易的“发生”认定相关，是采购交易轨迹的起点

（四）编制订购单（九方面之四）

涉及的主要单据	订购单
编制部门及作用	订购单：是由采购部门填写，经适当的管理层审核后发送供应商，是向供应商购买订购单上所指定的商品和服务的书面凭据
相关说明	是否需要连续编号：一式多联，连续编号（★★） 正联送交供应商，副联则送至企业的验收部门、财务部门和编制请购单的部门
相关的认定	与采购交易的“完整性”和“发生”认定相关（★★）
注意事项	1. 采购部门只对经过恰当批准的请购单编制订购单（★★★★授权权限内审批：采购经理、总经理、董事会等） 2. 采购部门发出订购单，询价后确定最佳供应商，但询价与确定供应商的职责应当分离 3. 对于大额、重要的采购项目，采用招标方式确定供应商

（五）验收商品（九方面之五）

涉及的主要单据	验收单
编制部门及作用	验收单：是收到商品时所编制的凭据，列示通过质量检验的、从供应商处收到的商品的种类和数量等内容

相关说明	是否需要连续编号：一式多联，连续编号（★★）
相关的认定（★★）	1. 与采购交易（如：采购的资产或与采购相关的负债）的“存在”认定相关 2. 与采购交易的“完整性”认定相关（连续编号）
注意事项	1. 验收部门首先应比较所收商品与订购单上的要求是否相符，然后盘点商品并检查商品有无损坏 2. 验收后，验收部门应对已收货的每张订购单编制一式多联、预先按顺序编号的验收单，作为验收和检验商品的依据 3. 验收人员将商品送交仓库或其他请购部门时，应取得经过签字的收据，或要求其在验收单的副联上签收 4. 验收人员将验收单其中的一联送交财务部门

（六）储存商品（九方面之六）

涉及的主要单据	入库单
编制部门及作用	入库单：是由仓库管理人员填写的验收合格品入库的凭证
相关说明	1. 将已验收的商品的保管与采购职责相分离，可减少未经授权的采购和盗用商品的风险 2. 存放商品的仓储区应相对独立，限制无关人员接近
相关的认定（★★）	与存货的“存在”认定相关

（七）确认和记录采购交易与负债（九方面之七）

涉及的主要单据和会计记录	1. 转账凭证/付款凭证 2. 应付账款明细账
注意事项及操作要点（3 个方面）	1. 在记录采购交易前，财务部门需要检查订购单、验收单和供应商发票的一致性，确定供应商发票的内容是否与相关的验收单、订购单一致，以及供应商发票的计算是否正确 2. 在检查无误后，会计人员编制转账凭证/付款凭证，经会计主管审核后据以登记相关账簿 3. 如果月末尚未收到供应商发票，财务部门需根据验收单和订购单暂估相关的负债
相关的认定（★★）	与“存在”、“发生”、“完整性”、“权利和义务”和“准确性、计价和分摊”等认定有关

（八）办理付款（九方面之八）

基本原则	企业通常根据国家有关支付结算的相关规定和企业生产经营的实际情况选择付款结算方式

相关控制	以支票结算方式为例，编制和签发支票的有关控制包括： 1. 由被授权的财务部门的人员负责签发支票 2. 被授权签发支票的人员应确定每张支票后附有已经适当批准的未付款凭单，并确定支票收款人姓名和金额与凭单内容一致 3. 支票一经签发就应在其凭单和支持性凭证上用加盖印戳或打洞等方式将其注销，以免重复付款 4. 不得签发无记名甚至空白的支票 5. 支票应预先顺序编号，保证支出支票存根的完整性和作废支票处理的恰当性 6. 应确保只有被授权的人员才能接近未经使用的空白支票

（九）记录现金、银行存款支出（九方面之九）

涉及的主要单据和会计记录	1. 付款凭证 2. 现金日记账和银行存款日记账 3. 应付账款明细账
相关控制	以记录银行存款支出为例，有关控制包括： 1. 会计主管应独立检查记入银行存款日记账和应付账款明细账的金额的一致性，以及与支票汇总记录的一致性 2. 通过定期比较银行存款日记账记录的日期与支票副本的日期，独立检查入账的及时性 3. 独立编制银行存款余额调节表（非出纳员编制）

【补充内容】供应商对账单：是由供应商编制的，用于核对与采购企业往来款项的凭据，通常标明期初余额、本期购买、本期支付给供应商的款项和期末余额等信息。

03 采购与付款循环内部控制的设计（3 点：与 § 9.2 类似）

（一）适当的职责分离

采购与付款交易不相容岗位至少包括：（共 6 点）

（1）请购与审批；

（2）询价与确定供应商；

（3）采购合同的订立与审批；

（4）采购与验收；

（5）采购、验收与相关会计记录；

（6）付款审批与付款执行。

（二）恰当的授权审批

（三）凭证的预先编号及对例外报告的跟进处理

第三节　采购与付款循环的重大错报风险

查看本节视频，快速GET知识点
使用“会计云课堂”App或“微信”扫码

01　采购与付款循环的相关交易和余额存在的重大错报风险

影响采购与付款交易和余额的重大错报风险可能包括：

（1）低估负债。重大错报风险常常集中体现在遗漏交易，这将对“完整性”等认定产生影响。

（2）管理层错报负债、费用支出的偏好和动机。例如：

①平滑利润。

②利用特别目的实体把负债从资产负债表中剥离，或利用关联方间的费用定价优势制造虚假的收益增长趋势。

③被审计单位管理层把私人费用计入企业费用，把企业资金当作私人资金运作。

（3）费用支出的复杂性。

（4）不正确地记录外币交易。

（5）舞弊和盗窃的固有风险。

（6）存在未记录的权利和义务。

02　根据重大错报风险的评估结果设计进一步审计程序

教材表10-3　采购与付款循环的重大错报风险及进一步审计程序总体审计方案（举例）

重大错报风险描述	相关财务报表项目及认定	风险程度	是否信赖控制	进一步的审计程序的总体方案	拟从控制测试中获取的保证程度	拟从实质性程序中获取的保证程度
确认的负债及费用并未实际发生	应付账款/其他应付款：存在 销售费用/管理费用：发生	一般	是	综合性方案	高	低
不确认与采购相关的负债，或与尚未付款但已经购买的服务支出相关的负债	应付账款/其他应付款：完整性 销售费用/管理费用：完整性	特别	是	综合性方案	高	中
采用不正确的费用支出截止期，例如，将本期的支出延迟到下期确认	应付账款/其他应付款：存在/完整性 销售费用/管理费用：截止	一般	否	实质性方案	无	高

续表

重大错报风险描述	相关财务报表项目及认定	风险程度	是否信赖控制	进一步的审计程序的总体方案	拟从控制测试中获取的保证程度	拟从实质性程序中获取的保证程度
发生的采购未能以正确的金额记录	应付账款/其他应付款：准确性、计价和分摊 销售费用/管理费用：准确性	一般	是	综合性方案	高	低

第四节　采购与付款循环的控制测试

查看本节视频，快速 GET 知识点
使用"会计云课堂"App或"微信"扫码

01 以风险为起点的控制测试（教材表 10-4）（一般了解）

采购与付款循环的风险、存在的控制及相关控制测试程序

可能发生错报的环节	相关的财务报表项目及认定	存在的内部控制（自动）	存在的内部控制（人工）	相关的控制测试程序
1. 采购计划未经适当审批	存货：存在 销售费用/管理费用：发生 应付账款：存在	—	生产、仓储部门以生产需求为基础制定采购计划，经部门负责人审批后交采购部门执行	1. 询问部门负责人审批采购计划的过程 2. 检查采购计划是否经部门负责人恰当审批
2. 新增供应商或供应商信息变更未经恰当的认证	存货：存在 销售费用/管理费用：发生 应付账款：存在	只有订购单上的供应商代码与系统供应商清单中的代码相匹配，订购单才能生效并发送供应商	复核人员对供应商数据的变更请求进行审核批准，包括供应商地址或银行账户的变更以及新增供应商等 在审核时，评价拟变更的供应商信息是否有适当文件的支持，如由供应商提供的新地址或银行账户，或经批准新供应商的授权表格 当审核完成且复核人员提出的问题/要求的修改已经得到满意的解决后，复核人员在系统中确认复核完成	1. 询问复核人员审批供应商数据变更请求的过程 2. 检查变更需求是否有相应的文件支持以及复核人的确认 3. 检查系统中采购订单的生成逻辑，确认是否存在供应商代码匹配的要求

续表

可能发生错报的环节	相关的财务报表项目及认定	存在的内部控制（自动）	存在的内部控制（人工）	相关的控制测试程序
3. 录入系统的供应商信息可能未经恰当复核	存货：存在 销售费用/管理费用：发生 应付账款/其他应付款：存在	系统定期生成所有供应商信息新增变更的报告（包括新增供应商、更改银行账户等）	复核人员定期复核系统生成报告中的项目是否均经恰当授权，当复核工作完成或要求的修改得到满意解决后签字确认复核工作完成	1. 检查系统报告的生成逻辑及完整性 2. 询问复核人员对报告的检查过程，确认其是否签署
4. 订购单与有效的请购单不符	存货：存在/准确性、计价和分摊 销售费用/管理费用：发生/准确性 应付账款/其他应付款：存在/准确性、计价和分摊	—	复核人员复核每张订购单，包括复核订购单是否有经适当权限人员签署的请购单支持 采购价格是否与供应商协商一致且该供应商已通过审批。当复核完成且复核人员提出的问题/要求的修改已经得到满意的解决后，签署确认复核完成	1. 询问复核人员复核订购单的过程，包括复核人员提出的问题及其跟进记录 2. 检查订购单是否有对应的请购单及复核人员签署确认
5. 未在系统中录入或重复录入订购单	存货：存在、完整性 销售费用/管理费用：发生、完整性 应付账款/其他应付款：存在、完整性	系统每月末生成列明编号跳码或重码的订购单的例外事项报告	复核人员定期复核例外事项报告，确定是否有遗漏、重复的记录，所有订购单是否均已录入系统，且仅录入一次	1. 检查系统生成例外事项报告的生成逻辑 2. 询问复核人员对例外事项报告的检查过程，确认发现的问题是否及时得到了跟进处理
6. 接收缺乏有效订购单支持的商品	应付账款：存在 存货：存在 销售费用/管理费用：发生	确认商品入库后，系统生成连续编号的入库单，并与订购单匹配	仓储人员只有在完成下列程序后，才能在系统中确认商品入库： ①检查是否存在有效的订购单 ②检查是否存在有效的验收单 ③检查收到的商品的数量是否与发货单数量一致	1. 检查系统生成入库单的生成逻辑 2. 询问生成仓储人员的收货过程，抽样检查入库单是否有对应一致的采购订单及验收单
7. 临近会计期末的采购未被记录在正确的会计期间	应付账款：完整性 存货：完整性 销售费用/管理费用：完整性	系统每月末生成正在执行中的订购单清单	复核人员复核系统生成的正在执行中的订购单清单，检查是否有遗漏的入库 当复核完成且复核人员提出的问题/要求的修改已经得到满意的解决后，签署确认复核已经完成	1. 检查系统生成正在执行中的订购单清单的生成逻辑 2. 询问复核人员对正在执行中的订购单清单的检查过程，确认发现的问题是否及时得到了跟进处理

续表

可能发生错报的环节	相关的财务报表项目及认定	存在的内部控制（自动）	存在的内部控制（人工）	相关的控制测试程序
7. 临近会计期末的采购未被记录在正确的会计期间	应付账款：存在、完整性 存货：存在、完整性 销售费用/管理费用：发生、完整性、截止	系统每月末生成包含所有已收货但相关发票信息未录入系统的例外事项报告	复核人员复核例外事项报告中的项目。确定采购是否被记录在正确的期间以及是否应确认负债 当复核完成且复核人员提出的问题/要求的修改已经得到满意的解决后，签署确认复核已经完成	1. 检查系统生成例外事项报告的生成逻辑 2. 询问复核人员对报告的复核过程，检查报告中的项目是否确认了相应负债，检查复核人员的签署确认
8. 对采购交易错误分类，导致成本和费用错误	存货：分类 销售费用/管理费用：分类	系统自动将相关发票归集入对应的账户	会计主管对会计人员编制的记账凭证进行审核	1. 检查系统设置的规则 2. 抽样检查记账凭证是否经会计主管审核
9. 确认的负债存在价格/数量错误或服务尚未提供的情形	应付账款：完整性/准确性、计价和分摊 存货/营业成本：完整性/准确性、计价和分摊	当发票信息录入系统后，系统将其详细信息与订购单和入库单进行核对。如信息不符，系统生成例外事项报告	负责应付账款且无职责冲突的人员负责跟进例外事项报告中的所有项目 复核人员复核例外事项报告中的项目以及跟进情况，当复核完成且复核人员提出的问题/要求的修改已经得到满意的解决后，签署确认复核	1. 检查系统报告的生成逻辑，确认例外事项报告的完整性及准确性 2. 与复核人员讨论其复核过程，抽样选取例外/删改情况报告。检查每一份报告并确定： ①是否存在管理层复核的证据 ②复核是否在合理的时间范围内完成 ③复核人员提出问题的跟进是否适当、是否能使交易恰当记录于会计系统。抽样选取采购发票，检查是否与入库单和采购订单所记载的价格、供应商、日期、描述及数量一致

续表

可能发生错报的环节	相关的财务报表项目及认定	存在的内部控制（自动）	存在的内部控制（人工）	相关的控制测试程序
10. 付款未记录、未记录在正确的供应商账户（串户）或记录金额不正确	应付账款：准确性、计价和分摊/存在 存货：准确性、计价和分摊 销售费用/管理费用：准确性	—	独立于负责现金交易处理的会计人员每月末编制银行存款余额调节表。所有重大差异由调节表编制人跟进，并根据具体情形进行跟进处理 经授权的管理人员复核所编制的银行存款余额调节表，当复核工作完成或复核人员提出的问题/要求的修改已得到满意的解决后，签署确认复核工作已完成	1. 询问复核人员对银行存款余额调节表的复核过程 2. 抽样检查银行存款余额调节表，检查其是否及时得到复核、复核的问题是否得到了恰当跟进处理、复核人员是否签署确认
	应付账款：存在；完整性；分类；准确性、计价和分摊 存货：存在/完整性；分类/准确性、计价和分摊 销售费用/管理费用：发生/完整性/准确性/分类	—	应付账款会计人员将供应商提供的对账单与应付账款明细表进行核对，并对差异进行跟进处理 复核人员定期复核供应商对账结果，该对账通过从应付账款明细账中抽取的一定数量的应付供应商余额与供应商提供的对账单进行核对。当复核工作完成或复核人员提出的问题/要求的修改已得到满意的解决后，签署确认复核工作已完成	1. 询问复核人员对供应商对账结果的复核过程，抽样选取供应商对账单，检查其是否与应付账款明细账进行了核对，差异是否得到了恰当的跟进处理 2. 检查复核人员的相关签署确认
11. 员工具有不适当的访问权限，使其能够实施违规交易或隐瞒错误	应付账款：存在；完整性；准确性、计价和分摊 存货：存在/完整性/准确性、计价和分摊 销售费用/管理费用：发生/完整性/准确性	采购系统根据管理层的授权进行权限设置，以支持采购职能所要求的上述职责分离	管理层分离以下活动： ①供应商主文档信息维护 ②请购授权 ③输入采购订单 ④开具供应商发票 ⑤按照订单收取货物 ⑥存货盘点调整等	1. 检查系统中相关人员的访问权限 2. 复核管理层的授权职责分配表，对不相容职位（申请与审批等）是否设置了恰当的职责分离
12. 总账与明细账中的记录不一致	应付账款：完整性/准确性、计价和分摊 销售费用/管理费用：完整性/准确性	应付账款/费用明细账的总余额与总账账户间的调节表会在每个期末及时执行	任何差异会被调查，如恰当，将进行调整 复核人员会复核调节表及相关支持文档，任何差异及/或调整会被批准	核对总账与明细账的一致性，检查复核人员的复核及差异跟进记录

02 对选择拟测试的控制和测试方法的考虑（略）

查看本节视频，快速 GET 知识点
使用"会计云课堂"App或"微信"扫码

第五节　采购与付款循环的实质性程序

01 应付账款的实质性程序

（一）应付账款的审计目标

富富有提示

应付账款重点应关注"完整性"，因为漏记可能影响净资产的数额虚增。

1. 审计目标与认定对应关系表

审计目标	相关认定					
	存在	完整性	权利和义务	准确性、计价和分摊	分类	列报
①资产负债表中记录的应付账款是存在的	√					
②所有应当记录的应付账款均已记录，相关披露均已包括		√				
③资产负债表中记录的应付账款是否为被审计单位应当履行的偿还义务			√			
④应付账款以恰当的金额包括在财务报表中				√		
⑤应付账款已记录于恰当的账户					√	
⑥应付账款已被恰当地汇总或分解且表述清楚，相关披露在适用的财务报告编制基础下是相关的、可理解的						√

2. 审计目标与审计程序对应关系表

审计目标	审计程序
④	（1）获取应付账款明细表（第 1 条）
①③（主要）	（2）对应付账款实施函证程序（第 2 条）
②	（3）检查应付账款是否计入了正确的会计期间，是否存在未入账的应付账款（第 3 条）

审计目标	审计程序
②	（4）寻找未入账负债的测试（第4条）
① （主要）	（5）检查应付账款长期挂账的原因并作出记录，对确实无须支付的应付账款的会计处理是否正确（第5条）
⑥	（6）检查应付账款是否已按照企业会计准则的规定在财务报表中作出恰当列报和披露（第6条）

（二）应付账款的实质性程序

1. 获取应付账款明细表

分析出现借方余额的项目，查明原因，必要时，建议作重分类调整。

2. 函证应付账款（★★★）

由于采购与付款循环中较为常见的重大错报风险是低估应付账款（“完整性”认定），因此，注册会计师在实施函证程序时可能需要从非财务部门（如采购部门）获取适当的供应商清单，如本期采购清单、所有现存供应商名录等，从中选取样本进行测试并执行如下程序：

（1）向债权人发送询证函。

（2）将询证函回函确认的余额与已记录金额相比较，如存在差异，检查支持性文件。评价已记录金额是否适当。

（3）对未回函的项目实施替代程序：例如，检查付款单据（如支票存根）、相关的采购单据（如订购单、验收单、发票和合同）或其他适当文件。

（4）如果认为回函不可靠，评价对评估的重大错报风险以及其他审计程序的性质、时间安排和范围的影响。

3. 检查应付账款是否计入了正确的会计期间，是否存在未入账的应付账款

（1）对本期发生的应付账款增减变动，检查至相关支持性文件，确认会计处理是否正确；

（2）检查资产负债表日后应付账款明细账贷方发生额的相应凭证，关注其验收单、供应商发票的日期，确认其入账时间是否合理；

（3）获取并检查被审计单位与其供应商之间的对账单以及被审计单位编制的差异调节表，确定应付账款金额的准确性；

（4）针对资产负债表日后付款项目，检查银行对账单及有关付款凭证（如银行汇款通知、供应商收据等），询问被审计单位内部或外部的知情人员，查找有无未及时入账的应付账款；（拖延入账？）

（5）结合存货监盘程序，检查被审计单位在资产负债表日前后的存货入库资料（验收报告或入库单），检查相关负债是否计入了正确的会计期间。

4. 寻找未入账负债的测试

获取期后收取、记录或支付的发票明细，包括获取支票登记簿/电汇报告/银行对账单（根据被审计单位情况不同）以及入账的发票和未入账的发票。从中选取项目（尽量接近审计报告日）进行测试并实施以下程序（3点；简单了解）：

（1）检查支持性文件，如相关的发票、采购合同/申请、收货文件以及接受服务明细，以确定收到商品/接受服务的日期及应在期末之前入账的日期；

（2）追踪已选取项目至应付账款明细账、货到票未到的暂估入账和/或预提费用明细表，并关注费用所计入的会计期间。调查并跟进所有已识别的差异。

（3）评价费用是否被记录于正确的会计期间，并相应确定是否存在期末未入账负债。

5. 检查应付账款长期挂账的原因并作出记录，对确实无须支付的应付账款的会计处理是否正确

6. 检查应付账款是否已按照企业会计准则的规定在财务报表中作出恰当列报和披露

02 除折旧/摊销、人工费用以外的一般费用的实质性程序

（一）一般费用的审计目标（除固定资产循环、人力资源和工薪循环）（如：差旅费、广告费等）

审计目标	相关认定			
	发生	完整性	准确性	截止
①确定利润表中记录的一般费用是否真实发生	√			
②确定所有应当记录的费用是否均已记录		√		
③确定一般费用是否以恰当的金额包括在财务报表中			√	
④确定费用是否已计入恰当的会计期间				√

（二）一般费用的实质性程序（6个程序：简单了解）

（1）获取一般费用明细表，复核其加计数是否正确、并与总账和明细账合计数核对是否正确。

（2）实质性分析程序。

①考虑可获取信息的来源、可比性、性质和相关性以及与信息编制相关的控制，评价在对记录的金额或比率作出预期时使用数据的可靠性。

②将费用细化到适当层次，根据关键因素和相互关系（例如，本期预算、费用类别与销售数量、职工人数的变化之间的关系等）设定预期值，评价预期值是否足够精确以识别重大错报。

③确定已记录金额与预期值之间可接受的、无需作进一步调查的可接受的差异额。

④将已记录金额与期望值进行比较，识别需要进一步调查的差异。

⑤调查差异，询问管理层，针对管理层的答复获取适当的审计证据；根据具体情况在必要时实施其他审计程序。

（3）从资产负债表日后的银行对账单或付款凭证中选取项目进行测试，检查支持性文件（如合同或发票），关注发票日期和支付日期，追踪已选取项目至相关费用明细表，检查费用所计入的会计期间，评价费用是否被记录于正确的会计期间。

（4）对本期发生的费用选取样本，检查其支持性文件，确定原始凭证是否齐全，记账凭证与原始凭证是否相符以及账务处理是否正确。

（5）抽取资产负债表日前后的凭证，实施截止测试，评价费用是否被记录于正确的会计期间。

（6）检查一般费用是否已按照企业会计准则及其他相关规定在财务报表中作出恰当的列报和披露。

例题精讲

【例题·根据历年试题改编简答题】ABC会计师事务所的A注册会计师负责审计甲公司2015年度财务报表，确定财务报表整体的重要性为100万元，明显微小错报的临界值为5万元，审计工作底稿中与负债审计相关的部分内容摘录如下：

（1）甲公司有一笔账龄三年以上，金额重大的其他应付款，因2015年未发生变动，A注册会计师未实施进一步审计程序。

（2）A注册会计师在审计应付职工薪酬时发现，甲公司于2015年初计提并发放2014年度奖金110万元，于2016年初计提并发放2015年度奖金112万元，因该事项对2015年度利润影响较小，A注册会计师认可了甲公司管理层的处理。

（3）为查找未入账的应付账款，A注册会计师检查了资产负债表日后应付账款明细账贷方发生额的相关凭证，并结合存货监盘程序，检查了甲公司资产负债表日前后的存货入库资料，结果满意。

（4）甲公司应付账款年末余额为550万元，A注册会计师认为应付账款存在低估风险，选取了年末余额合计为480万元的两家主要供应商实施函证，未发现差异。

（5）因甲公司其他应付款年末余额较2014年末大幅减少，A注册会计师对其他应付款实施了函证，对未回函的项目，逐笔检查了本年借方和贷方发生额及相关原始凭证，结果满意。

（6）甲公司各部门使用的请购单未连续编号，请购单由部门经理批准。超过一定金额还需总经理批准，A注册会计师认为该项控制设计有效，实施了控制测试，结果满意。

要求：

针对上述第（1）至（6）项，逐项指出A注册会计师的做法是否恰当。如不恰当，简要说明理由。

【答案】

事项序号	是否恰当（恰当/不恰当）	理由
（1）	不恰当	注册会计师应当/没有对重大账户余额实施实质性程序
（2）	不恰当	该事项影响2015年期末应付职工薪酬余额112万元，形成未入账负债，超过了财务报表整体的重要性，属于重大错报，不能与其他错报抵销，应要求管理层进行调整
（3）	不恰当	还应检查资产负债表日后货币资金的付款项目/获取甲公司与供应商之间的对账单并与财务记录进行核对调节/检查采购业务形成的相关原始凭证
（4）	不恰当	仅选取大金额主要供应商实施函证不能应对低估风险/还应选取小额或零余额账户

事项序号	是否恰当（恰当/不恰当）	理由
（5）	不恰当	其他应付款年末余额较2014年末大幅减少，可能存在低估其他应付款的重大错报风险。函证程序难以有效应对其他应付款的低估错报
（6）	恰当	—

前情回顾小剧场

（1）采购与付款循环的主要业务活动和涉及的主要单据及会计记录；

（2）函证应付账款的相关内容；

（3）如何应对未入账的应付账款；

（4）除折旧/摊销、人工费用以外的一般费用的实质性程序。

第十一章 生产与存货循环的审计

CHAPTER-11

五项须知小剧场

- **近5年考情分析**
  - 平均分值5分/年
  - 2021年考核了多选题和综合题
- **教材主要变化** —— 本章内容无实质性变化
- **建议学习时长** —— 5小时
- **学习方法提示** —— 本章属于重点章节，考试时经常以简答题和综合题的形式进行考核，另外也可以客观题形式进行考核。应重点掌握存货的监盘、存货的内部控制等相关知识
- **本章基本框架**
  - 第一节 生产与存货循环的特点
    - 不同行业的存货性质 考点1
    - 涉及的主要单据与会计记录 考点2
  - 第二节 生产与存货循环的业务活动和相关内部控制
    - 了解生产与存货循环的业务活动和相关内部控制 考点1
    - 涉及的主要业务活动、主要单据和会计记录 考点2
  - 第三节 生产与存货循环的重大错报风险
    - 生产与存货循环存在的重大错报风险 考点1
    - 根据重大错报风险评估结果设计进一步审计程序 考点2
  - 第四节 生产与存货循环的控制测试 —— 生产与存货循环的控制测试 考点
  - 第五节 生产与存货循环的实质性程序
    - 存货的审计目标 考点1
    - 存货的一般审计程序 考点2
    - 存货监盘 考点3
    - 存货计价测试 考点4

核心考点精讲专场

第一节　生产与存货循环的特点

查看本节视频，快速 GET 知识点
使用“会计云课堂”App或“微信”扫码

01 不同行业的存货性质（略）

02 涉及的主要单据与会计记录

（一）总体流程

计划和安排生产（生产通知单）→发出原材料（领发料凭证）→生产产品（产量和工时记录）→核算产品成本（成本计算单）→产成品入库及储存（入库单、存货明细账）→发出产成品（出库单、存货明细账）→存货盘点（存货盘点指令、盘点表及盘点标签）→计提存货跌价准备（存货货龄分析表）

（二）生产与存货循环所涉及的主要单据和记录（11 个方面）

1. 生产指令（★★★生产计划部门编制）

生产指令又称“生产任务通知单”或“生产通知单”，是企业下达制造产品等生产任务的书面文件，用以通知供应部门组织材料发放，生产车间组织产品制造，会计部门组织成本计算。

2. 领发料凭证

如：材料发出汇总表、领料单、限额领料单、领料登记簿、退料单等。

3. 产量和工时记录

常见的产量和工时记录主要有工作通知单、工序进程单、工作班产量报告、产量通知单、产量明细表、废品通知单等。

4. 工薪汇总表及工薪费用分配表

5. 材料费用分配表

6. 制造费用分配汇总表

7. 成本计算单

8. 产成品入库单和出库单

9. 存货明细账

10. 存货盘点指令、盘点表及盘点标签

11. 存货货龄分析表

第二节　生产与存货循环的业务活动和相关内部控制

查看本节视频，快速 GET 知识点
使用“会计云课堂”App或“微信”扫码

01　了解生产与存货循环的业务活动和相关内部控制

注册会计师通常通过实施下列程序，了解生产和存货循环的业务活动和相关内部控制：

（1）询问参与生产和存货循环各业务活动的被审计单位人员，一般包括生产部门、仓储部门、人事部门和财务部门的员工和管理人员；

（2）获取并阅读企业的相关业务流程图或内部控制手册等资料；

（3）观察生产和存货循环中特定控制的运用，例如观察生产部门将完工产品移送入库的流程及相关控制活动；

（4）检查文件资料，例如检查原材料领料单、成本计算表、产成品出入库单等；

（5）实施穿行测试，即追踪一笔交易在财务报告信息系统中的处理过程，例如：选取某种产成品，追踪该产品制定生产计划、领料生产、成本核算、完工入库的整个过程。

02　涉及的主要业务活动、主要单据和会计记录

（一）计划和安排生产（3 句话）

（1）生产计划部门的职责是根据 a. 客户订购单或者 b. 销售部门对销售预测和产品需求的分析等信息来决定生产授权。如决定授权生产（生产计划经理审批后上报总经理批准），即由生产计划经理签发预先顺序编号的生产通知单。

（2）通常生产计划部门还需要编制一份材料需求报告，列示所需要的材料、零件及其库存。

（3）生产通知单一般是一式多联、连续编号：a. 仓储部门（组织材料发放）、b. 生产部门（组织产品生产）、c. 财务部门（组织成本计算）、d. 生产计划部门（留存归档）。

（二）发出原材料（3 句话）

（1）生产部门接到生产通知单，经生产主管审批后（如：车间主任、生产经理等）编制领料单。

其中：

领料单通常一式三联：发料部门（仓库联：登记材料明细账）、领料部门（生产部门存根联）、会计部门（财务联：材料收发核算和成本核算）。

（2）仓库管理员根据经审批的领料单核发材料，填制预先连续编号的原材料出库单。

其中：

出库单一般一式四联：一联仓库发料、一联仓库留存、一联车间记录、一联递交财务部门作为记账的凭证。

（3）仓库管理员应把领料单编号、领用数量、规格等信息输入计算机系统，经仓储经理复核并以电子签名方式确认后，系统自动更新材料明细账。

（三）生产产品（2 句话）

（1）生产部门在收到生产通知单及领取原材料后，便将生产任务分解到每一个生产工人，并将所领取的原材料交给生产工人，据以执行生产任务。

（2）生产工人在完成生产任务后，将完成的产品交生产部门统计人员查点，然后转交质量检验员验收（签发预先连续编号的产成品验收单）并办理入库手续；或者将所完成的半成品移交下一个环节，作进一步加工。

（四）核算产品成本（4 句话）

（1）生产成本记账员应根据原材料领料单财务联，编制原材料领用日报表，与计算机系统自动生成的生产记录日报表核对材料耗用和流转信息，由会计主管审核无误后，生成记账凭证并过账至生产成本及原材料明细账和总分类账；

（2）生产部门记录生产各环节所耗用工时数，包括人工工时数和机器工时数，并将工时信息输入生产记录日报表；

（3）每月末，由生产车间与仓库核对原材料、半成品、产成品的转出和转入记录，如有差异，仓库管理员应编制差异分析报告，经仓储经理和生产经理签字确认后交会计部门进行调整；（★★★注意：多方复核才能调账）

（4）每月末，由计算机系统对生产成本中各项组成部分进行归集，按照预设的分摊公式和方法，自动将当月发生的生产成本在完工产品和在产品中按比例分配；同时，将完工产品成本在各不同产品类别中分配，由此生成产品成本计算表和生产成本分配表；由生产成本记账员编制成生产成本结转凭证，经会计主管审核批准后进行账务处理。

（五）产成品入库及储存（4 句话）

（1）产成品入库时，质量检验员应检查并签发预先按顺序编号的产成品验收单，由生产小组将产成品送交仓库，仓库管理员应检查产成品验收单，并清点产成品数量，填写预先顺序编号的产成品入库单。

其中：

产成品入库单一般一式四联：一联仓库收货、一联仓库留存、一联生产部门核对、一联递交财务部门作为记账的凭证。

（2）产成品入库单经质检经理、生产经理和仓储经理签字确认后，仓库管理员将产成品入库单信息输入计算机系统，计算机系统自动更新产成品明细台账。

（3）仓库部门进行点验和检查并签收产成品后，经质检经理、生产经理和仓储经理签字确认后将实际入库数量通知财务部门。

（4）存货存放在安全的环境（如：上锁、使用监控设备）中，只有经过授权的工作人员可以接触及处理存货。

（六）发出产成品（4句话）

（1）产成品出库时，由仓库管理员填写预先顺序编号的出库单，并将产成品出库单信息输入计算机系统，经仓储经理复核并以电子签名方式确认后，计算机系统自动更新产成品明细台账并与发运通知单编号核对。

其中：

出库单一般一式四联，一联交仓储部门；一联发运部门留存；一联送交顾客；一联作为给顾客开发票的依据。

（2）产成品的发运须由独立的发运部门进行，并填写事先连续编号的发运通知单。

（3）产成品装运发出前，由运输经理独立检查出库单、销售订购单和发运通知单，确定从仓库提取的商品附有经批准的销售订购单，并且，所提取商品的内容与销售订购单一致。

（4）每月末，生产成本记账员根据计算机系统内状态为“已处理”的订购单数量，编制销售成本结转凭证，结转相应的销售成本，经会计主管审核批准后进行账务处理。

（七）存货盘点（7句话）

（1）管理人员编制盘点指令，安排适当人员对存货实物进行定期盘点，将盘点结果与存货账面数量进行核对，调查差异并进行适当调整。

（2）生产部门和仓储部门在盘点日前对所有存货进行清理和归整，便于盘点顺利进行。

（3）每一组盘点人员中应包括仓储部门以外的其他部门人员，即不能由负责保管存货的人员单独负责盘点存货；安排不同的工作人员分别负责初盘和复盘。

（4）盘点表和盘点标签事先连续编号，发放给盘点人员时登记领用人员；盘点结束后回收并清点所有已使用和未使用的盘点表和盘点标签。

（5）为防止存货被遗漏或重复盘点，所有盘点过的存货贴盘点标签，注明存货品名、数量和盘点人员，完成盘点前检查现场确认所有存货均已贴上盘点标签。

（6）将不属于本单位的代其他方保管的存货单独堆放并作标识；将盘点期间需要领用的原材料或出库的产成品分开堆放并作标识。

（7）汇总盘点结果，与存货账面数量进行比较，调查分析差异原因，并对认定的盘盈和盘亏提出账务调整建议，经仓储经理、生产经理、财务经理和总经理复核批准后入账。

（八）计提存货跌价准备（2句话）

（1）定期编制存货货龄分析表，管理人员复核该分析表，确定是否有必要对滞销存货计提存货跌价准备，并计算存货可变现净值，据此计提存货跌价准备。

（2）生产部门和仓储部门每月上报残冷背次存货明细，采购部门和销售部门每月上报原材料和产成品最新价格信息，财务部门据此分析存货跌价风险并计提跌价准备，由财务经理和总经理复核批准并入账。

第三节　生产与存货循环的重大错报风险

01 生产与存货循环存在的重大错报风险

（一）影响生产与存货循环交易和余额的风险因素可能包括（以一般制造类型企业为例：共 6 点，简单了解）

（1）交易的数量和复杂性。

（2）成本核算的复杂性。（尤其间接费用的分配）

（3）产品的多元化。（这可能要求聘请专家来验证其质量、状况或价值）

（4）某些存货项目的可变现净值难以确定。（例如：价格受全球经济供求关系影响的存货）

（5）将存货存放在很多地点。

（6）寄存的存货。

（二）存货相关的重大错报风险通常包括（以一般制造型企业为例）

（1）存货实物可能不存在（“存在”认定）；

（2）属于被审计单位的存货可能未在账面反映（“完整性”认定）；

（3）存货的所有权可能不属于被审计单位（“权利和义务”认定）；

（4）存货的单位成本可能存在计算错误（“准确性、计价和分摊”认定）；

（5）存货的账面价值可能无法实现，即存货跌价准备的计提可能不充分（“准确性、计价和分摊”认定）。

02 根据重大错报风险评估结果设计进一步审计程序

教材表 11-3　生产和存货循环的重大错报风险和进一步审计程序总体方案

重大错报风险描述	相关财务报表项目及认定	风险程度	是否信赖控制	进一步审计程序的总体方案	拟从控制测试中获取的保证程度	拟从实质性程序中获取的保证程度
①存货实物可能不存在	存货：存在	特别	是	综合性方案	中	高
②存货的单位成本可能存在计算错误	存货：准确性、计价和分摊 营业成本：准确性	一般	是	综合性方案	中	低
③已销售产品的成本可能没有准确结转至营业成本	存货：准确性、计价和分摊 营业成本：准确性	一般	是	综合性方案	中	低

重大错报风险描述	相关财务报表项目及认定	风险程度	是否信赖控制	进一步审计程序的总体方案	拟从控制测试中获取的保证程度	拟从实质性程序中获取的保证程度
④存货的账面价值可能无法实现	存货：准确性、计价和分摊	特别	否	实质性方案	无	高

第四节　生产与存货循环的控制测试

查看本节视频，快速 GET 知识点
使用“会计云课堂”App或“微信”扫码

生产与存货循环的控制测试

教材表 11-4　生产与存货循环的风险、存在的控制及控制测试程序（一般了解）

可能发生错报的环节	相关财务报表项目及认定	存在的内部控制（自动）	存在的内部控制（人工）	内部控制测试程序
（一）发出原材料				
发出的原材料可能未正确记入相应产品的生产成本中（★）	存货：准确性、计价和分摊 营业成本：准确性	领料单信息输入系统时须输入对应的生产任务单编号和所生产的产品代码，每月末系统自动归集生成材料成本明细表	生产主管每月末将其生产任务单及相关领料单存根联与材料成本明细表进行核对，调查差异并处理	检查生产主管核对材料成本明细表的记录，并询问其核对过程及结果
（二）记录人工成本				
生产工人的人工成本可能未得到准确反映	存货：准确性、计价和分摊 营业成本：准确性	所有员工有专属员工代码和部门代码，员工的考勤记录记入相应员工代码	人事部每月编制工薪费用分配表，按员工所属部门将工薪费用分配至生产成本、制造费用、管理费用和销售费用，经财务经理复核后入账	1. 检查系统中员工的部门代码设置是否与其实际职责相符 2. 询问并检查财务经理复核工资费用分配表的过程和记录
（三）记录制造费用				
发生的制造费用可能没有得到完整归集	存货：完整性/准确性、计价和分摊 营业成本：准确性/完整性	系统根据输入的成本和费用代码自动识别制造费用并进行归集	成本会计每月复核系统生成的制造费用明细表并调查异常波动。必要时由财务经理批准进行调整	1. 检查系统的自动归集设置是否符合有关成本和费用的性质，是否合理 2. 询问并检查成本会计复核制造费用明细表的过程和记录，检查财务经理对调整制造费用的分录的批准记录

续表

可能发生错报的环节	相关财务报表项目及认定	存在的内部控制（自动）	存在的内部控制（人工）	内部控制测试程序
（四）计算产品成本				
生产成本和制造费用在不同产品之间、在产品和产成品之间的分配可能不正确	存货：准确性、计价和分摊 营业成本：准确性	—	成本会计执行产品成本核算日常成本核算，财务经理每月末审核产品成本计算表及相关资料（原材料成本核算表、工薪费用分配表、制造费用分配表等），并调查异常项目	1. 询问财务经理如何执行复核及调查 2. 选取产品成本计算表及相关资料，检查财务经理的复核记录
（五）产成品入库				
已完工产品的生产成本可能没有转移到产成品中	存货：准确性、计价和分摊	系统根据当月输入的产成品入库单和出库单信息自动生成产成品收（入库）发（出库）存（余额）报表	成本会计将产成品收发存报表中的产品入库数量与当月成本计算表中结转的产成品成本对应的数量进行核对	询问和检查成本会计将产成品收发存报表与成本计算表进行核对的过程和记录
（六）发出产成品				
销售发出的产成品的成本可能没有准确转入营业成本	存货：准确性、计价和分摊 营业成本：准确性	系统根据确认的营业收入所对应的售出产品自动结转营业成本	财务经理和总经理每月对毛利率进行比较分析，对异常波动进行调查和处理	1. 检查系统设置的自动结转功能是否正常运行，成本结转方式是否符合公司成本核算政策 2. 询问和检查财务经理和总经理进行毛利率分析的过程和记录，并对异常波动的调查和处理结果进行核实
（七）盘点存货				
存货可能被盗或因材料领用/产品销售未入账而出现账实不符	存货：存在	—	1. 仓库保管员每月末盘点存货并与仓库台账核对并调节一致；成本会计监督其盘点与核对，并抽查部分存货进行复盘 2. 每年末盘点所有存货，并根据盘点结果分析盘盈盘亏并进行账面调整	—

续表

可能发生错报的环节	相关财务报表项目及认定	存在的内部控制（自动）	存在的内部控制（人工）	内部控制测试程序
（八）计提存货跌价准备（★）				
可能存在残冷背次的存货，影响存货的价值（★）	存货：准确性、计价和分摊 资产减值损失：完整性	系统根据存货入库日期自动统计货龄，每月末生成存货货龄分析表	财务部根据系统生成的存货货龄分析表，结合生产和仓储部门上报的存货损毁情况及存货盘点中对存货状况的检查结果，计提存货减值准备，报总经理审核批准后入账	询问财务经理识别减值风险并确定减值准备的过程，检查总经理的复核批准记录

第五节　生产与存货循环的实质性程序

查看本节视频，快速 GET 知识点
使用“会计云课堂”App或“微信”扫码

01 存货的审计目标

（一）概述

（1）存货的重大错报对于财务状况和经营成果都会产生直接影响。

（2）存货审计，尤其是对年末存货余额的测试，通常是审计中最复杂也最费时的部分。对存货存在和存货价值的评估通常十分困难。

（3）要求实施存货项目审计的注册会计师应具备较高的专业素质和相关业务知识，分配较多的审计工时，运用多种有针对性的审计程序。

（二）审计目标和财务报表认定的关系

审计目标	财务报表认定					
	存在	完整性	权利和义务	准确性、计价和分摊	分类	列报
①账面存货余额对应的实物是否真实存在	√					
②属于被审计单位的存货是否均已入账		√				
③存货是否属于被审计单位			√			

审计目标	财务报表认定					
	存在	完整性	权利和义务	准确性、计价和分摊	分类	列报
④存货单位成本的计量是否准确/存货的账面价值是否可以实现				√		
⑤存货已记录于恰当的账户					√	
⑥存货已按照企业会计准则的规定在财务报表中作出恰当的列报						√

02 存货的一般审计程序

获取年末存货余额明细表，并执行以下工作：

（1）复核单项存货金额的计算（单位成本×数量）和明细表的加总计算是否准确。

（2）将本年末存货余额与上年末存货余额进行比较，总体分析变动原因。

03 存货监盘（★★★）（两个方面："量"、"质"）

（一）存货监盘的作用

1. 存货监盘的必要性

必要性	如果存货对财务报表是重要的，注册会计师应当实施下列审计程序，对存货的存在和状况获取充分、适当的审计证据：（共 2 点） （1）在存货盘点现场实施监盘（除非不可行）（实物） （2）对期末存货记录实施审计程序，以确定其是否准确反映实际的存货盘点结果（记录）（注意：盘盈、盘亏）
监盘程序	在存货盘点现场实施监盘时，注册会计师应当实施下列审计程序： （1）评价管理层用以记录和控制存货盘点结果的指令和程序 （2）观察管理层制定的盘点程序的执行情况 （3）检查存货 （4）执行抽盘
相关说明	存货监盘的相关程序可以用作控制测试或者实质性程序，注册会计师可以根据风险评估结果、审计方案和实施的特定程序作出判断。例如，如果只有少数项目构成了存货的主要部分，注册会计师可能选择将存货监盘用作实质性程序

例题精讲

【例题 1 · 2021 年多选题】下列各项审计程序中，注册会计师在被审计单位存货盘点现场执行监盘时应当实施的有（　　）。

A. 评价管理层用以记录和控制存货盘点结果的指令和程序

B. 执行抽盘

C. 观察管理层制定的盘点程序的执行情况

D. 检查存货

【解析】在存货盘点现场实施监盘时，注册会计师应当实施下列审计程序：（1）评价管理层用以记录和控制存货盘点结果的指令和程序（选项A正确）；（2）观察管理层制定的盘点程序的执行情况（选项C正确）；（3）检查存货（选项D正确）；（4）执行抽盘（选项B正确）。

【答案】ABCD

2. 存货监盘责任划分（二者不能相互替代）

责任双方	责任
注册会计师	实施存货监盘，获取有关期末存货数量和状况的充分、适当的审计证据
管理层	定期盘点存货，合理确定存货的数量和状况

3. 审计目标

目标	相关认定	相关说明
主要目标	①存货监盘针对的主要是存货的“存在”认定 ②对存货的“完整性”（正查）认定和“准确性、计价和分摊”认定也能提供部分审计证据	实施存货监盘可以实现这一目标
次要目标	注册会计师还可能在存货监盘中获取有关存货所有权的部分审计证据（如：部分存货已被法院查封，需要考虑存货的所有权是否受到了限制?）	存货监盘本身并不足以供注册会计师确定存货的所有权，注册会计师可能需要执行其他实质性审计程序以应对与“权利和义务”认定的相关风险

（二）存货监盘计划

步骤	相关内容	
制定监盘计划	基本要求	1. 了解被审计单位存货相关情况（存货特点、盘存制度、存货内部控制的有效性等） 2. 在评价被审计单位存货盘点程序的基础上，编制存货监盘计划，对存货监盘作出合理安排
	主要内容	1. 存货监盘的目标、范围和时间安排 2. 存货监盘的要点及关注事项 3. 参加存货监盘人员的分工 4. 抽盘存货的范围

步骤	相关内容
实施监盘程序	1. 评价管理层用以记录和控制存货盘点结果的指令和程序 2. 观察管理层制定的盘点程序的执行情况 3. 检查存货 4. 执行抽盘

1. 制定存货监盘计划的基本要求（了解+评价）

注册会计师应当根据被审计单位 a. 存货的特点、b. 盘存制度和 c. 存货内部控制的有效性等情况，在评价被审计单位管理层制定的存货盘点程序的基础上，编制存货监盘计划，对存货监盘作出合理安排。

2. 制定存货监盘计划应考虑的相关事项（共 7 个，尤其第 3 个）

（1）与存货相关的重大错报风险。（★★1/7）

特殊类型的存货	审计的复杂性与风险
①具有漫长制造过程的存货（如飞机制造和酒类产品酿造企业）	审计重点包括递延成本、预期发生成本以及未来市场波动可能对当期损益的影响等事项
②具有固定价格合约的存货	预期发生成本的不确定性
③与时装相关的服装行业	由于服装产品的消费者对服装风格或颜色的偏好容易发生变化，因此，存货是否过时是重要的审计事项
④鲜活、易腐商品存货	因为物质特性和保质期短暂，此类存货变质的风险很高
⑤具有高科技含量的存货	由于技术进步，此类存货容易过时
⑥单位价值高昂、容易被盗窃的存货	例如，珠宝存货的错报风险通常高于铁制纽扣之类存货的错报风险

（2）与存货相关的内部控制的性质。（2/7）

环节	内部控制的总体目标	措施
①采购	所有交易都已获得适当的授权与批准	①使用购货订购单 ②购货订购单预先连续编号，事先确定采购价并获得批准 ③定期清点购货订购单
②验收	所有收到的商品都已得到记录	使用验收报告单
③仓储	确保与存货实物的接触必须得到管理层的指示和批准	使用适当的存储设施进行实物控制
④领用	所有存货的领用均应得到批准和记录	使用存货领用单
⑤加工（生产）	对所有的生产过程作出适当的记录	使用生产报告
⑥装运出库	所有的装运都得到了记录	使用出库单

(3) 对存货盘点是否制定了适当的程序，并下达了正确的指令。(★★★重点掌握3/7)

注册会计师一般需要复核或与管理层讨论其存货盘点程序。

在复核或与管理层讨论其存货盘点程序时，注册会计师应当考虑下列主要因素，以评价其能否合理地确定存货的数量和状况：(★★★12个方面)

①盘点的时间安排。

尽可能安排在期末，尤其内部控制不好，提前或拖后都不好，特别注意同一存货在不同地点存放，一定要同时安排。

②存货盘点范围和场所的确定。(不属于企业的存货是不是已经排除)

所有权属于企业都应盘点，尤其注意未存放在企业的存货，可能去外地盘点。

③盘点人员的分工及胜任能力。

④盘点前的会议及任务布置。目的是所有人员按要求进行，保证结果准确。

⑤存货的整理和排列，对毁损、陈旧、过时、残次及所有权不属于被审计单位的存货的区分。(考虑计提减值准备)(★★成箱堆放——医用注射液)(利用专家工作：二极管)

⑥存货的计量工具和计量方法。(气体、液体等)

⑦在产品完工程度的确定方法。(如：确定约当产量)(商品房)

⑧存放在外单位的存货的盘点安排。(如：委托代销或者存放在外地)(汽车散热器)

⑨存货收发截止的控制。找到最后一笔入库和出库的原始凭证。

⑩盘点期间存货移动的控制。防止漏盘或重盘。(尤其盘点日12月31日)

⑪盘点表单的设计、使用与控制。(必须连续编号，并悬挂在纳入盘点范围的存货)

⑫盘点结果的汇总以及盘盈或盘亏的分析、调查与处理。

富富有提示

如果认为被审计单位的存货盘点程序存在缺陷，注册会计师应当提请被审计单位调整。

(4) 存货盘点的时间安排。(4/7)

如果存货盘点在资产负债表日以外的其他日期进行（如：次年2月底），注册会计师除实施存货监盘相关审计程序外，还应当实施其他审计程序，以获取审计证据，确定存货盘点日与财务报表日之间的存货变动是否已得到恰当的记录。(目的：确定资产负债表日存货的情况)

(5) 被审计单位是否一贯采用永续盘存制。(5/7)

存货数量的盘存制度一般分为实地盘存制和永续盘存制。

①如果被审计单位通过实地盘存制确定存货数量，则注册会计师要参加此种盘点。

②如果被审计单位采用永续盘存制，注册会计师应在年度中一次或多次参加盘点。

(6) 根据存货的存放地点，确定适当的监盘地点。(★★6/7)

如果被审计单位的存货存放在多个地点，注册会计师可以要求被审计单位提供一份完整的存货存放地点清单（包括：a. 期末库存量为零的仓库、b. 租赁的仓库，以及c. 第三方代被审计单位保管存货的仓库等），并考虑其完整性。根据具体情况下的风险评估结果，注册会计师可以考虑执行以下一项或多项审计程序：(5项程序)

①询问被审计单位除管理层和财务部门以外的其他人员，如：营销人员、仓库人员等，以了解有关存货存放地点的情况；

②比较被审计单位不同时期的存货存放地点清单，关注仓库变动情况，以确定是否存在因

仓库变动而未将存货纳入盘点范围的情况发生；

③检查被审计单位存货的出、入库单，关注是否存在被审计单位尚未告知注册会计师的仓库（如期末库存量为零的仓库）；

④检查费用支出明细账和租赁合同，关注被审计单位是否租赁仓库并支付租金，如果有，该仓库是否已包括在被审计单位提供的仓库清单中；

⑤检查被审计单位“固定资产——房屋建筑物”明细清单，了解被审计单位可用于存放存货的房屋建筑物。

在获取完整的存货存放地点清单的基础上，注册会计师可以根据 a. 不同地点所存放存货的重要性以及 b. 对各个地点与存货相关的重大错报风险的评估结果（例如，注册会计师在以往审计中可能注意到某些地点存在存货相关的错报，因此，在本期审计时对其予以特别关注），选择适当的地点（★★）进行监盘，并记录选择这些地点的原因。（选择地点+记录原因）

富富有提示

①如果识别出由于舞弊导致的影响存货数量的重大错报风险，注册会计师在检查被审计单位存货记录的基础上，可能决定在不预先通知的情况下对特定存放地点的存货实施监盘，或在同一天对所有存放地点的存货实施监盘。

②在连续审计中，注册会计师可以考虑在不同期间的审计中变更所选择实施监盘的地点。

例题精讲

【例题 2 · 2020 年综合题】 甲公司是 ABC 会计师事务所的常年审计客户，主要从事家电产品的生产、批发和零售。A 注册会计师负责审计甲公司2019 年度财务报表，确定财务报表整体的重要性为 800 万元，明显微小错报的临界值为 40 万元。

资料三：

A 注册会计师在审计工作底稿中记录了审计计划，部分事项如下：

（2）在制定存货监盘计划时，A 注册会计师从甲公司信息系统中导出存货存放地点清单，与管理层存货盘点计划中的信息进行了核对，从中选取了拟执行存货监盘的地点。

要求：

针对资料三第（2）项，假定不考虑其他条件，指出 A 注册会计师的做法是否恰当。如不恰当，简要说明理由。

【答案】

事项序号	是否恰当（是/否）	理由
（2）	否	应当就信息的准确性和完整性获取审计证据/还应考虑存货存放地点清单的完整性

【例题 3 · 2015 年单选题】 如果注册会计师认为存货数量存在舞弊导致的重大错报风险，下列做法中，通常不能应对该风险的是（　　）。

A. 要求被审计单位在报告期末或邻近期末的时点实施存货盘点

B. 在不预先通知被审计单位的情况下对特定存放地点的存货实施监盘

C. 利用专家的工作对特殊类型的存货实施更严格的检查

D. 扩大与存货相关的内部控制测试的样本规模

【解析】如果注册会计师认为存货数量存在舞弊导致的重大错报风险，说明与存货相关的内部控制并没有得到有效执行，此时应当多做实质性程序，而不是多做控制测试，所以选项D错误。

【答案】D

（7）是否需要专家协助。(7/7)

存在下列情况，注册会计师可以考虑利用专家的工作：

①确定资产数量或资产实物状况，如矿石堆。

②收集特殊类别存货的审计证据，如：审查艺术品、珠宝玉石。

③评估在产品完工程度的问题。

3. 存货监盘计划的主要内容（注意：简答题）

（1）存货监盘的目标、范围及时间安排。

存货监盘的主要目标 （★★★）	获取被审计单位资产负债表日有关存货数量和状况以及有关管理层存货盘点程序可靠性的审计证据，检查存货的数量是否真实完整，是否归属被审计单位，存货有无毁损、陈旧、过时、残次和短缺等状况（数量、质量）
存货监盘范围大小的取决因素	①存货的内容、性质（房地产开发企业的商品房） ②与存货相关的内部控制的完善程度 ③重大错报风险的评估结果
存货监盘的时间	①包括： a. 实地察看盘点现场的时间 b. 观察存货盘点的时间 c. 对已盘点存货实施检查的时间等 ②应当与被审计单位实施存货盘点的时间相协调

（2）存货监盘的要点及关注事项。

存货监盘的要点	①实施存货监盘程序的方法、步骤 ②各个环节应注意的问题以及所要解决的问题
需要重点关注的事项	①盘点期间的存货移动（混凝土） ②存货的状况：是否有残冷背次？有时难以判断。如：珠宝的好坏（需要胜任能力） ③存货的截止确认：在途物资？ ④存货的各个存放地点及金额等 总要求：同一种存货不同地点要同时盘点

（3）参加存货监盘人员的分工：越难盘点的要求人员胜任能力越好。

（4）抽盘存货的范围。

在实施观察程序后，如果认为被审计单位内部控制设计良好且得到有效实施，存货盘点组织良好，可以相应缩小抽盘的范围。

（三）存货监盘程序（6个方面）

在存货盘点现场实施监盘时，注册会计师应当实施下列审计程序：

1. 评价管理层用以记录和控制存货盘点结果的指令和程序（六方面之一）

（1）注册会计师需要考虑指令和程序是否包括下列方面：

①适当控制活动的运用，如收集已使用的存货盘点记录，清点未使用的存货盘点表单，实施盘点和复盘程序；

②准确认定在产品的完工程度，如流动缓慢（呆滞）、过时或毁损的存货项目，以及第三方拥有的存货（如寄存货物）；

③在适用的情况下用于估计存货数量的方法，如可能需要估计煤堆的重量；

④对存货在不同存放地点之间的移动以及截止日前后出入库的控制。

（2）考虑无法停止移动的存货。

前提条件	理想：被审计单位在盘点过程中停止生产并关闭存货存放地点以确保停止存货的移动，有利于保证盘点的准确性 现实：被审计单位可能由于实际原因无法停止生产或收发货物。注册会计师可以根据被审计单位的具体情况考虑其无法停止存货移动的原因及其合理性
处理方法	①注册会计师可以通过询问管理层以及阅读被审计单位的盘点计划等方式，了解被审计单位对存货移动所采取的控制程序和对存货收发截止影响的考虑 ②如果被审计单位在盘点过程中无法停止生产，可以考虑在仓库内划分出独立的过渡区域，将预计在盘点期间领用的存货移至过渡区域、对盘点期间办理入库手续的存货暂时存放在过渡区域，以此确保相关存货只被盘点一次（防止重盘） ③在实施存货监盘程序时，注册会计师需要观察被审计单位有关存货移动的控制程序是否得到执行 ④注册会计师可以向管理层索取盘点期间存货移动相关的书面记录以及出、入库资料作为执行截止测试的资料，以为监盘结束的后续工作提供证据

2. 观察管理层制定的盘点程序的执行情况（六方面之二）（越有效，抽盘可能越小）

如：观察对盘点时及其前后的存货移动的控制程序的执行情况，这有助于注册会计师获取有关管理层指令和程序是否得到适当设计和执行的审计证据。

（1）存货移动情况。（目的：不漏盘也不重盘）

如果在盘点过程中被审计单位的生产经营仍将持续进行，注册会计师应通过实施必要的检查程序，确定被审计单位是否已经对此设置了相应的控制程序，确保在适当的期间内对存货作出了准确记录。

（2）存货截止。（保证截止日的记录正确）

①注册会计师在对期末存货进行截止测试时，通常应当关注：（入库、出库）

<table>
<tr><th colspan="2">情形</th><th>是否包括在盘点范围内</th></tr>
<tr><td rowspan="2">入库</td><td>在盘点日以前入库</td><td>√</td></tr>
<tr><td>在盘点日以后入库</td><td>×</td></tr>
<tr><td colspan="2">已确认为销售，尚未装运出库的商品</td><td>×</td></tr>
</table>

②注册会计师执行截止测试的方法。

注册会计师通常可观察存货的验收入库地点和装运出库地点以执行截止测试。

情形		应关注的内容
存货入库和装运过程中	采用连续编号的凭证	应当关注盘点日前的最后编号
	没有使用连续编号的凭证	应当列出盘点日前的最后几笔装运和入库记录
被审计单位使用运货车厢或拖车进行存储、运输或验收入库		应当详细列示出存货场地上满载和空载的车厢或拖车，并记录各自的存货状况

3. 检查存货（盘点过程中，注意：质、量）（六方面之三）

在存货监盘过程中检查存货，虽然不一定能确定存货的所有权，但有助于确定存货的存在，以及识别过时、毁损或陈旧的存货。（★★存货跌价准备计提的准确性）

例题精讲

【例题4·2010年单选题】 对于下列存货认定，通过向生产和销售人员询问是否存在过时或周转缓慢的存货，注册会计师认为最可能证实的是（　　）。

A. 准确性、计价和分摊　　B. 权利和义务

C. 存在　　D. 完整性

【答案】 A

4. 执行抽盘（六方面之四）

检查方法	——双向抽盘：实物与记录 (1) 从存货盘点记录中选取项目追查至存货实物（逆查：存货的存在） (2) 从存货实物中选取项目追查至盘点记录（顺查：存货的完整性） 结论：以获取有关盘点记录准确性和完整性的审计证据
注意事项	(1) 注册会计师应尽可能避免让被审计单位事先了解将抽盘的存货项目 (2) 除记录注册会计师对存货盘点结果进行的测试情况外，获取管理层完成的存货盘点记录的复印件也有助于注册会计师日后实施审计程序，以确定被审计单位的期末存货记录是否准确地反映了存货的实际盘点结果
差异处理	由于检查的内容通常仅仅是已盘点存货中的一部分，所以在检查中发现的错误很可能意味着被审计单位的存货盘点还存在着其他错误。注册会计师应当： (1) 查明原因，并及时提请被审计单位更正（计量的微小误差?） (2) 考虑错误的潜在范围和重大程度，在可能的情况下，扩大检查范围以减少错误的发生 注册会计师还可以要求被审计单位重新盘点。重新盘点的范围可限于某一特殊领域的存货或特定盘点小组（局部）

例题精讲

【例题5·2017年简答题】 ABC会计师事务所的A注册会计师负责审计甲公司2016年度

财务报表，与存货审计相关的部分事项如下：

（3）在执行抽盘时，A注册会计师从存货盘点记录中选取项目追查至存货实物，从存货实物中选取项目追查至盘点记录，以获取有关盘点记录准确性和完整性的审计证据。

要求：

针对上述第（3）项，指出A注册会计师的做法是否恰当。如不恰当，简要说明理由。

【答案】

事项序号	是否恰当（恰当/不恰当）	理由
（3）	恰当	—

5. 需要特别关注的情况（六方面之五）

（1）存货盘点范围——按所有权确定。

①注册会计师应当根据取得的所有权不属于被审计单位的存货的有关资料，观察这些存货的实际存放情况，确保其未被纳入盘点范围。

②即使在被审计单位声明不存在受托代存存货的情形下，注册会计师在存货监盘时也应当关注是否存在某些存货不属于被审计单位的迹象，以避免盘点范围不当。

（2）对特殊类型存货的监盘。（简答题和综合题体现，有时要考虑利用专家工作）

教材表 11-5 特殊类型存货的监盘程序

存货类型	盘点方法与潜在问题	可供实施的审计程序
木材、钢筋盘条、管子	①通常无标签，但在盘点时会做上标记或用粉笔标识 ②难以确定存货的数量或等级	①检查标记或标识 ②利用专家或被审计单位内部有经验人员的工作
堆积型存货（如糖、煤、钢废料）	①通常既无标签也不做标记 ②在估计存货数量时存在困难	运用工程估测、几何计算、高空勘测，并依赖详细的存货记录
使用磅秤测量的存货	在估计存货数量时存在困难	①在监盘前和监盘过程中均应检验磅秤的精准度，并留意磅秤的位置移动与重新调校程序 ②将检查和重新称量程序相结合 ③检查称量尺度的换算问题
散装物品（如贮窖存货，使用桶、箱、罐、槽等容器储存的液体、气体、谷类粮食、流体存货等）	①在盘点时通常难以识别和确定 ②在估计存货数量时存在困难 ③在确定存货质量时存在困难	①使用容器进行监盘或通过预先编号的清单列表加以确定 ②使用浸蘸、测量棒、工程报告以及依赖永续存货记录 ③选择样品进行化验与分析，或利用专家的工作
贵金属、石器、艺术品与收藏品	在存货辨认与质量确定方面存在困难	选择样品进行化验与分析，或利用专家的工作

续表

存货类型	盘点方法与潜在问题	可供实施的审计程序
生产纸浆用木材、牲畜	①在存货辨认与数量确定方面存在困难 ②可能无法对此类存货的移动实施控制	通过高空摄影以确定其存在，对不同时点的数量进行比较，并依赖永续存货记录

6. 存货监盘结束时的工作（六方面之六）

（1）在被审计单位存货盘点结束前，注册会计师应当：（共2点）

①再次观察盘点现场，以确定所有应纳入盘点范围的存货是否均已盘点。

②取得并检查已填用、作废及未使用盘点表单的号码记录，确定其是否连续编号，查明已发放的表单是否均已收回，并与存货盘点的汇总记录进行核对。

（2）存货盘点日不是资产负债表日的处理原则。

如果存货盘点日不是资产负债表日，注册会计师应当实施适当的审计程序，确定盘点日与资产负债表日之间存货的变动是否已得到恰当的记录。

在实务中，注册会计师可以结合盘点日至财务报表日之间间隔期的长短、相关内部控制的有效性等因素进行风险评估，设计和执行适当的审计程序。（★★）

在实质性程序方面，注册会计师可以实施的程序示例包括：（★★）

①比较盘点日和财务报表日之间的存货信息以识别异常项目，并对其执行适当的审计程序（例如实地查看等）；

②对存货周转率或存货销售周转天数等实施实质性分析程序；

③对盘点日至财务报表日之间的存货采购和存货销售分别实施双向检查；

例如：

对存货采购：入库单 ←→ 相应的永续盘存记录

对存货销售：货运单据 ←→ 相应的永续盘存记录

④测试存货销售和采购在盘点日和财务报表日的截止是否正确。

例题精讲

【例题6·2017年简答题】ABC会计师事务所的A注册会计师负责审计甲公司2016年度财务报表，与存货审计相关的部分事项如下：

（2）2016年12月25日，A注册会计师对存货实施监盘，结果满意。因年末存货余额与盘点日余额差异较小，A注册会计师根据监盘结果认可了年末存货数量。

要求：

针对上述第（2）项，指出A注册会计师的做法是否恰当。如不恰当，简要说明理由。

【答案】

事项序号	是否恰当（恰当/不恰当）	理由
（2）	不恰当	注册会计师应当测试盘点日至资产负债表日之间存货的变动是否已经得到恰当的记录

（四）特殊情况的处理（熟练掌握）

1. 在存货盘点现场实施存货监盘不可行（如：有毒、存放地点在境外、涉及国家机密）

如果在存货盘点现场实施存货监盘不可行，注册会计师应当实施替代审计程序（如：检查盘点日后出售、盘点日之前取得或购买的特定存货的文件记录），以获取有关存货的存在和状况的充分、适当的审计证据。（还可以查内控的好坏等）（远洋游轮）

但在其他一些情况下，如果不能实施替代审计程序，或者实施替代审计程序可能无法获取有关存货的存在和状况的充分、适当的审计证据，注册会计师需要按照审计准则的规定发表非无保留意见。

2. 因不可预见的情况导致无法在存货盘点现场实施监盘

典型情况	（1）注册会计师无法亲临现场，即由于不可抗力导致其无法到达存货存放地实施存货监盘（如：地震、CPA 生病） （2）气候因素，即由于恶劣的天气导致注册会计师无法实施存货监盘程序，或由于恶劣的天气无法观察存货，如木材被积雪覆盖
应对措施	如果由于不可预见的情况，无法在存货盘点现场实施监盘，注册会计师应当另择日期实施监盘，并对间隔期内发生的交易实施审计程序（★★★★千万注意：不能直接实施替代程序：大量抽盘，一定要做实质性程序）

例题精讲

【例题 7 · 2021 年综合题】上市公司甲公司是 ABC 会计师事务所的常年审计客户，主要从事医疗器械的生产和销售。A 注册会计师负责审计甲公司 2020 年度财务报表，确定财务报表整体的重要性为 1000 万元。

资料四：

A 注册会计师在审计工作底稿中记录了实施进一步审计程序的情况，部分内容摘录如下：

（1）因航班临时取消。A 注册会计师无法在甲公司重要异地仓库的存货盘点日到达现场，通过实施替代程序获取了有关该仓库存货存在和状况的审计证据。

要求：

针对资料四第（1）项，假定不考虑其他条件，指出 A 注册会计师的做法是否恰当。如不恰当，简要说明理由。

【答案】

事项序号	是否恰当（是/否）	理由
（1）	否	应当另择日期实施监盘

【例题 8 · 2015 年单选题】下列有关存货监盘的说法中，正确的是（　　）。

A. 注册会计师在实施存货监盘过程中不应协助被审计单位的盘点工作

B. 注册会计师实施存货监盘通常可以确定存货的所有权

C. 由于不可预见的情况而导致无法在预定日期实施存货监盘，注册会计师可以实施替代审计程序

D. 注册会计师主要采用观察程序实施存货监盘

【解析】注册会计师的责任是对存货监盘，注册会计师不能代行管理层盘点存货的职责，所以选项A正确。存货监盘针对的主要是存货的存在认定，对存货的完整性认定及准确性、计价和分摊认定，也能提供部分审计证据，此外还有可能获取所有权的部分审计证据，所以选项B错误。如果由于不可预见的情况无法在存货盘点现场实施监盘，注册会计师应当另择日期实施监盘，并对间隔期内发生的交易实施审计程序，所以选项C错误。存货监盘程序中除了观察程序外至少还有检查程序，所以选项D错误。

【答案】A

3. 由第三方保管或控制的存货

基本做法	如果由第三方保管或控制的存货对财务报表是重要的，注册会计师应当实施下列一项或两项审计程序： （1）向持有被审计单位存货的第三方函证存货的数量和状况 （2）实施检查或其他适合具体情况的审计程序
注意事项	其他审计程序可以作为函证的替代程序，也可以作为追加的审计程序
相关举例	其他审计程序的示例包括：（共4点） （1）实施或安排其他注册会计师实施对第三方的存货监盘（如可行） （2）获取其他注册会计师或服务机构注册会计师针对用以保证存货得到恰当盘点和保管的内部控制的适当性而出具的报告 （3）检查与第三方持有的存货相关的文件记录，如仓储单 （4）当存货被作为抵押品时，要求其他机构或人员进行确认
特殊说明	（1）考虑到第三方仅在特定时点执行存货盘点工作，在实务中，注册会计师可以事先考虑实施函证的可行性。如果预期不能通过函证获取相关审计证据，可以事先计划和安排存货监盘等工作 （2）注册会计师可以考虑由第三方保管存货的商业理由的合理性，以进行存货相关风险（包括舞弊风险）的评估，并计划和实施适当的审计程序，例如：（3个举例） ①检查被审计单位和第三方所签署的存货保管协议的相关条款 ②复核被审计单位调查 ③评价第三方工作的程序

例题精讲

【例题9·2021年综合题】上市公司甲公司是ABC会计师事务所的常年审计客户，主要从事医疗器械的生产和销售。A注册会计师负责审计甲公司2020年度财务报表，确定财务报表整体的重要性为1000万元。

资料三：

A注册会计师在审计工作底稿中记录了审计计划，部分内容摘录如下：

（2）A注册会计师拟委托境外网络所的B注册会计师对甲公司境外仓库的存货执行现场监盘，并通过视频直播观察监盘过程。

（4）甲公司将部分设备无偿提供给医院使用，同时向医院销售这些设备使用的专用试剂。A注册会计师拟通过检查设备移交记录和试剂销售情况，以及选取部分设备实施现场检查，获取有关设备存在的审计证据。

要求：

针对资料三第（2）项和第（4）项，假定不考虑其他条件，逐项指出A注册会计师的做法是否恰当。如不恰当，简要说明理由。

【答案】

事项序号	是否恰当（是/否）	理由
（2）	是	—
（4）	是	—

【例题10·2020年简答题】ABC会计师事务所的A注册会计师负责审计多家被审计单位2019年度财务报表。与存货监盘相关的部分事项如下：

（1）A注册会计师在对甲公司存货执行监盘时发现部分产成品未纳入盘点范围，管理层解释这些产成品已售出，对方尚未提货。A注册会计师检查了已售未出库产成品台账和销售部门开出的提货单，结果满意，据此认可了管理层的做法。

（2）在丙公司存货盘点现场实施监盘时，A注册会计师发现两个抽盘的存货项目未包含在管理层的盘点表中。管理层解释系疏忽所致并修改了盘点表。A注册会计师检查了修改后的盘点表，结果满意，据此认可了管理层的盘点结果。

（3）2020年1月3日，A注册会计师在丁公司存货盘点现场实施了监盘。因盘点日存货账面余额与2019年末存货账面余额变动较小，A注册会计师认为通过上述监盘已就2019年末的存货数量获取了充分、适当的审计证据。

（4）ABC会计师事务所于2020年3月首次接受委托，审计戊公司2019年度财务报表。因2019年末存货余额重大，A注册会计师要求管理层于2020年3月末执行存货全面盘点。戊公司管理层以2019年末已执行盘点为由，拒绝了这一要求。A注册会计师检查了戊公司的盘点报告并询问了参与盘点的戊公司工作人员，结果满意，据此认可了2019年末的存货数量。

要求：

针对上述事项，逐项指出A注册会计师的做法是否恰当。如不恰当，简要说明理由。

【答案】

事项序号	是否恰当（恰当/不恰当）	理由
（1）	不恰当	已售未出库产成品台账和销售部门开出的提货单属于内部证据，应检查销售发票等外部证据
（2）	不恰当	注册会计师应当查明原因，并考虑错误的潜在范围和重大程度/可以要求被审计单位重新盘点
（3）	不恰当	注册会计师应当实施适当的审计程序，确定盘点日与资产负债表日之间存货的变动是否已得到恰当的记录
（4）	不恰当	年末存货余额重大，对财务报表重要，应当实施存货监盘

【例题11·2019年综合题】甲公司是ABC会计师事务所的常年审计客户，主要从事轨道交通车辆配套产品的生产和销售。A注册会计师负责审计甲公司2018年度财务报表，确定财务报表整体的重要性为1000万元，实际执行的重要性为500万元。

资料四：

A注册会计师在审计工作底稿中记录了实施进一步审计程序的情况，部分内容摘录如下：

（3）甲公司年末存放在客户仓库的产品余额为2000万元。由于无法实施监盘，且认为函证很可能无效，A注册会计师检查了甲公司相关产品的发出和客户签收记录、与客户的对账记录以及期后结算单据，查询了客户网站上开放给供应商的库存信息，据此认可了该项存货的数量。

要求：

针对资料四第（3）项，假定不考虑其他条件，指出A注册会计师的做法是否恰当。如不恰当，简要说明理由。

【答案】

事项序号	是否恰当（是/否）	理由
（3）	是	—

04 存货计价测试

存货单位成本的测试	1. 直接材料成本测试 2. 直接人工成本测试 3. 制造费用测试 4. 生产成本在当期完工产品与在产品之间分配的测试
存货跌价准备的测试	1. 识别需要计提存货跌价准备的存货项目 2. 检查可变现净值的计量是否合理

【例题12·2020年简答题】制造业企业甲公司是ABC会计师事务所的常年审计客户。A注册会计师负责审计甲公司2019年度财务报表。与存货审计相关的部分事项如下：

（1）在测试2019年度营业成本时，A注册会计师检查了成本核算系统中结转营业成本的设置，并检查了财务经理对营业成本计算表的复核审批记录，结果满意，据此认可了甲公司2019年度的营业成本。

（2）A注册会计师取得了甲公司2019年末存货跌价准备明细表，测试了明细表中的存货数量、单位成本和可变现净值，检查了明细表的计算准确性，结果满意，据此认可了年末的存货跌价准备。

（3）甲公司对生产工人采用计件工资制。在对直接人工成本实施实质性分析程序时，A注册会计师取得了生产部门提供的产量统计报告和人事部门提供的计件工资标准，评价了相关信息的可靠性，据此计算了直接人工成本的预期值。

（4）A注册会计师于2019年12月31日对甲公司的存货盘点实施了监盘。因人手不足，管理层和A注册会计师分别执行了其中的八个和两个仓库的盘点。在管理层完成八个仓库的盘点后，A注册会计师取得了管理层编制的盘点表，从中选取项目执行了抽盘，结果满意，据此认可了盘点结果。

（5）甲公司年末存放于第三方仓库的原材料金额重大。A注册会计师向第三方仓库函证了这些原材料的名称、规格和数量，并测试了其单价，结果满意，据此认可了这些原材料的年末账面价值。

要求：

针对上述第（1）至（5）项，逐项指出A注册会计师的做法是否恰当。如不恰当，简要说明理由。

【答案】

事项序号	是否恰当（恰当/不恰当）	理由
（1）	不恰当	制造业企业的营业成本通常涉及重大类别交易，应当实施实质性程序
（2）	不恰当	未/应测试存货跌价准备明细表的完整性
（3）	恰当	—
（4）	不恰当	不能代行管理层的盘点职责，未在现场观察管理层的盘点
（5）	不恰当	没有就第三方保管的原材料状况获取审计证据

【例题13·根据历年试题改编综合题】 A注册会计师负责审计多家被审计单位，遇到下列与存货监盘的相关事项：

（1）甲公司的存货存放在多个地点，A注册会计师基于管理层提供的存货存放地点清单，并根据不同地点所存放存货的重要性及评估的重大错报风险确定了监盘地点。

（2）审计乙公司时，A注册会计师按年末各存放地点存货余额进行排序，选取存货余额最大的20个地点（合计占年末存货余额的60%）实施监盘。A注册会计师根据选取地点的监盘结果，认为乙公司年末存货盘点结果满意。

（3）A注册会计师的审计工作底稿中记录：存货监盘目标为获取有关丙公司资产负债表日存货数量的审计证据。

（4）丁公司为制造企业，存货品种繁多，存货拥挤，为保证监盘工作顺利进行，A注册会计师提前两天将拟抽盘项目清单发给丁公司财务部人员，要求其做好准备工作。

（5）A注册会计师审计戊公司财务报表时，确定存货为重要账户，并初步评估存货的完整性存在重大错报风险。存货监盘计划要求，在对存货盘点结果进行测试时，采取从存货盘点记录中选取项目追查至存货实物的方法。

（6）在抽盘过程中，A注册会计师发现1个样本项目存在盘点错误，要求己公司在盘点记录中更正了该项错误。A注册会计师认为该错误在数量和金额方面均不重要，因此，得出抽盘结果满意的结论，不再实施其他审计程序。

（7）在对庚公司财务报表进行审计时，实质性程序情况摘录如下：

实质性程序的测试目标	实施情况及结果
测试期末存货跌价准备的准确性和完整性	A注册会计师获取了财务部编制的存货跌价准备明细表，复核了该表中计算公式和数据的准确性以及相关假设的合理性，并进行了重新计算，结果满意

要求：

针对上述事项，逐项指出A注册会计师的做法是否恰当。如不恰当，简要说明理由。

【答案】

事项序号	是否恰当（是/否）	理由
(1)	否	注册会计师应当考虑存货存放地点清单的完整性
(2)	否	确定存货存放地点时还应考虑风险评估结果
(3)	否	存货监盘的主要目标包括获取被审计单位（丙公司）资产负债表日有关存货数量和状况以及有关管理层存货盘点程序可靠性的审计证据，检查存货的数量是否真实完整，是否归属被审计单位，存货有无毁损、陈旧、过时、残次和短缺等状况
(4)	否	提前两天将拟抽盘项目清单发给丁公司财务部人员不恰当。注册会计师应尽可能避免让被审计单位事先了解将抽盘的存货项目
(5)	否	从存货盘点记录中选取项目追查至存货实物，只能取得存货盘点记录准确性(存货存在）的审计证据，应从存货实物中选取项目追查至盘点记录，以证实存货的完整性（盘点记录完整性）
(6)	否	抽盘过程中发现的错误很可能意味着己公司的盘点中还存在其他错误。应当查明原因，并考虑错误的潜在范围和重大程度
(7)	否	仅通过复核被审计单位存货跌价准备明细表的计算不足以提供存货跌价准备完整性的审计证据，注册会计师应当结合存货监盘过程中检查存货状况而获取的信息以发现其他的存货减值迹象

前情回顾小剧场

（1）生产与存货循环的主要业务活动和涉及的主要单据和记录；

（2）生产与存货循环的重大错报风险；

（3）存货监盘的作用（记录、实物）；

（4）制定存货监盘计划的基本要求（了解+评价）；

（5）制定存货监盘计划应当考虑的事项（7个方面）：

①与存货相关的重大错报风险；

②与存货相关的内部控制的性质；

③对存货盘点是否制定了适当的程序，并下达了正确的指令（12个方面）；

④存货盘点的时间安排（尤其资产负债表日以外）；

⑤被审计单位是否一贯采用永续盘存制；

⑥根据存货的存放地点，确定适当的监盘地点（完整性）；

⑦是否需要专家协助。

（6）存货监盘的目标、范围及时间安排（相协调）；

（7）无法停止生产并关闭存货存放地点的应对措施；

（8）存货移动截止时的控制（入库前、入库后）；

（9）执行抽盘（双向抽盘）；

（10）对特殊类型存货的监盘（教材表 11-5）；

（11）存货监盘结束时的工作（再次观察盘点现场、检查盘点表单——编号连续）；

（12）如果盘点日不是资产负债表日的四个程序举例；

（13）在存货盘点现场实施存货监盘不可行的处理（替代程序、发表非无保留意见）；

（14）因不可预见的情况导致无法在存货盘点现场实施存货监盘的应对措施（如：气候原因等）；

（15）由第三方保管或控制的存货的应对程序。

第十二章　货币资金的审计

CHAPTER-12

五项须知小剧场

- **近5年考情分析**
  - 平均分值2分/年
  - 2021年考核了简答题
- **教材主要变化**——修订了“互联网支付留存于第三方支付平台的资金”的相关内容，其他内容无实质性变化
- **建议学习时长**——4小时
- **学习方法提示**——本章内容难度不大，但实务性较强，主要以简答题、综合题的形式进行考核
- **本章基本框架**
  - 第一节　货币资金审计概述
    - 货币资金与业务循环　考点1
    - 涉及的主要单据和会计记录　考点2
    - 涉及的主要业务活动　考点3
    - 货币资金内部控制概述　考点4
  - 第二节　货币资金的重大错报风险
    - 认定层次的重大错报风险　考点1
    - 注册会计师需要保持警觉的事项或情形　考点2
    - 其他需要保持警觉的事项或情形　考点3
  - 第三节　测试货币资金的内部控制
    - 库存现金的控制测试　考点1
    - 银行存款的控制测试　考点2
  - 第四节　货币资金的实质性程序
    - 库存现金的实质性程序　考点1
    - 银行存款的实质性程序　考点2
    - 其他货币资金的实质性程序　考点3

核心考点精讲专场

查看本节视频，快速GET知识点

使用“会计云课堂”App或“微信”扫码

第一节　货币资金审计概述

01 货币资金与业务循环（略）

02 涉及的主要单据和会计记录（共5个）

1. 现金盘点表

2. 银行对账单
3. 银行存款余额调节表
4. 有关科目的记账凭证
5. 有关会计账簿

03 涉及的主要业务活动

（一）注册会计师通常实施以下程序，以了解与货币资金相关的内部控制

（1）询问参与货币资金业务活动的被审计单位人员，如销售部门、采购部门和财务部门的员工和管理人员。

（2）观察货币资金业务流程中特定控制的执行，例如观察被审计单位的出纳人员如何进行现金盘点。

（3）检查相关文件和报告，例如检查银行余额调节表是否恰当编制以及其中的调节项是否经会计主管的恰当复核等。

（4）实施穿行测试，即追踪货币资金业务在财务报告信息系统中的处理过程。穿行测试通常综合了询问、观察、检查等多种程序。

（二）相关内部控制（举例）

方面	内部控制举例
现金管理	1. 出纳员每日对库存现金自行盘点，编制现金报表，计算当日现金收入、支出及结余额，并将结余额与实际库存额进行核对，如有差异及时查明原因。会计主管不定期检查现金日报表 2. 每月末，会计主管指定出纳员以外的人员对现金进行盘点，编制库存现金盘点表，将盘点金额与现金日记账余额进行核对。其中： （1）对冲抵库存现金的借条、未提现支票、未做报销的原始票证，在库存现金盘点报告表中予以注明 （2）会计主管复核库存现金盘点表，如果盘点金额与现金日记账余额存在差异，需查明原因并报经财务经理批准后进行财务处理
银行存款管理	1. 银行账户管理：企业的银行账户的开立、变更或注销须经财务经理审核，报总经理审批 2. 编制银行存款余额调节表 （1）每月末，会计主管指定出纳员以外的人员核对银行存款日记账和银行对账单，编制银行存款余额调节表，使银行存款账面余额与银行对账单调节相符。如调节不符，查明原因 （2）会计主管复核银行存款余额调节表，对需要进行调整的调节项目及时进行处理
票据管理	1. 财务部门设置银行票据登记簿，防止票据遗失或盗用 2. 出纳员登记银行票据的购买、领用、背书转让及注销等事项 3. 空白票据存放在保险柜中 4. 每月末，会计主管指定出纳员以外的人员对空白票据、未办理收款和承兑的票据进行盘点，编制银行票据盘点表，并与银行票据登记簿进行核对 5. 会计主管复核库存银行票据盘点表，如果存在差异，需查明原因
印章管理	企业的财务专用章由财务经理保管，办理相关业务中使用的个人名章由出纳员保管

04 货币资金内部控制概述（★★）

（一）一个良好的货币资金内部控制应该达到（共6点）

（1）货币资金收支与记账的岗位分离。

（2）货币资金收支要有合理、合法的凭据。

（3）全部收支及时准确入账，并且资金支付应严格履行审批、复核制度。

（4）控制现金坐支，当日收入现金应及时送存银行。

（5）按月盘点现金，编制银行存款余额调节表，以做到账实相符。

（6）对货币资金进行内部审计。

（二）货币资金的内部控制

1. 岗位分工及授权批准

（1）企业应当建立货币资金业务的岗位责任制，明确相关部门和岗位的职责权限，确保办理货币资金业务的不相容岗位相互分离、制约和监督。

富富有提示

①出纳人员不得兼任稽核、会计档案保管和收入、支出、费用、债权债务账目的登记工作。

②企业不得由一人办理货币资金业务的全过程。

（2）货币资金的授权审批制度。

①企业应当对货币资金业务建立严格的授权审批制度，明确审批人对货币资金业务的授权批准方式、权限、程序、责任和相关控制措施，规定经办人办理货币资金业务的职责范围和工作要求。

②审批人应当根据货币资金授权批准制度的规定，在授权范围内进行审批，不得超越审批权限。

③经办人应当在职责范围内，按照审批人的批准意见办理货币资金业务。

④对于审批人超越授权范围审批的货币资金业务，经办人员有权拒绝办理，并及时向审批人的上级授权部门报告。

（3）企业应当按照规定的程序办理货币资金支付业务：（★★★注意：顺序执行）

①支付申请。【用款人】

②支付审批。【审批人（经理或者总经理）】

③支付复核。【财务负责人】

④办理支付。出纳人员应当根据复核无误的支付申请，按规定办理货币资金支付手续，及时登记库存现金和银行存款日记账。【出纳】

（4）企业对于重要货币资金支付业务，应当实行集体决策和审批，并建立责任追究制度，防范贪污、侵占、挪用货币资金等行为。

（5）严禁未经授权的机构或人员办理货币资金业务或直接接触货币资金。（“财务重地，闲人免进”）

2. 现金和银行存款的管理

（1）企业应当加强现金库存限额的管理，超过库存限额的现金应及时存入银行。

（2）企业必须根据《现金管理暂行条例》的规定，结合本企业的实际情况，确定本企业现金的开支范围。不属于现金开支范围的业务应当通过银行办理转账结算。

（3）企业现金收入应当及时存入银行，不得从企业的现金收入中直接支付（即坐支）。因特殊情况需坐支现金的，应事先报经开户银行审查批准，由开户银行核定坐支范围和限额。

企业借出款项必须执行严格的授权批准程序，严禁擅自挪用、借出货币资金。

（4）企业取得的货币资金收入必须及时入账，不得私设“小金库”，不得账外设账，严禁收款不入账。

（5）企业应当严格按照《支付结算办法》等国家有关规定，加强银行账户的管理，严格按照规定开立账户，办理存款、取款和结算。银行账户的开立应当符合企业经营管理实际需要，不得随意开立多个账户，禁止企业内设管理部门自行开立银行账户。

（6）企业应当严格遵守银行结算纪律，不准签发没有资金保证的票据或远期支票，套取银行信用；不准签发、取得和转让没有真实交易和债权债务的票据，套取银行和他人资金；不准违反规定开立和使用银行账户。

（7）企业应当指定专人定期核对银行账户，每月至少核对一次（★★★注意：周期），编制银行存款余额调节表（★★★注意：出纳以外的人员），使银行存款账面余额与银行对账单调节相符。如调节不符，应查明原因，及时处理。

①出纳人员一般不得同时从事银行对账单的获取、银行存款余额调节表的编制工作。确需出纳人员办理上述工作的，应当指定其他人员定期进行审核、监督。

②实行网上交易、电子支付等方式办理资金支付业务的企业，应当与承办银行签订网上银行操作协议，明确双方在资金安全方面的责任与义务、交易范围等。

③操作人员应当根据操作授权和密码进行规范操作。

④使用网上交易、电子支付方式的企业办理资金支付业务，不应因支付方式的改变而随意简化、变更所必需的授权审批程序。

⑤企业在严格实行网上交易、电子支付操作人员不相容岗位相互分离控制的同时，应当配备专人加强对交易和支付行为的审核。

（8）企业应当定期和不定期（★★★注意：周期）地进行现金盘点，确保现金账面余额与实际库存相符。发现不符，及时查明原因并作出处理。

富富有提示

出纳人员负责现金的收支业务，但审批人员和复核人员不能也是出纳人员，另外编制银行存款余额调节表的人员和出纳人员也应岗位职责分离。

3. 票据及有关印章的管理（共2点）

票据	企业应当加强与货币资金相关的票据的管理，明确各种票据的购买、保管、领用、背书转让、注销等环节的职责权限和程序，并专设登记簿进行记录，防止空白票据的遗失和被盗用
印章	（1）企业应当加强银行预留印鉴的管理 （2）财务专用章应由专人保管，个人名章必须由本人或其授权人员保管。严禁一人保管支付款项所需的全部印章 （3）按规定需要有关负责人签字或盖章的经济业务，必须严格履行签字或盖章手续

第二节 货币资金的重大错报风险

查看本节视频，快速GET知识点
使用“会计云课堂”App或“微信”扫码

01 认定层次的重大错报风险

与货币资金的交易、账户余额和披露相关的认定层次重大错报风险可能包括：

（1）被审计单位存在虚假的货币资金余额或交易，因而导致银行存款余额的“存在”认定或交易的“发生”认定存在重大错报风险。

（2）被审计单位存在大额的外币交易和余额，可能存在外币交易或余额未被准确记录的风险。（“准确性、计价和分摊”认定）

（3）银行存款的期末收支存在大额的截止性错误。（“截止”认定）

（4）被审计单位可能存在未能按照企业会计准则的规定对货币资金作出恰当披露的风险。

02 注册会计师需要保持警觉的事项或情形

在实施货币资金审计的过程中，如果被审计单位存在以下事项或情形，注册会计师需要保持警觉：

（1）被审计单位的现金交易比例较高，并且与其所在行业的常用结算模式不同。（房地产企业：高利贷）

（2）库存现金规模明显超过业务周转所需资金。（广告公司：回扣）

（3）银行账户开立数量与企业实际业务规模不匹配，或存在多个零余额账户且长期不注销。

（4）在没有经营业务的地区开立银行账户，或将高额资金存放于其经营和注册地之外的异地。

（5）被审计单位资金存放于管理层或员工个人账户，或通过个人账户进行被审计单位交易的资金结算。（公款私存）

（6）货币资金收支金额与现金流量表中的经营活动、筹资活动、投资活动的现金流量不匹配，或经营活动现金流量净额与净利润不匹配。

（7）不能提供银行对账单或银行存款余额调节表，或提供的银行对账单没有银行印章、交易对方名称或摘要。

（8）存在长期或大量银行未达账项。（医药公司）

（9）银行存款明细账存在非正常转账。例如，短期内相同金额的一收一付或相同金额的分次转入转出等大额异常交易。（如：洗钱）

（10）存在期末余额为负数的银行账户。

（11）受限货币资金占比较高。

（12）存款收益金额与存款的规模明显不匹配。

（13）针对同一交易对方，在报告期内存在现金和其他结算方式并存的情形。

（14）违反货币资金存放和使用规定，如上市公司将募集资金违规用于质押、未经批准开立账户转移募集资金、未经许可将募集资金转作其他用途等。

（15）存在大额外币收付记录，而被审计单位并不涉足进出口业务。

（16）被审计单位以各种理由不配合注册会计师实施银行函证、不配合注册会计师至人民银行或基本户开户行打印《已开立银行结算账户清单》。

（17）与实际控制人（或控股股东）、银行（或财务公司）签订集团现金管理账户协议或类似协议。

03 其他需要保持警觉的事项或情形

注册会计师在审计其他财务报表项目时，还可能关注到其他亦需保持警觉的事项或情形。例如：

（1）存在没有真实业务支持或与交易不相匹配的大额资金或汇票往来。

（2）存在长期挂账的大额预付款项等。

（3）存在大量货币资金的情况下仍高额或高息举债。

（4）付款方全称与销售客户名称不一致、收款方全称与供应商名称不一致。

（5）开具的银行承兑汇票没有银行承兑协议支持。

（6）银行承兑票据保证金余额与应付票据相应余额比例不合理。

（7）存在频繁的票据贴现。

（8）实际控制人（或控股股东）频繁进行股权质押（冻结）且累计被质押（冻结）的股权占其持有被审计单位总股本的比例较高。

（9）存在大量货币资金的情况下，频繁发生债务违约，或者无法按期支付股利或偿付债务本息。

（10）首次公开发行股票（IPO）公司申报期内持续现金分红。

（11）工程付款进度或结算周期异常等。

例题精讲

【例题1·简答题】审计项目组在审计工作底稿中记录了所了解的被审计单位的内部控制，部分内容摘录如下：

（1）负责记录应收账款账目的财务部人员每月向各经销商寄送应收账款对账单，并负责跟踪处理对账不符的金额。

（2）采购部负责验收所采购的原材料，并将验收合格的原材料交予仓储部门保管。

（3）负责记录应付账款账目的财务部人员每月根据相关部门交来的存货采购发票，记录应付账款。

（4）支票的签发需要加盖财务总监签名章，并加盖财务章。平时，财务总监签名章由自己保管，财务章由财务经理保管。财务总监出差时，则授权财务经理保管其签名章。

要求：

根据上述资料第（1）至（4）项，假定不考虑其他条件，逐项判断被审计单位相关内部控制是否存在缺陷。如果存在缺陷，简要提出改进建议。

【答案】

事项序号	内部控制是否存在缺陷（是/否）	改进建议
(1)	是	应由不负责记录应收账款账目的人员进行应收账款的对账和对不符金额的跟踪处理
(2)	是	应由采购部门以外的其他部门（例如单独设立的验货部门等）负责所采购原材料的验收工作
(3)	是	应付账款的确认依据应包括订购单、验收单，而不能只检查采购发票
(4)	是	财务总监出差时，其签名章和财务章不能同时交由财务经理保管，签名章应交由财务经理以外的人员保管

第三节　测试货币资金的内部控制

查看本节视频，快速 GET 知识点
使用“会计云课堂”App或“微信”扫码

01　库存现金的控制测试

（一）现金付款的审批和复核

内部控制要求（举例）	控制测试程序
1. 部门经理审批本部门的付款申请，审核付款业务是否真实发生、付款金额是否准确，以及后附票据是否齐备，并在复核无误后签字认可 2. 财务部门在安排付款前，财务经理再次复核经审批的付款申请及后附相关凭据或证明，如核对一致，进行签字认可并安排付款	1. 询问相关业务部门的部门经理和财务经理其在日常现金付款业务中执行的内部控制，以确定其是否与被审计单位内部控制政策要求保持一致 2. 观察财务经理复核付款申请的过程，是否核对了付款申请的用途、金额及后附相关凭据，以及在核对无误后是否进行了签字确认 3. 重新核对经审批及复核的付款申请及其相关凭据，并检查是否经签字确认

（二）现金盘点

内部控制要求（举例）	控制测试程序
1. 会计主管指定应付账款会计每月末的最后一天对库存现金进行盘点，根据盘点结果编制库存现金盘点表，将盘点余额与现金日记账余额进行核对，并对差异调节项进行说明 2. 会计主管复核库存现金盘点表，如盘点金额与现金日记账余额存在差异且差异金额超过2万元，需查明原因并报财务经理批准后进行财务处理	1. 在月末最后一天参与被审计单位的现金盘点，检查是否由应付账款会计进行现金盘点 2. 观察现金盘点程序是否按照盘点计划的指令和程序执行，是否编制了现金盘点表并根据内控要求经财务部相关人员签字复核 3. 检查现金盘点表中记录的现金盘点余额是否与实际盘点金额保持一致，现金盘点表中记录的现金日记账余额是否与被审计单位现金日记账中余额保持一致 4. 针对调节差异金额超过2万元的调节项，检查是否经财务经理批准后进行财务处理

02 银行存款的控制测试

（一）银行账户的开立、变更和注销

内部控制要求（举例）	控制测试程序
会计主管根据被审计单位的实际业务需要就银行账户的开立、变更和注销提出申请，经财务经理审核后报总经理审批	1. 询问会计主管被审计单位本年开户、变更、撤销的整体情况 2. 取得本年度账户开立、变更、撤销申请项目清单，检查清单的完整性，并在选取适当样本的基础上检查账户的开立、变更、撤销项目是否已经财务经理和总经理审批

（二）银行付款的审批和复核

内部控制要求（举例）	控制测试程序
1. 部门经理审批本部门的付款申请，审核付款业务是否真实发生、付款金额是否准确，以及后附票据是否齐备，并在复核无误后签字认可 2. 财务部门在安排付款前，财务经理再次复核经审批的付款申请及后附相关凭据或证明，如核对一致，进行签字认可并安排付款	1. 询问相关业务部门的部门经理和财务经理在日常银行付款业务中执行的内部控制，以确定其是否与被审计单位内部控制政策要求保持一致 2. 观察财务经理复核付款申请的过程，是否核对了付款申请的用途、金额及后附相关凭据，以及在核对无误后是否进行了签字确认 3. 重新核对经审批及复核的付款申请及其相关凭据，并检查是否经签字确认

（三）编制银行存款余额调节表

内部控制要求（举例）	控制测试程序
1. 每月末，会计主管指定应收账款会计核对银行存款日记账和银行对账单，编制银行存款余额调节表，使银行存款账面余额与银行对账单调节相符。如存在差异项，查明原因并进行差异调节说明 2. 会计主管复核银行存款余额调节表，对需要进行调整的调节项目及时进行处理，并签字确认	1. 询问应收账款会计和会计主管，以确定其执行的内部控制是否与被审计单位内部控制政策要求保持一致，特别是针对未达账项的编制及审批流程 2. 针对选取的样本，检查银行存款余额调节表，查看调节表中记录的企业银行存款日记账余额是否与银行存款日记账余额保持一致、调节表中记录的银行对账单余额是否与被审计单位提供的银行对账单中的余额保持一致 3. 针对调节项目，检查是否经会计主管的签字复核 4. 针对大额未达账项进行期后收付款的检查

第四节　货币资金的实质性程序

查看本节视频，快速 GET 知识点
使用“会计云课堂”App或“微信”扫码

01 库存现金的实质性程序

（一）审计目标与财务报表认定的关系

审计目标	财务报表认定					
	存在	完整性	权利和义务	准确性、计价和分摊	分类	列报
①资产负债表中记录的货币资金是存在的	√					
②应当记录的货币资金均已记录，相关披露均已包括		√				
③记录的货币资金由被审计单位拥有或控制			√			
④货币资金以恰当的金额包括在财务报表中，与之相关的计价或分摊调整已恰当记录，相关披露已得到恰当计量和描述				√		
⑤货币资金已记录于恰当的账户					√	
⑥货币资金已被恰当地汇总或分解且表述清楚，相关披露在适用的财务报告编制基础下是相关的、可理解的						√

（二）审计目标与审计程序对应关系表

审计目标	审计程序
④	1. 核对库存现金日记账和总账的余额是否相符，检查非记账本位币的库存现金的折算汇率及折算金额是否正确
①②③④	2. 监盘库存现金
①②④	3. 抽查大额库存现金收支
⑥	4. 检查库存现金是否在财务报表中作出恰当列报

（三）监盘库存现金

项目	相关内容
1. 监盘目的	与库存现金的“存在”认定最相关
2. 参与人员（3 类人员）	必须有现金出纳员和被审计单位会计主管人员参加，并由注册会计师进行监盘

项目	相关内容
3. 监盘方式	最好实施突击性的检查
4. 监盘时间	最好选择在上午上班前或下午下班时进行（其他时间也可以监盘，只是可能调整的数额大，还会给企业带来麻烦）
5. 监盘范围	（1）一般包括企业各部门经管的所有现金 （2）如企业库存现金存放部门有两处或两处以上的，应同时进行盘点
6. 监盘步骤	（1）查看被审计单位制定的盘点计划，以确定监盘时间 （2）查阅库存现金日记账并同时与现金收付凭证相核对（账） （3）三方面（实） ①检查被审计单位现金实存数，并将该监盘金额与库存现金日记账余额进行核对，如有差异，应要求被审计单位查明原因，必要时应提请被审计单位作出调整 ②如无法查明原因，应要求被审计单位按管理权限批准后作出调整 ③若有冲抵库存现金的借条、未提现支票、未作报销的原始凭证，应在“库存现金监盘表”中注明，必要时应提请被审计单位作出调整 （4）在非资产负债表日进行监盘时，应将监盘金额调整至资产负债表日的金额，并对变动情况实施程序
7. 注意事项	监盘程序是用作控制测试还是实质性程序，取决于注册会计师对风险评估结果、审计方案和实施的特定程序的判断。如果注册会计师可能基于风险评估的结果判断无须对现金盘点实施控制测试，仅实施实质性程序

富富有提示

进行现金盘点前，应由出纳员将现金集中起来存入保险柜。必要时可加以封存，然后由出纳员把已办妥现金收付手续的收付款凭证登入库存现金日记账。

例题精讲

【例题 2 · 根据历年试题简答题改编】 在对甲公司2016 年度财务报表进行审计时，A 注册会计师负责审计货币资金项目。甲公司在总部和营业部均设有出纳部门。

（1）为顺利监盘库存现金，A 注册会计师在监盘前一天通知甲公司会计主管人员做好监盘准备。

（2）考虑到出纳日常工作安排，对总部和营业部库存现金的监盘时间分别定在上午十点和下午三点。

（3）监盘工作由 A 注册会计师和甲公司的相关出纳员共同进行。

（4）监盘时，出纳把现金放入保险柜，并将已办妥现金收付手续的交易登入现金日记账，结出现金日记账余额。然后，A 注册会计师当场盘点现金。

（5）A 注册会计师在与现金日记账核对后填写“库存现金监盘表”，并在签字后形成审计工作底稿。

要求：

请指出上述库存现金监盘工作中有哪些不当之处，并提出改进建议。

【答案】

序号	不当之处	改进建议
（1）	提前通知甲公司会计主管人员做好监盘准备的做法不当	A注册会计师最好实施突击性检查
（2）	没有同时监盘总部和营业部库存现金的做法不当	A注册会计师应组织同时监盘总部和营业部的库存现金，若不能同时监盘，则应对后监盘的库存现金实施封存
（3）	甲公司会计主管人员没有参与盘点的做法不当	盘点人员应包括出纳、会计主管人员，监盘人员为注册会计师
（4）	现金盘点操作程序不当	库存现金应由出纳盘点，由注册会计师监盘
（5）	“库存现金监盘表”签字人员不当	“库存现金监盘表”应由甲公司出纳员、会计主管人员和注册会计师共同签字

02 银行存款的实质性程序

（一）审计目标与财务报表认定的关系

审计目标	财务报表认定					
	存在	完整性	权利和义务	准确性、计价和分摊	分类	列报
①资产负债表中记录的货币资金是存在的	√					
②应当记录的货币资金均已记录，相关披露均已包括		√				
③记录的货币资金由被审计单位拥有或控制			√			
④货币资金以恰当的金额包括在财务报表中，与之相关的计价或分摊调整已恰当记录，相关披露已得到恰当计量和描述				√		
⑤货币资金已记录于恰当的账户					√	
⑥货币资金已被恰当地汇总或分解且表述清楚，相关披露在适用的财务报告编制基础下是相关的、可理解的						√

（二）审计目标与审计程序对应关系表

审计目标	审计程序
④	1. 获取银行存款余额明细表 （1）复核加计是否正确，并与总账数和日记账合计数核对是否相符（★★★测试银行存款余额的起点） （2）检查非记账本位币银行存款的折算汇率及折算金额是否正确
①②④	2. 实施实质性分析程序（其他应付款——个人） 计算银行存款累计余额应收利息收入，分析比较被审计单位银行存款应收利息收入与实际利息收入的差异是否恰当，评估利息收入的合理性，检查是否存在高息资金拆借，确认银行存款余额是否存在，利息收入是否已经完整记录

审计目标	审计程序
①③	3. 检查银行存款账户发生额
①②④	4. 取得并检查银行对账单和银行存款余额调节表
①③	5. 函证银行存款余额，编制银行函证结果汇总表，检查银行回函
③	6. 检查银行存款账户存款人是否为被审计单位，若非被审计单位，应获取该账户户主和被审计单位的书面声明，确认资产负债表日是否需要提请被审计单位进行调整
③⑥	7. 关注是否存在质押、冻结等对变现有限制或存在境外的款项
⑥	8. 对不符合现金和现金等价物条件的银行存款在审计工作底稿中予以列明，以考虑对现金流量表的影响
①②④	9. 抽查大额银行存款收支的原始凭证
①②	10. 检查银行存款收支的截止是否正确
⑥	11. 检查银行存款是否在财务报表中作出恰当列报

（三）银行存款的实质性程序（★★★★部分讲解）

1. 如果对被审计单位银行账户的完整性存有疑虑，例如，当被审计单位可能存在账外账或资金体外循环时，注册会计师可以考虑额外实施以下审计程序（2 个程序）

（1）注册会计师在企业人员陪同下（★★★★注意：不能代为打印）到中国人民银行或基本存款账户开户行查询并打印《已开立银行结算账户清单》，观察银行办事人员的查询、打印过程，并检查被审计单位账面记录的银行人民币结算账户是否完整。

（2）结合其他相关细节测试，关注交易相关单据中被审计单位的收（付）款银行账户是否均包含在注册会计师已获取的开立银行账户清单内。

2. 检查银行存款账户发生额

注册会计师还可以考虑对银行存款账户的发生额实施以下程序：（共 5 点）

（1）结合银行账户性质，分析不同账户发生银行存款日记账漏记银行交易的可能性，获取相关账户相关期间的全部银行对账单。

（2）利用数据分析等技术，对比银行对账单上的收付款流水与被审计单位银行存款日记账的收付款信息是否一致，对银行对账单及被审计单位银行存款日记账记录进行双向核对。

（3）注册会计师通常可以考虑选择以下银行账户进行核对：

①基本户；

②余额较大的银行账户；

③发生额较大且收付频繁的银行账户；

④发生额较大但余额较小、零余额或当期注销的银行账户；

⑤募集资金账户等。

（4）针对同一银行账户，注册会计师可以根据具体情况实施下列审计程序：

①选定同一期间（月度、年度）的银行存款日记账、银行对账单的发生额合计数（借方及贷方）进行总体核对。

②对银行对账单及被审计单位银行存款日记账记录进行双向核对。【在运用数据分析技术时，可选择全部项目进行核对】

注意事项：

a. 核对内容包括日期、金额、借贷方向、收付款单位、摘要等。

b. 对相同金额的一收一付、相同金额的多次转入转出等大额异常货币资金发生额，检查银行存款日记账和相应交易及资金划转的文件资料，关注相关交易及相应资金流转安排是否具有合理的商业理由。

（5）浏览资产负债表日前后的银行对账单和被审计单位银行存款账簿记录，关注是否存在大额、异常资金变动以及大量大额红字冲销或调整记录，如存在，需要实施进一步的审计程序。

3. 取得并检查银行对账单和银行存款余额调节表（表12-1："一户一表"）

（1）检查目的：证实资产负债表中所列银行存款是否存在。

（2）具体测试程序通常包括：

方面	测试程序
银行对账单（共3点）	①取得被审计单位加盖银行印章的银行对账单，必要时，亲自到银行获取对账单，并对获取过程保持控制；此外，注册会计师还可以观察被审计单位人员登录并操作网银系统导出信息的过程，核对网银界面的真实性，核对网银中显示或下载的信息与提供给注册会计师的对账单中信息的一致性 ②将获取的银行对账单余额与银行日记账余额进行核对，如存在差异，获取银行存款余额调节表 ③将被审计单位资产负债表日的银行对账单与银行询证函回函核对，确认是否一致
银行存款余额调节表（共4点）	①检查调节表中加计数是否正确，调节后银行存款日记账余额与银行对账单余额是否一致 ②检查调节事项(2015年简答题涉及：详见下列【补充内容】) ③关注长期未达账项，查看是否存在挪用资金等事项 ④特别关注银付企未付、企付银未付中支付异常的领款事项，包括没有载明收款人、签字不全等支付事项，确认是否存在舞弊

【补充内容】检查调节事项。

企付银未付款项	①检查被审计单位付款的原始凭证，并检查该项付款是否已在期后银行对账单上得以反映 ②在检查期后银行对账单时，就对账单上所记载的内容，如支票编号、金额等，与被审计单位支票存根进行核对
企收银未收款项	①检查被审计单位收款入账的原始凭证 ②检查其是否已在期后银行对账单上得以反映
银收企未收款项/银付企未付款项	①检查收、付款项的内容及金额，确定是否为截止错报 ②如果企业的银行存款余额调节表存在大额或长期未达账项，注册会计师应追查原因并检查相应的支持文件，判断是否为错报事项，确定是否需要提请被审计单位进行调整

4. 函证银行存款余额，编制银行函证结果汇总表，检查银行回函

项目	相关内容
函证目的	证实资产负债表所列银行存款是否存在

项目	相关内容
函证内容	(1) 注册会计师应当对银行存款（包括零余额账户和在本期内注销的账户）、借款及与金融机构往来的其他重要信息实施函证程序 (2) 除非有充分证据表明某一银行存款、借款及与金融机构往来的其他重要信息对财务报表不重要且与之相关的重大错报风险很低 (3) 如果不对这些项目实施函证程序，注册会计师应当在审计工作底稿中说明理
特殊说明	通过向往来银行函证，注册会计师不仅可了解企业资产的存在，还可了解企业账面反映所欠银行债务的情况，并有助于发现企业未入账的银行借款和未披露的或有负债
函证方式	积极式函证

5. 关于定期存款的审计

如果被审计单位有定期存款，注册会计师可以考虑实施以下审计程序：

(1) 如果定期存款占银行存款的比例偏高，或同时负债比例偏高，注册会计师需要向管理层询问定期存款存在的商业理由并评估其合理性。

(2) 获取定期存款明细表，检查是否与账面记录金额一致，存款人是否为被审计单位，定期存款是否被质押或限制使用。

(3) 监盘定期存款凭据，或实地观察被审计单位登录网银系统查询定期存款信息，并将查询信息截屏保存。如果被审计单位在资产负债表日有大额定期存款，基于对风险的判断，考虑选择在资产负债表日实施监盘。

(4) 未质押定期存款。

①对存款期限跨越资产负债表日的未质押定期存款，检查开户证实书原件而非复印件，以防止被审计单位提供的复印件是未质押或未提现前原件的复印件。

②特别关注被审计单位在定期存单到期之前，是否存在先办理质押贷款或提前套现，再用质押贷款所得货币资金或套取的货币资金虚增收入、挪作他用或从事其他违规业务的情形。

③在检查时，还要认真核对相关信息，包括存款人、金额、期限等，如有异常，需实施进一步审计程序。

(5) 已质押定期存款。

①对已质押的定期存款，检查定期存单复印件，并与相应的质押合同核对，核对存款人、金额、期限等相关信息；

②对于用于质押借款的定期存单，关注定期存单对应的质押借款有无入账；

③对于超过借款期限但仍处于质押状态的定期存款，还需要关注相关借款的偿还情况，了解相关质权是否已被行使；

④对于为他人担保的定期存单，关注担保是否逾期及相关质权是否已被行使。

(6) 函证定期存款相关信息。

(7) 结合财务费用和投资收益审计，分析利息收入的合理性，判断定期存款是否真实存在，或是否存在体外资金循环的情形。

①如果账面利息收入远大于根据定期存款计算的应得利息，很可能表明被审计单位存在账外定期存款。

②如果账面利息收入远小于根据定期存款计算的应得利息，很可能表明被审计单位存在转移利息收入或挪用、虚构定期存款的情况。

（8）对于在报告期内到期结转的定期存款、资产负债表日后已提取的定期存款，检查、核对相应的兑付凭证、银行对账单或网银记录等。

（9）关注被审计单位是否在财务报表附注中对定期存款及其受限情况（如有）给予充分披露。

例题精讲

【例题 3·2021 年简答题】甲公司是 ABC 会计师事务所的常年审计客户，A 注册会计师负责审计甲公司 2020 年度财务报表，确定财务报表整体的重要性为 300 万元。与货币资金审计相关的部分事项如下：

（1）甲公司一笔 1000 万元的定期存款于 2021 年 1 月到期。A 注册会计师于 2020 年末检查了相关的开户证实书原件，于 2021 年 2 月检查了到期兑付的银行凭证及相关的银行对账单，据此认可了该笔定期存款的存在。

（2）A 注册会计师实施实质性分析程序发现，甲公司 2020 年度账面记录的银行存款利息收入明显少于预期值，经调查系年内向关联方借出资金、甲公司账面未作记录所致。因借出资金已于年末收回，不影响银行存款余额，A 注册会计师认为不存在错报。

（3）甲公司与其子公司乙银行签订的集团现金管理账户协议约定，子公司银行账户余额超过 500 万元的部分自动拨入甲公司银行账户。A 注册会计师检查了相关协议，并通过函证向乙银行确认了资金归集账户的具体信息，结果满意。

（4）为验证银行对账单的真实性，A 注册会计师要求甲公司财务人员提供相关的网银记录截屏，将网银截屏信息与银行对账单信息进行了核对，结果满意。

（5）在测试银行存款余额调节表时，A 注册会计师针对企付银未付和企收银未收调节事项，分别检查了相关的付款和收款原始凭证，据此确认了调节事项的适当性。

要求：

针对上述第（1）至（5）项，逐项指出 A 注册会计师的做法是否恰当。如不恰当，简要说明理由。

【答案】

事项序号	是否恰当（恰当/不恰当）	理由
（1）	不恰当	定期存款期末余额重大，应当实施银行函证程序
（2）	不恰当	可能存在关联方交易的披露错报
（3）	恰当	—
（4）	不恰当	应核实网银截屏的真实性/亲自到银行获取对账单/观察甲公司人员登录并操作网银系统导出信息的过程
（5）	不恰当	还应检查期后银行对账单

【例题 4·2013 年简答题改编】A 注册会计师确定甲公司 2012 年度财务报表整体的重要性为 200 万元，明显微小错报的临界值为 10 万元。A 注册会计师实施了银行函证程序，相关审

计工作底稿的部分内容摘录如下：

金额单位：万元

询证函编号	是否回函（是/否）	账面余额	回函金额	差异	审计说明
银行询证函：					（1）
Y1	是	3500	3500	0	（2）
Y2	是	235	232	3	（3）
……（略）	……（略）	……（略）	……（略）	……（略）	……（略）

审计说明：

（1）对甲公司2012年12月31日有往来余额的银行账户实施函证程序

（2）甲公司为该银行重要客户，有业务专员上门办理各类业务。2013年2月18日，A注册会计师在甲公司财务经理陪同下将函证交予上门办理业务的银行业务专员。银行业务专员当场盖章回函。函证结果满意

（3）差异金额3万元，小于明显微小错报的临界值，无须实施进一步审计程序

要求：

针对上述审计说明第（1）至（3）项，逐项指出A注册会计师的做法是否恰当。如不恰当，简要说明理由。

【答案】

事项序号	是否恰当（恰当/不恰当）	理由
（1）	不恰当	A注册会计师没有对零余额和在本期内注销的账户实施函证。也未评价这些账户是否对财务报表不重要且与之相关的重大错报风险很低
（2）	不恰当	A注册会计师没有评估回函的可靠性/银行业务专员当场办理回函，未实施适当的核对程序和处理流程
（3）	不恰当	小额差异也需要进行调查/小额差异可能是由方向相反的大额差异相互抵销形成的

03 其他货币资金的实质性程序

注册会计师在对其他货币资金实施审计程序时，通常可能需要特别关注以下事项：

种类	关注事项
保证金存款	1. 检查开立银行承兑汇票的协议或银行授信审批文件 2. 可以将保证金账户对账单与相应的交易进行核对 （1）根据被审计单位应付票据的规模合理推断保证金数额 （2）检查信用证的开立协议与保证金是否相符 （3）检查保证金与相关债务的比例是否与合同约定一致 （4）特别关注是否存在有保证金发生而被审计单位无对应保证事项的情形

种类	关注事项
存出投资款	1. 跟踪资金流向，并获取董事会决议等批准文件、开户资料、授权操作资料等 2. 如果投资于证券交易业务，通常结合相应金融资产项目审计 （1）核对证券账户名称是否与被审计单位相符 （2）获取证券公司证券交易结算资金账户的交易流水，抽查大额的资金收支 （3）关注资金收支的账面记录与资金流水是否相符
互联网支付	检查因互联网支付留存于第三方支付平台的资金： 1. 了解是否开立支付宝、微信等第三方支付账户 如是： （1）获取相关开户信息资料 （2）了解其用途和使用情况 （3）获取与第三方支付平台签订的协议 （4）了解第三方平台使用流程等内部控制 （5）比照验证银行存款或银行交易的方式对第三方平台支付账户函证交易发生额和余额（如可行） 2. 获取第三方支付平台发生额及余额明细，在验证这些明细信息可靠性的基础上（如观察被审计单位人员登录并操作相关支付平台导出信息的过程，核对界面的真实性、核对平台界面显示或下载的信息与提供给注册会计师的明细信息的一致性等），将其与账面记录进行核对，对大额交易考虑实施进一步的检查程序

前情回顾小剧场

（1）货币资金审计涉及的主要单据和会计记录（5种）；

（2）涉及的主要业务活动（现金管理、银行存款管理、票据管理、印章管理）；

（3）良好的货币资金内部控制应达到的六点要求；

（4）实施货币资金审计的过程中需要保持警觉的情形（17+11）；

（5）库存现金和银行存款的内部控制要求和控制测试程序（现金付款的审批和复核、现金盘点、银行账户的开立、变更和注销、银行付款的审批和复核、编制银行存款余额调节表）；

（6）监盘库存现金（监盘目的、参与人员、监盘方式、监盘时间、监盘范围、监盘步骤）；

（7）对银行账户的完整性存有疑虑可以实施的程序（2个）；

（8）函证银行存款（函证目的、函证内容、函证方式——积极式）；

（9）定期存款的审计程序；

（10）其他货币资金的审计程序（保证金存款、存出投资款、互联网支付）。